국가의 이해

유 낙 근 · 이 준 지음

도서출판 대영문화사

머리말

이 책은 그 동안 '국가의 이해'라는 과목으로 강의한 내용을 정리한 것이다. 강의의 주요 관심은 국가를 이해하는 데 필요하다고 생각되는 개념들을 다양하게 수집하여 소개하는 데 있었다. 이 책도 이런 기조에서 크게 벗어나지 않는다. 이 책은 특정 이념이나 패러다임에 얽매이지 않고 다양한 관점들과 이론들을 소개하려는 데에 중점을 두었다. 따라서 어떤 내용은 상충되는 부분도 있고, 구어체의 문장을 문어체로 옮기는 과정의 미숙함이 드러나기도 한다. 이 모든 것은 전적으로 필자의 책임이다. 추후 판을 거듭할수록 이 부분에서는 보완이 가능하리라 본다. 그럼에도 불구하고 이 책은 지금 혼란스럽게 논의되고 있는 국가에 대한 개념을 나름대로의 기준으로 정리하여 이해하기 쉽게 소개하고 있다는 장점을 가지고 있다.

21세기 지식정보사회로 상징되는 이 시점에서 국가에 대한 개념을 다시 정리하는 것은 정보화가 진행되면 될수록 개인적 국가관은 더욱 혼란스러워지고, 세계화가 진행되면 될수록 국가의 의미가 퇴색되고 있는 것 같은 현실 때문이다. 예컨대 최근 나타난 사회 현상의 하나로 국적 포기를 들 수 있다. 이중 국적자들의 국적 선택시에 이중 국적이라는 기득권적 기회를 비교적 자유롭게 향유할 수 있는 사회지도층 인사들은 한국 국적을 쉽게 포기하여 버렸다. 이런 선택은 기득권을 전혀 가질 수 없는 소시민들의 보편적 애국심과 평범한 기대를 저버리면서 상대적 박탈감과 좌절감을 안겨 주기에 충분하였다. 이것이 한동안 사회적 이슈로 떠올랐다. 2005년 6월 법무부에서 발표한 1,306명의 국적 포기자 분포 내용을 보면 남성이 98.6%, 여성은 1.4%이고, 10대가 99.4%, 미국

선택이 93.4%였다. 이는 명백하게 병역 기피를 목적으로 한 국적 포기일 것이다. 이는 국가를 지키려는 국토 방위의 공적 의무와 국가를 신성시하는 전통적 견해에 정면으로 반하는 현상으로 개인적 이기심을 국익보다 우선시하는 풍조의 반영이다. 물론 사회구성원 개개인은 저마다의 생존과 행복을 위하여 저마다 이기적 동기로 생활을 영위하고 있지만 개인적 이기심을 충족할 수 있는 계층은 극히 일부인 반면 절대 다수의 나머지 개인들은 소수의 이기심 충족을 위하여 희생되고 있다는 사회현실에 대한 분노의 발로가 당시 풍미되었던 국적 포기 사회적 이슈의 핵심이었다.

그리고 이보다 앞서 발생한 1980년 광주민주화운동에 대한 무력 진압은 국가기구에 대한 국민들의 회의를 증폭시켰고, IMF 이후 총체적 경제 난국에 대하여는 국민 개개인의 책임보다 국가의 책임 소재에 분노하면서 이에 더 무게를 두고 있는 경향이다. 이 두 사건의 공통점은 국가에 대한 국민들의 믿음과 기대를 허물어 버린 것이다. 이는 국가와 개인 간의 관계를 다시 생각하게 하는 한국 사회의 모순된 다양한 현상 중의 일부분이다. 이런 사건들을 겪으면서 국민들은 국가란 무엇이고, 국가를 위한 개인의 의무는 어디까지이며, 나아가 국가는 모든 국민들을 위하여 존재하는가, 국가기구는 정말 누구를 위하여 작동하고 있는가 하는 국가에 대한 근본적 회의를 갖게 된다. 나아가 국가에 대한 절대적 충성심을 강조하는 절대적 국가 개념보다 억압적 국가기구의 존재 가능성을 받아들이게 되면서 국가에 대한 불신과 저항감을 갖게 된다. 이 책은 이런 다양한 논점들을 소개하면서 국가는 국민 개개인을 위하여 어떻게 방향을 설정하여 나가야 하고, 개인은 또 국가 공동체를 위하여 어떤 마음가짐과 개인적 준비를 하여야 하는 것을 다루려고 한다.

제1장에서는 국가에 대한 국민들의 기대심리와 이런 기대심리가 좌절되는 우려들, 서구 사회, 제3세계 국가, 우리 나라의 국가 변천 과정, 국

가에 관한 여러 개념, 국가기구의 성격들을 소개하였다. 국가에 대한 기초 개념을 소개하는 데 초점을 두었다.

제2장에서는 산업구조와 권력구조를 살펴보면서 미래의 산업 여건을 조망하고 국가의 방향을 어떻게 설정하여야 하는가 하는 것을 살펴보았다. 산업의 시대별 흐름을 예측하여 여기에 효과적으로 대응한 국가는 그나마 특정 부분에서 주도적 입장을 견지할 수 있었지만, 그렇지 못하는 국가는 종속적 상태로 전락한다는 것을 역사적 맥락에서 설명하였다.

제3장에서는 국가의 기원 및 국가 자체에 대한 다양한 관점들과 이론들을 소개하였다. 권력의 원천, 개인의 권리, 전체주의, 자유주의, 민주주의, 다원주의, 조합주의, 사회주의, 공산주의 등 다양한 관점의 국가론을 소개하려고 하였다.

제4장에서는 국가의 변화에 대하여 알아보았다. 국가는 내부에서 작용하고 있는 내재적 모순, 외부의 자극과 영향, 그리고 기술과 지식의 변화이다. 이런 변화에 대응하는 양상으로 능동적인 국가와 수동적인 국가로 나누어 생각할 수 있는데 수동적인 국가보다는 능동적인 국가가 변화의 이점을 초대한 살릴 수 있는 국가이다.

제5장에서는 상대적 대응 개념으로 비추어지는 쟁점들을 모아서 비교하여 설명하려 하였다. 지배와 복종, 보수와 진보, 성장과 분배, 개발과 보전, 혁명과 쿠데타, 국가 간 합종연횡 등 국가에 관련된 주요 쟁점들을 살펴보았다.

제6장에서는 한국 사회의 국가 기구 특성을 시대적으로 살펴보았다. 의회와 정당정치, 경찰 및 정보 기구, 한국 군부, 그리고 한국 사회의 지배연합을 근대사의 흐름을 중심으로 소개하려고 하였다.

제7장에서는 요즘 새로운 대안으로 논의되고 있는 제3의 길에 대한 개념을 소개하였다. 물론 아직 이론적 명쾌함은 다소 불투명하지만 과거의 좌파적 제1의 길, 우파적 제2의 길을 통합할 수 있는 하나의 대안적 관점으로 논의되고 있다. 이론적 체계의 부족과 많은 비판들을 받고

있지만 새로운 대안으로 쟁점화되고 있기에 이를 소개하였다.

거듭 말하거니와 이 책은 국가에 대한 이해를 돕고자 하는 뜻에서 정리된 강의록이다. 특정 쟁점에 대한 견해를 피력하기보다는 다양한 사상적 내용과 시대적 사례들을 소개하는 데에 머물렀다. 다만 이 책에서 다루고 있는 각 개념들에 대한 좀더 깊이 있고 심도 있는 실질적 논의는 다른 장에서 이루어지기를 기대하면서 여기서는 이 정도 수준에서 소개하는 데에 그치고자 한다.

끝으로, 이 졸고를 출판할 수 있도록 흔쾌하게 허락해 주신 대영문화사 임춘환 사장님께 심심한 감사의 말씀을 드린다.

병술년 2월
가좌골 산자락에서
유낙근

국가의 이해

차 례

머리말 3

제 1 장 국가일반론 15

제 1 절 국가에 대한 관심의 증대 15
1. 국가에 대한 기대 심리 / 15
2. 국가에 대한 기대 심리의 좌절과 박탈감 / 19
제 2 절 시대별 국가 성격 21
1. 서구 사회의 국가 변천 / 21
2. 제3세계 국가 / 24
3. 한국의 경우 / 25
제 3 절 국가의 의의 29
1. 어휘적 개념 / 29
2. 국가 구성 요소 / 33
3. 국민국가의 개념 / 34
4. 국 가 / 36
제 4 절 국가와 유사한 개념 37
1. 정 부 / 37
2. 정치 체제 / 38
3. 행정부 / 38
4. 국민, 민족 / 39
5. 나라, 조국 / 39
제 5 절 국가 기구의 성격 40

1. 개 념/40
2. 자본주의 국가 기구의 특질/40
3. 자본주의 국가 기구의 유형/43
4. 신식민지 파시즘의 국가 기구/44

제 2 장 산업 구조와 권력 구조 49

제 1 절 수렵 채취 사회 49
1. 수렵 채취 사회의 경제 활동/49
2. 수렵 채취 사회의 특성/49
3. 생성된 인간의 잠재적 행태/51
제 2 절 유목 사회 52
1. 유목 사회의 경제 활동/52
2. 유목 사회의 특징/54
3. 신유목 시기의 정보 사회에 대한 시사/55
제 3 절 농경 사회 56
1. 개 념/56
2. 농경 사회의 특징/57
3. 농경 사회의 사회 구조/59
4. 농경 사회의 가치관 형성/63
제 4 절 산업 사회 64
1. 개 념/64
2. 산업 사회의 특성/66
3. 계급의 형성/69
4. 권력 구조 형성/72
5. 산업 사회의 가치/73
제 5 절 정보화 사회 73
1. 개 념/73
2. 정보화 사회의 특성/75

3. 정보화 사회의 권력 / 79
제 6 절 산업별 사회 특성과 미래 예측 81
1. 산업별 사회 특성 / 81
2. 미래의 직업 / 91

제 3 장 국가론 99

제 1 절 국가론의 연구 경향 99
제 2 절 국가의 기원에 관한 논의 102
1. 전통적 관점 / 102
2. 중세 봉건 사회의 국가관 / 105
3. 사회계약설 / 107
4. 헤겔의 국가론 / 118
5. 계급주의 국가론 / 119
6. 기타 국가기원설 / 122
제 3 절 서구의 국가 일반론 123
1. 자유주의 국가론 / 123
2. 다원주의 국가론 / 130
3. 조합주의 국가론 / 138
제 4 절 마르크스주의 국가 이론 144
1. 역사적 배경 / 144
2. 마르크스주의의 사상적 배경 / 148
3. 마르크스 사상의 내용 / 149
4. 마르크스와 레닌의 국가론 / 151
5. 네오 마르크스 사상 / 155
제 5 절 그람시의 헤게모니적 국가 이론 163
1. 의 의 / 163
2. 헤게모니론의 변혁적 전개 / 166
3. 혁명적 지식인의 역할 / 167

제 6 절 마르크스주의에 대한 평가 168

제 4 장 국가의 변화 177

제 1 절 내재적 모순 178
제 2 절 외부의 영향 182
제 3 절 기술의 변화 184

제 5 장 주요 쟁점 189

제 1 절 지배와 복종 189
제 2 절 보수와 진보 192
1. 보수주의 / 194
2. 온건주의 / 197
3. 진보주의 / 197
4. 급진주의 / 198
5. 반동주의 / 198
6. 무정부주의 / 199
7. 우리 나라에서의 보수와 진보 / 203
제 3 절 성장과 분배 204
1. 선성장 후분배 / 204
2. 선분배 후성장 / 207
3. 영국병과 독일병 / 208
제 4 절 개발과 보전 210
1. 개발과 보전의 개념 / 210
2. 개발과 보전의 갈등 대립 현상 / 211
3. 지역 개발과 환경 문제 / 211
4. 환경 오염 주요 피해 사례 / 212
5. 개발과 보전의 타협 방안 / 212

제 5 절 혁명과 쿠데타 213
1. 혁 명 / 213
2. 개 혁 / 215
3. 혁 신 / 215
4. 쿠데타 / 216
제 6 절 국가 간 합종연횡 217
1. 국가 관계 / 217
2. 합종연횡 / 218
3. 합종연횡의 현대적 해석 / 219
4. 합종연횡과 국가 간의 관계 / 221
5. 초강대국 미국 / 224
6. 합종연횡의 전략적 함의 / 229

제 6 장 한국 사회의 국가 기구 특징 233

제 1 절 의회와 정당 정치 233
1. 의회주의 / 233
2. 제3세계 국가 의회의 현실 / 234
제 2 절 한국 국회의 변천 236
1. 대한민국 정부 수립 개요 / 236
2. 제헌국회의 성립과 운영 / 237
3. 1950년대의 국회(제2대, 3대, 4대) / 240
4. 제2공화국의 국회 / 243
5. 제3공화국의 국회 / 245
6. 제4공화국의 국회 / 247
7. 제5공화국의 국회 / 249
8. 제6공화국의 국회 / 252
9. 문민정부의 국회 / 253
10. 국민의 정부의 국회 / 254
11. 참여정부의 국회 / 254

12. 의회 및 정당 정치의 구조적 특징 / 255
제 3 절 경찰 및 정보 기구 257
1. 의 의 / 257
2. 신식민지 파시즘 정치 체제의 특징 / 258
3. 정보 기구 · 경찰 기구의 형성과 변천 과정 / 259
제 4 절 한국 군부의 성격 270
1. 의 의 / 270
2. 한국 군부의 정치 개입 / 276
3. 한국 군부의 정치적 성격 / 280
제 5 절 한국 사회의 지배 연합 281
1. 지배연합의 형성 배경 / 282
2. 지배연합의 구성 요소 / 283
3. 우리 나라 지배연합의 특징 / 284
4. 지배연합의 변천 / 285

제 7 장 제3의 길 297

제 1 절 제3의 길 개념 297
제 2 절 제3의 길의 등장과 내용 299
제 3 절 제3의 길의 주요 논점과 비판 302
제 4 절 가능성으로서의 제3의 길 304

참고 문헌 309
찾아보기 314

제 1 장
국가일반론

제 1 절 국가에 대한 관심의 증대 / 15
제 2 절 시대별 국가 성격 / 21
제 3 절 국가의 의의 / 29
제 4 절 국가와 유사한 개념 / 37
제 5 절 국가 기구의 성격 / 40

제 1 장

국가일반론

제 1 절 국가에 대한 관심의 증대

1. 국가에 대한 기대 심리

정보화 · 세계화로 상징되는 21세기의 국가 기능에 대한 개념은 아직 명확하게 합의된 바 없다. 모든 부분에서 국제 표준화를 추구하는 세계화는 개별 국가들이 세계화의 기준에 맞추지 않으면 안 되게끔 강요하고 있다. 이런 추세 속에서 개별 국가가 고유의 제도와 체제를 국제 기준에 맞추어 버림으로써 공간으로서의 국가 의미를 상실하여 버릴지,[1] 아니면 새로운 민족주의, 또는 동질 이념에 근거한 국가주의 발동으로 지역별 공간적 정체성을 지닌 개별 국가의 모습이 더욱 선명하게 드러나게 될지는 아직 분명하지 않다. 그리고 개개의 국가가 외부적으로는

1) "세계화에 따라 국민국가가 없어질 것이라고 주장하는 사람들도 있다. 그것은 잘못이다. 국민국가가 없어지진 않겠지만, 그 형태는 많이 바뀔 것이다. 세계화의 영향에 따라 대부분의 나라에서 권력 분산과 탈중앙화(脫中央化) 압력이 강해질 것이다. 세계화된 시장 앞에서는 케인스식 계획 경제를 실천하기 어렵기 때문에, 초국적 경제 기구의 역할이 중요하게 될 것이다. 하지만 국민국가는 여전히 세계에서 가장 강력한 제도이다. 초국적 기업이라 할지라도 국민 국가의 법규제에서 벗어날 수 없지 않은가" 앤서니 기든스(Anthony Giddens). http://books.chosun.com/site/data/html_dir/2002/11/04/

국제 질서에 따르면서, 내부적으로는 자국의 고유한 문화와 전통에 근거한 저마다의 독특한 국가의 정체성을 살려 나갈 수 있는 제도를 만들 수 있을지도 불분명하다. 또 국제정치 역학 관계에서 미국 중심의 일극(一極) 체제가 지속될 것인지, 아니면 새로운 축이 태동하여 세계 질서가 다극적(多極的) 형태로 변모될 것인지에 대해서도 분명하지 않다. 18세기 말부터 줄기차게 대두되어 온 자본과 노동 간의 갈등 대립 투쟁 관계가 더욱 거세어질지, 정보지식으로 포장된 거품에 휩싸여 그 대립의 양상과 본질이 새로운 방향으로 전개될지도 지금으로서는 불투명하다.

다만 분명한 점은 IT 기술의 급진적 발달에 따라 세계 어느 곳에서든지 상호 합의하에 필요한 정보를 동시에 공유하게 될 것이고, 전 세계를 잇는 빠른 교통망은 사람과 재화의 이동을 더욱 신속하게 만들 것이라는 점이다. 이런 세계적 추세는 각국으로 하여금 유사하거나 동일한 국제 규범 및 국제 질서 속에서 생존해 나가야 할 전략을 마련하지 않으면 안 될 처지에 놓이게 하고 있고, 새로운 가치 의식과 규범을 정립하도록 강요하고 있다. 물론 이런 시대적 흐름을 자국의 이익에 잘 활용하는 국가[2]도 있는 반면, 어떤 국가는 스스로 설정한 이념적 도그마에 집착하여 빠져나오지 못하거나 또는 급변하는 세계 흐름에 적응할 수 있는 국가 체제를 갖추지 못하여 지속적인 혼돈 속에 머무르고 마는 국가도 있을 것이다.

그리고 절대왕권을 무너뜨린 프랑스혁명 이후 산업혁명이 가속적으로 진행되는 모든 변혁의 시대마다 그러했듯이 시대 변화를 잘 예측하여 여기에 효과적으로 대응하는 개인 조직 국가는 그 시대의 흐름에서 동시대의 경쟁자들과 비교하여 부(富)와 힘을 배가했다면 시대 변화에 적응하지 못한 개인 조직 국가는 시대 흐름에 따르지 못하여 그 격차에서 오는 개별적 고통을 극심하게 당하지 않을 수 없게 되었다. 그리고 여기

2) 예컨대 싱가포르는 시대 변화 및 자국의 비전 설정과 실천에 대하여 대단히 신속하고 효과적으로 대응하고 있다고 볼 수 있다.

에서 연유된 차등과 소외의 사회 문제도 심각했는데 과거의 이렇게 발생한 사회 문제들은 미래 사회에서도 마찬가지일 것으로 조망된다. 이처럼 미래는 언제나 불투명한 모습으로 우리에게 다가오고 있다.

이런 미래에 대한 불투명성 속에서도 국가에 대한 국민들의 기대 심리는 사라지지 않고 오히려 여전히 커지고 있는 실정이다. 지금은 국가가 국내 및 국제 사회에서 발생하는 모든 문제들을 해결하여야 할 주체라고 생각하면서 국민들은 저마다의 국가에 대한 기대 심리를 높게 가지고 있다. 일자리 창출, 소득 증대, 성장과 분배, 복지, 인구 정책, 전쟁 억제, 평화 유지, 생존 등 국내외의 모든 부분에서 국가가 이 일들을 처리해 나가야 한다고 국민들은 생각하고 있다.

하지만 돌이켜보건대 국가는 과연 모든 국민들이 바라는 바대로 국민의 기대를 충족하여 왔던가, 국가는 국민과 다른 기준으로 통치 질서를 유지하여 오지는 않았는가, 대립되는 사회 계층 간의 극명한 투쟁시 국가는 누구의 편에 서 있었는가 하는 점들을 살펴본다면 과연 불투명한 미래 속에서 국가에 대한 기대 심리를 높게 갖는 것이 타당한 것인가 하는 점을 고려하지 않을 수 없다. 지난 날 서구 사회에서의 시대별 국가의 역할, 제3세계에서의 국가의 기능, 우리 나라에서의 국가 기구들의 행태들을 살펴보면 어떤 측면에서는 국가에 대한 무한정한 신뢰와 기대는 위험할 수 있다는 생각도 든다. 그럼에도 불구하고 국가라는 사회 제도가 성립된 이후 인간은 태어나면서 죽을 때까지 국가의 존재를 초월해서는 살아갈 수는 없기에 국가는 인간의 삶에서 여전히 중요한 요인으로 남는다.

국가의 중요성에 대한 인식으로 사회계약설 이후 국가와 개인의 관계에 대한 많은 고찰들이 있어 왔지만 국가는 항상 개인 위에 군림하면서 상층부 권력의 지위를 누리고 지배 계급의 이해 관계 반영에서 벗어난 적이 없다. 절대왕권 시대에서건, 자유방임주의의 자본의 시대에서건, 공산혁명이 성공한 지역에서건, 개발도상국이나 후진국에서건, 제3세계 국가에서건, 우리 나라에서도 권력을 장악한 소수자가 국가 기구와 동일한 자격으로 개인을 관리하고 지배하였지 개인의 주권을 우선적으로 고려한 경험은 그렇게 많지 않다. 더군다나 20세기 행정국가화되는 시기 이후에는 개인의 존재는 언제나 다수의 명제 앞에 전제되는 하나의 고려 요인이었지 개인의 개별적 존엄성이 숭고한 독립 변수로 자리매김된 적도 없다. 국가라는 제도가 구축된 이후 개인은 이처럼 철저하게 소외되고 있는 것이다.

이럼에도 불구하고, 국가의 개입과 간섭을 배제하였던 19세기의 풍토와는 다르게 20세기에 들어서서는 국가가 모든 일들에 적극적으로 개입하였고, 또 그렇게 하는 것이 당연시되는 풍토로 변하였다. 빈부 격차의 문제, 극심한 사회 혼란, 공황, 극빈과 소외, 도시 문제 등 국가가 직접 개입하지 않으면 안 되는 무수한 상황들이 발생하였다. 사회의 모든 부분에 국가가 관여하지 않을 수 없는 이런 현상을 행정국가 현상이라고 한다. 이런 행정국가화 현상은 21세기 들어서도 사라지지 않고 오히려 더욱 커지고 있다. 특히 세계화의 흐름 속에서 거대 기업 간의 계약, 국가 간의 협약이 더욱 보편화되고 있고, 그 신뢰성을 높게 확보하여야 하는 국제 교역 관계에서 국민 개개인은 저마다의 계약을 보장하여 줄 수 있는 안전망으로서 자국의 역할에 의지하지 않을 수 없으며, 이러한 기대에 비례하여 국가의 능력에 대하여 검토와 우려도 증대하고 있는 실정이다.

한편 국가에 대한 기대 심리를 높이고 있는 이런 행정국가화 현상은 양적 측면과 질적 측면 양측에서 개괄할 수 있다. 양적 측면으로는 행정 기능의 확대, 업무량 증가, 행정 기구 증가, 행정 공무원 증가, 공기업의 증가, 예산 및 재정 규모의 확대 현상을 들 수 있고, 질적 변화로는 행정의 전문화와 기술화, 정책 및 기획 기능의 중시, 조사 방법 및 통계 자료의 중시, 행태에 대한 인식, 공무원과 시민의 관계 변화 현상 등을 들 수 있다. 이런 행정국가화 현상은 단순히 국가의 기능과 역할이 확대되는 현상을 나타내는 수준을 넘어서 국민 개개인에게 국가가 국민들을 요람에서 무덤까지 보호하고 지켜 주어야 한다는 기대감을 확인시켜 주는 현상이기도 하다. 실제로 국가 및 공공 부문에서 활용하고 있거나 관련되어 있는 재화 및 인력의 총화는 전체 사회에서 활용하고 있는 부(富)의 60% 이상이다. 이런 면을 살펴보건대 국민 개개인이 국가에 대한 기대감과 그 기대감을 충족시키기 위하여 국가에 필요한 요구를 하는 것은 당연하다 하겠다.

사실 국가의 기본적 책무는 국민으로 통칭되는 전체 집합으로서의 개념이 아니라 국민을 구성하고 있는 한 사람 한 사람 개인의 생명과 재산을 보호하는 데에 있다. 더 나아가 국가는 개인의 생명을 건강하게 확대하여 평균 수명을 늘리고, 개인의 재산을 확대 재생산시켜 풍요로운 삶을 구가하도록 하는 데에까지 그 영역을 확대시켜 나가야 할 필요도 있다. 국가는 국민에 대한 단순한 보호 차원에서 적극적 복지 차원으로 그 영역을 확대시켜 나가야 한다. 이 경우의 복지란 무한정 재정을 투입하는 측면에서의 복지가 아니라 일자리를 창출하고 개인의 일정한 소득과 성장을 전제로 한 차원에서의 복지이다. 동시에 세계화라는 구호 속에서 국제적 위상을 탄탄하게 정립하여 국민 개개인이 국제 사회 속에서 저마다 당당한 모습으로 꿈을 이루어 나갈 수 있도록 국가가 뒷받침해 주어야 하는 것이다.

2. 국가에 대한 기대 심리의 좌절과 박탈감

국가는 국민 개개인의 이러한 기대 심리를 충족시켜 주면서 공공선(公共善)과 공익(公益)을 달성하는 초월적・신성불가침의 존재이다. 대개의 국가는 국민들의 이러한 기대 심리를 충족시켜 주기 위하여 최선의 노력을 기울이며 국가에 따라 그러한 가시적 성과를 내어 놓기도 한다. 하지만 많은 국가들은 국민들의 높은 기대치에 부응하지 못하고, 스스로 설정한 비전과 목표를 여러 가지 이유로 달성하지 못하여 국민들로부터 불만과 불신, 비난의 표적이 되고 있기도 하다.

그러나 문제는 국가가 국민들로 하여금 건강한 삶을 살게 하고 풍요롭게 해 주어야 한다는 일반적인 인식과 달리 국가 권력을 장악한 세력이 의도적으로 국민들을 불편하게 하고 억압하고 탄압하고 심지어 학살해 버리는 정치 현실도 엄존해 왔다는 사실에 있다. 이럴 경우 국민들은 개인적 좌절과 분노의 차원을 넘어 국가 자체를 부정하게 된다. 이른바 정통 수호 및 질서 유지라는 미명하에 국가가 공권력을 동원하여 국민들의 요구를 억압하는 사례들은 역사적으로 무수하다. 후진국일수록 "국민의 생명과 재산 보전"이라는 명제는 단지 권력 장악과 권력 유지의 수단으로 전락되어 악용되는 사례들을 많이 보여 왔다. 후진국 국민들의 생명과 재산의 보호라는 명제는 권력 추구자들의 허울 좋은 선전 수단에 머물렀지, 그 자체가 목적이 된 경우는 찾아보기 어려웠다. 이른바 미헬스(Robert Michels)의 목표와 수단의 전환 현상을 무수하게 발견할 수 있다.

특히 우리 나라의 경우 '국가'에 대한 근본적인 의문이 제기되는 사건(광주민주화운동)이 발생하였는데, 이 사건은 기존의 국가관으로는 도저히 설명할 수 없는 현상이었고, 이 부분에서 1980년대 중반부터 논의가 시작되었다. 국가는 무엇이며, 국가는 어떤 기능을 하여야 하는가 하는 문제보다는 도대체 국가는 누구 편인가, 국가가 국민을 학살해도 되는가 하는 국가에 대한 근본적인 신뢰를 논의하지 않을 수 없었던 상황이 초래되었던 것이다.

도대체 국가란 무엇인가?

요약컨대, 정보화 세계화로 통칭되는 불투명한 미래를 예견하면서, 동시에 국가의 기능이 증대될 수밖에 없는 현상 속에서 개인은 국가에 대한 기대와 신뢰를 가져야만 하고, 국가는 또 그런 개인의 기대를 저버리지 말아야 한다. 이런 측면에서 우리는 지금 불투명한 미래를 앞두고 국가의 존재 의의와 기능을 살펴보려고 하는 것이다.

제2절 시대별 국가 성격

1. 서구 사회의 국가 변천

일반적으로 서구 사회를 시대별로 분류하여 고찰할 때 봉건 사회, 후기봉건 사회, 초기 자본주의 사회, 수정자본주의 사회로 나누어 살피고 있다.

봉건 사회는 로마제국의 말기(476년 서로마 제국 멸망)에 이르러 중앙정부의 지방 통제력 약화를 계기로 원로원 의원들이나 토지 소유 귀족들이 자신의 토지 및 농노들을 거느리고 독자적 세력을 구축하면서부터 시작되었다. 이 때부터 약 15세기 초까지의 시기를 봉건 사회라고 한다. 중앙 세력의 약화와 지방 봉건 영주의 실질적 지배 속에서 왕은 상징적 존재로 전락하였다. 상징적인 왕 아래 유사한 문화와 언어를 바탕으로 공동체 의식이 있기는 하였지만 봉건 영주가 실질적 권력을 행사하는 분권적 국가였다.

후기 봉건 사회는 봉건 영지의 농민들의 저항으로 인한 봉건 영주의 쇠락과 상인 세력의 성장으로 왕이 실질적인 힘을 갖게 되는 15세기 초부터의 시대를 의미한다. 봉건 영주의 농민 저항 진압을 위한 군사력 요청과 상인의 자본력을 바탕으로 왕은 절대적인 힘을 구축하면서 민족별 통합을 이루어 나갔다. 이 때의 시대 정신은 민족 통합이며 국가에 주어진 과제는 국민국가의 형성이었다. 이를 바탕으로 절대 왕권이 탄생하였으며 절대 군주 국가가 태동하였다.

초기 자본주의 사회는 프랑스혁명(1789년)의 발발 이후부터 19세기의 시기를 말한다. 계몽주의 사상가들의 활동, 프랑스혁명, 상인 세력의 등장, 시민 계급 및 시민 사회의 형성, 과학 기술의 발달, 상품 중심의 자유 시장 경제 논리 등장 등 새로운 시대 사조가 발생하였다. 완전 경쟁을 지향하는 자유주의 국가의 모습을 나타내었고, 시민 계급의 대표들이 법률을 만들고 국가의 제도를 형성하는 대의제 형태의 정치 체제가 나타났다. 국가의 존재 의의는 외침을 방어하는 국방, 시민 생활의 안전을 도모하는 치안 등 극히 제한적인 활동만 하는 하나의 필요악적 개념이었다. 국가는 개입보다는 모든 것을 시장 경제의 논리와 시민들에게 맡겨 두는 자유방임적 국가 형태를 띠게 되었다. 소극적 야경 국가의 형태, 자유방임적 정치 체제가 이 시기에 굳어졌다. 이 시기의 시대 정신은 성장 중심이었다.

하지만 19세기 말부터 20세기 초에 이르러 자본주의 사회 내의 다양한 문제들이 발생하였다. 예기하지 않았던 공황이 발생하였고, 인구의 도시 집중 현상, 빈부 격차, 소외 문제, 노동단체의 결성과 활동 등 자유기업이나 시민들만의 힘과 기술로써는 감당하기 어려운 사회 문제들이 발생하였다. 즉 국가의 불간섭에서 국가의 개입을 정당화시키는 현상들이 발생한 것이다. 국가가 국내의 자본을 독점적으로 관리하는 새로운 자본주의 지배 형태가 나타났으며, 다양한 사회복지 정책을 추진하는 복지국가의 양상이 나타났다. 국가가 적극적으로 개입하여 관리하는 이런 형태를 행정국가화 현상이라고 한다.

국가가 주도적으로 관여하는 이 시기의 국가의 주요 과제는 노동자를 비롯한 소외 계층에 대한 배려와 참여 분배의 문제가 심각한 과제였다. 이 시기 선발 자본주의 국가는 과잉 생산의 문제로 경기 위축, 공황, 실업이라는 심대한 사회 문제에 봉착하였고 이 문제를 해결하기 위한 돌파구로 원료 공급지 및 상품 판매지를 확보하는 해외 시장 개척에 눈을 돌렸다. 토지 중심의 농업 사회에서 제국의 영토 변경을 확장하는 성질과 똑같이 자본 중심의 식민지를 경쟁적으로 팽창시켜 나가는 제국주의적 경향이 그대로 나타났다. 반면 후발 자본주의 국가인 독일·일본 등

지에서는 국가가 주도적으로 발전을 획책하여 나갔다. 이런 과정에 강력한 중앙집권적 지배 형태가 반드시 등장하였다.

이처럼 국가가 자본주의 체제 내에서 소극적 방관자 입장에서 적극적 관리자의 입장으로 개입하게 된 배경으로 다음과 같은 점을 들 수 있다.

첫째, 자유 시장 경제 원리에서 나타난 자본주의 폐해 양상이다. 자본가의 노동자 착취 현상이 극심해지고, 노동자의 생활 여건은 악화되었으며, 대규모 공황이 주기적으로 발생하여 사회적 고통을 가중시켰다.

둘째, 이러한 자본주의 폐해를 극복하기 위하여 적극적인 혼합 경제를 채택하지 않을 수 없었다. 일상적인 경제 활동은 자유 시장 경제의 기조를 그대로 유지하여 나가되, 공황 및 비상 위기시에는 국가가 적극적으로 경기의 흐름을 조정한다는 것이다. 또한 시장 외의 사회복지 부문, 도시 건설, 사회간접자본 구축, 공공선에 필요한 사업 등은 국가가 주도하여 나가야 할 필요성을 느꼈다.

셋째, 사회의 여러 부문에 국가의 적극적 개입이 요청됨에 따라 국가 주도의 공적 영역 확대 현상이 나타났다, 소위 행정국가화 현상이 나타난 것이다.

넷째, 종전에는 사용주와 노동자 간의 계약, 노동 조건, 사회단체 결성, 조합의 활동 등 고유한 사적 영역이라 생각하였던 부문에 국가가 개입하기 시작하였다. 예건대 노동법, 사회법 제정 등이 그것이다.

다섯째, 국가가 국민의 '삶의 질(quality of life)'을 책임져야 한다. 삶의 질이란 그 사회에서 최소한의 인간적인 생활을 해나가는 수준을 말하는데, 이는 국가가 책임지고 적극적으로 해결하여 나가야 할 성질의 것이다. 즉 자유 경쟁에서 제외되거나 탈락한 자들은 국가가 책임져야 한다는 적극적 복지국가의 개념이다.

여섯째, 복지국가의 개념이 확산되면서 서구 사회에서는 국가가 모든 것을 책임지는 모습을 띠게 되었다(The least government was the best government, but the biggest government is the best government).

2. 제3세계 국가

제3세계 국가란 정치적으로 비동맹 국가를 말한다. 제3세계 국가들은 대부분 제국주의의 식민지 지배를 경험한 나라들이다. 제국주의는 선진 자본주의 국가가 자국 내의 문제를 해결하기 위하여 식민지 확보를 해 나가는 국제 관계 설정 과정에서 발생한다. 제3세계 국가들은 강렬한 민족주의의 색채를 지니며 이 민족주의가 한편으로는 제3세계 발전의 원동력이 되기도 한다. 민족주의적 지도자로서 유고슬라비아의 티토(Josip Broz Tito), 인도의 네루(Nehru Pandit Jawaharlal), 중국의 마오쩌둥(毛澤東) 등을 들 수 있다.

제3세계의 지배적 정서는 반자본주의적, 반제국주의적, 민족적 정서가 주류를 이룬다. 하지만 제3세계는 정치적으로 독립을 했을는지는 모르나 경제적으로는 여전히 식민지 모국의 지배하에 있는 것이 현실이다.

제3세계의 특징으로 억압적 국가 기구가 과잉적으로 발달한 모습을 보이고 있다. 이는 식민지 유산으로 볼 수 있는데, 억압적 국가 기구로 군대·경찰·정보 기구·사법부·행정부 등을 들 수 있고, 이데올로기적 국가 기구로 교육기관·여론 주도집단·매스컴·의회·정당 등을 들 수 있다. 제3세계 국가들은 물리적 강제력과 권력에 의한 동원을 국가 지배 체제의 본질로 두고 있다. 즉 공권력이란 합법화된 강제력이고 정당화된 물리력이라고 본다. 이민족 국가가 식민지 국가를 지배하기 위해서는 국가 기구를 지배 수단으로 활용할 수밖에 없는데, 문제는 이러한 억압 기구가 지나치게 과잉 발달하였다는 데에 있다. 따라서 행정은 시민들에 대한 봉사(service)의 성격보다 권력 행사의 성격을 더 강하게 나타내고 있다.

서구 사회나 제3세계 국가는 비록 그 발전 형태는 서로 다르지만 결국 국가의 역할이 증대되고 있다는 점에서는 동일하다.

3. 한국의 경우

단군 설화는 하늘에서 내려온 3천 명의 군사 세력과 토착 세력인 곰과 호랑이를 토템으로 하는 웅족과 지배 복종이 아닌 인내와 포용으로 하나의 국가를 형성하는 과정을 설명하고 있다. 한반도의 경우 기원전 2333년 단군 왕검(王儉)이 아사달(혹은, 평양성)에 도읍을 정하고 처음으로 조선(朝鮮)이라고 칭하였다. 이후 부의 연맹체인 부여, 고구려 등의 국가가 성립되었다. 한반도 중남부에서는 읍락(邑落)이 지역별로 78개의 소국 형태로 정리되고 이들 소국은 한강 유역의 백제와 경주의 사로국을 중심으로 연맹을 결성하였다. 삼국 시대 초기의 지배 체제는 정치적 자립성을 갖는 소국이나 읍락의 연합체라는 성격이 강하였다. 성읍(城邑) 연맹국가의 정치적 단위체인 각 부는 내부 문제에 대하여 자치권을 갖고 독자적인 관직을 설치하고 있었다. 철기의 보급에 따라 성읍국가 연맹체는 집권 국가로 구축되어 나갔다. 삼국 시대의 형성이 그것이다.

고려의 군현제(郡縣制) 실시는 토착 세력인 호족의 계층적 편성을 도모하려는 것인데, 지방 세력인 호족의 영향력을 인정하면서 동시에 강력한 중앙집권을 추구하려 하였다.

조선 시대에는 전형적인 절대 왕권 국가의 지배 체계를 형성하였다. 세종 이후 오랜 평화의 기간 중 내치와 국방에 소홀히 하여 임진란을 자초하였다. 임란 이후 체제의 정비를 도모하였으나 정치 체제는 여전히 절대 왕권 확립 체제였다.

서구 열강이 자유와 산업혁명으로 새로운 세기를 열어가는 19세기 중엽에도 조선은 국제 정세에 눈이 어두웠으며 내부의 부패와 흉년 등으로 삼정(三政)이 문란[3]한 모습을 보였다. 1811년(순조 11)에 있었던 홍

3) 조선 후기 전정(田政)·군정(軍政)·환곡(還穀: 양곡 대여) 등 3대 재정행정을 둘러싼 정

경래의 난, 그후 1862년(철종 13) 진주(晉州)의 농민 봉기를 시초로 한 삼남 지방의 농민 반란 등은 극도로 문란해진 삼정에 대한 저항 운동이었고, 이 때부터 혁명 발생의 배경은 조성되고 있었다. 특히 혁명의 이념적 바탕이 된 동학은 교조 최제우(崔濟愚)가 풍수 사상과 유(儒)·불(佛)·선(仙)의 교리를 토대로 서학(西學: 기독교)에 대항하여 창안한 혁명 사상이다. 이 사상은 당시 재야에 있던 양반 계급은 물론 학정과 가난에 시달리던 백성들에게 요원의 불길처럼 퍼져 나가 커다란 종교 세력을 이루게 되었다. 이러자 조정에서는 최제우를 체포, 1864년 사형에 처하였다. 교도들은 교조의 신원운동(伸寃運動)을 벌였지만 뜻을 이루지 못하고 궐기하였다. 혁명의 강경론이 나타났으며, 뒤에 전봉준(全琫準)이 등장하여 동학군을 영도하였다.

1854년 일본 에도만(江戶灣) 우라가에 미국인 함장 페리(Matthew G. Perry) 제독이 이끄는 군함 4척이 개항을 요구하며 상륙하는 사건을 계기로 젊은 사카모토 료마(坂本龍馬)는 국제 정세에 눈을 뜨게 된다. 1854년 미·일 화친조약을 계기로 일본은 19세기 유럽 자본주의의 후발 국가가 되어 아시아에서 최초로 산업자본주의의 물결에 편승하게 하였다. 사카모토 료마의 중재 아래 신정부인 메이지(明治) 정부가 들어섰다. 1868년 메이지 정부는 일련의 개혁을 추진하면서, 구미(歐美) 근대 국가를 모델로 삼아 부국강병의 목표로서 관 주도(官主導)의 일방적 자본주의 육성과 군사력 강화에 노력한다. 그리고 필연적으로 산업자본주의의 제국주의적 특성에 따라 일본은 아시아 식민지 정책에 매진하게 된다. 당시 국제 정세의 흐름을 애써 외면하면서 자주적 왕권 강화와 민생 안정에 치중하였던 대원군 집권기(1863~1873년)의 조선왕조는 시대의 조류를 읽고 적응하지 못하여 세기 말에 결국 일본 제국주의의 식민주의 정책에 굴복하게 된다.

치 부패를 말함.

일본 제국주의의 치욕적인 강점기를 거쳐 1945년 해방 후 한반도는 남북으로 분단되어 남한은 미군정 치하에서 미국적 자본주의를 경험하게 되고, 북한은 스탈린식 통치 질서에 편입되어 민족의 비극을 지금껏 안고 있다.

이승만 정권은 국가 체제를 마련하고, 전쟁을 체험한 이념 정립과 미국 중심의 외교 정책에 중심을 두었다. 잠시 윤보선, 장면 체제의 정권이 들어섰지만 박정희의 혁명(또는 쿠데타)으로 막을 내리게 되고, 박정희 정권은 중앙집권적 근대화 정책에 몰입하게 된다. 짧은 기간 동안 한국의 경제 성장은 다른 개발도상국들의 경제 모델이 되었고, 이를 바탕으로 21세기 정보화 사회를 주도할 계기도 마련되었다. 그러나 이 과정 중에 정치적 참여 배제, 폭압 정치, 인권 유린, 소외 지역과 계층의 발생, 도농 간의 지역 격차, 계층 간의 빈부 격차, 사회 양극화, 복지, 도시 문제, 시민 사회의 갈등, 남북한 문제, 이념의 정립 문제 등 다양한 사회 문제들이 양산되기도 하였다.

이런 한국 사회의 제반 사회 현상을 1980년대 초까지 미국에서 주류적인 사회 이론, 즉 행태주의, 구조 기능주의, 다원주의 등으로써 설명하려 하였다. 이러한 이론 등은 대개 개인의 참여와 자유로운 활동을 통하여 국가가 구성되는 것이기에 자연스럽게 국가 권력의 정당성을 수용하며, 국가 기구의 권위를 인정하는 경향이 강하다.

하지만 이러한 우리 나라의 일반적인 정서에서 볼 때 신성 불가침으로 여겨져 왔던 국가 자체에 관한 영역도 냉정한 시각, 과학적 분석, 비판적 방식으로 새롭게 고찰하여 보아야 한다는 주장이 설득력을 갖게 되는 계기가 발생하였다. 1980년에 발생한 광주의 민주화 운동[4]이 그것

4) 1980년 5월 18일 전후로 광주에서 일어난 일련의 일들을 처음에는 '광주사태'라고 당시 집권 계층 중심의 관점으로 명명하였던 반면 일부 지식인들 및 운동권에서는 이를 '광주항쟁'으로 부르다가 김영삼 정권 때에 '5·18민주화운동'으로 공식 명칭을 부여하고 정부에서 소정의 보상 및 배상에 관한 조처를 해 주었다. 5·18민주화운동 등에 관한 특별법(1995.12.21. 법률 5029호) 참조.

이다. 민주화 운동 이후 우리 나라에 소개되었던 국가에 대한 기존의 시각과는 다른 이론들의 틀로서 국가, 국가 기구, 국가 권능, 국가 존립 이유 등을 해석하기 시작하였다. 이른바 종속이론, 마르크스주의적 시각, 변동론적 시각 등이 그것이다. 이런 이론들은 국가의 중립적·초월적 성격, 공공선 달성을 위한 국가관으로 되어 있는 기존 이론들에 강력한 비판을 제기하는 내용들을 담고 있었기에 당시의 일반인의 정서로는 금기시되는 이론들이었고, 이러한 연구이론들에 대하여 부정적인 인식들도 있었다. 물론 이런 이론들이 나타날 수밖에 없었던 것은 기존 서구 주류의 국가 이론으로는 설명할 수 없는 한국 사회에 대한 자기 반성 때문이다. 이런 이론적 관점으로 전두환 군사파쇼 정권을 설명하면서 국가의 폭력적 모습을 노출시켰다.

이상으로 국가에 관한 일반적 검토를 요약하며 보면 19세기에서는 국가에 대한 무관심이 가능할 수 있었다. 야경국가, 소극적 국가, 자유방임주의의 사조로 국가는 오히려 무시하여도 좋은 주제였다. 그러나 20세기에 들어서서는 어느 누구도 국가로부터 비껴갈 수가 없게 되었다. 국가가 하는 일에 개인이 무관심할 수 있지만, 국가에 의하여 영향받지 않을 수는 없는 행정국가화 현상이 발생한 것이 그것이다.

하지만 21세기에는 국가에 대한 기대와 우려가 혼재되는 시기이다. 국가가 정보화를 통하여 국내외의 모든 일에 관여하고 있는 반면 이념적으로는 개인의 인권과 프라이버시를 보호하기 위한 국가 불개입이 요구되고, 국가가 모든 것을 장악하고 있는 반면 국가는 모든 일에서 조정자의 역할에 머물러야 하며, 교역과 산업의 세계화로 국토 공간의 산업적 의미가 희소해지는 것 같은 반면 오히려 그럴수록 법적 권리 확보 차원에서 국가 기능의 존립 근거는 더욱 필요해지고, 중앙정부에서 주도적으로 하여야 할 영역들이 많아지는 반면 지방화·분권화로 실질적 권한을 위임하여야 할 필요성은 증대되며, 고객 중심 행정으로 시민 봉사에 더욱 효율적이고 효과적인 것을 지향할수록 국가의 개입 영역은 더욱 넓어져 역설적으로 작은 정부를 지향하는 이념과는 멀어지고 있다. 이런 복합적 인식과 여건이 21세기 국가 개념에 들어 있는 것이다.

제3절 국가의 의의

1. 어휘적 개념

1) 나라, 국가

나라라는 우리말에는 다음과 같은 뜻이 내포되어 있다. '나'와 '라'는 모두 땅과 장소를 가리키는 '곳' '것'을 뜻한다. 또 '나'는 '태양' '나=일인칭'을 뜻하고, '라'는 '키다리' '~쟁이' 등에 포함되어 있는 '리' '이'와 같이 사람을 의미한다(박병식, 2002). 하여 우리말 '나라'는 "태양이 비추이는 사람 사는 곳"을 뜻한다고 볼 수 있다. '나라'라는 말 속에는 계층적 의미나 지배·복종 관계의 사회 구조를 지칭하는 의미가 들어 있지 않고, 다만 순수 자연 상태에서 나타난 '사람 사는 밝은 곳'이라는 뜻만 들어 있다.

하지만 한자로 표현되는 국가(國家)라는 어휘 속에는 사회 계층적 의미가 녹아 있다. 나라를 뜻하는 단어로 한자 문화권에는 대개 '국가'라고 표현한다. 『맹자(孟子)』 이루(離婁) 상 5편에 "보통 사람이 말하기를 천하(天下), 국(國), 가(家)라고 한다. 천하의 근본은 국에 있고, 국의 근본은 가에 있고, 가의 근본은 몸에 있다[5]"라고 하면서 천하, 국, 가의 단계를 구분하고 있다. 단옥재(段玉裁)는 "천자(天子)나 제후(諸侯)가 다스리는 곳을 국(國)이라 하고, 대부(大夫)가 다스리는 곳을 가(家)"[6]라고 한다고 하였다.

---

5) 人有恒言 皆曰, 天下國家, 天下之本 在國, 國之本 在家, 家之本 在身. (孟子, 離婁, 上, 5)
6) 天子諸侯曰國, 大夫曰家(說文解字注, '家'條)

천하는 하늘 아래 모든 땅을 의미한다. 천하를 다스리는 천자(天子)는 제정일치의 군장(君長)의 성격이 더 강하다. 직접적인 통치 행위보다는 하늘의 계시를 받아 일정한 방향으로 구성원들의 통합을 이루어 내는 제사장의 성격을 더 강하게 가지고 있다. 황제 또는 천자는 처음에 동물과 같은 야인 상태의 사람들에게 문화로 교화시키고, 덕성으로 양육하는 천지인(天地人)을 통달한 신인(神人)의 모습이었지만, 후기로 오면서 농경 사회의 질서 규범이 필요해지자 실질적인 통치자로서의 위상을 갖추게 되었다. 그렇더라도 천자에게는 실질적 통치보다는 상징적 의미가 더 강하게 배어 있다. 즉 천자를 중심으로 각 지방의 부족장 성격의 통치자들은 하나로 귀일될 수 있었다. 이후 천하(天下), 국(國), 가(家)라는 용어가 시대에 따라 달리 사용되었지만 이른바 춘추전국(春秋戰國) 시대로 접어들면서 천하를 다스리는 천자는 힘없이 허울뿐이게 되었고, 실질적으로 각 지역을 장악한 실권자들은 제후(諸侯), 경(卿), 대부(大夫)들로서 그들끼리 각축전을 벌이는 국(國), 가(家)의 시대를 맞게 된다. 이 시기에 국(國)이나 가(家)의 경계 영역이 허물어져 버려 국가의 개념이 자연스럽게 형성되었다.

국(國)[7]에는 세 가지의 개념이 들어 있다. 첫째, 땅 위(一)에서 먹고

7) 동양 사회에서 국가를 의미하는 '국(國)'이란 용어의 어원을 『설문해자(說文解字)』와 양계초(梁啓超)의 해석을 통하여 보면 근대적 국가 개념과 매우 유사함을 볼 수 있다. 양계초는 국(國)의 어원에 근대 서구의 국가 형성의 3요소인 주권, 국민, 영토의 개념을 담고 있다고 보았다. "문자(文字) 가운데 국(國)이라는 글자는 원래 옛글에서는 혹(或)이라고 썼다. 허씨(許氏)의 『설문해자』의 해석에 의하면 혹이란 글자는 '종구(從口)와 종과(從戈)로써 일(一)을 수(守)하는데, 일(一)은 지(地)이다'(從口從戈以守一 一地也)라고 풀이되고 있는데 그 용의(用意)의 정교함과 함의(含意)의 폭넓음은 참으로 불가사의(不可思議)하다. 구(口)는 국민(國民)을 표(表)하고 일(一)은 영토(領土)를 표하는 것이 대다수이며, 그것(口)과 합자(合字)한 유(類)의 모든 글자는 대부분이 다 그러하다. 오로지 무(武)가 있은 후에 권력(權力)이 존재하게 되므로 혹(或)으로써 그것(權力)을 표한다. 따라서 사람(人)이 땅 위(地上)에서 과(戈)로써 그것(一=地)을 지키는 것이니 곧 국가의 3요소가 다 갖추어지게 된다. 여기에 어느 성현(聖賢)이 그 의(義)가 명확하지 못함을 염려하여 그것(或) 주위에 국(囗)으로 에워싸서 세 가지 것을 하나로 일체화(一體化)시킨 것이라 한다"(金春男, 1987: 76). '국(國)' 자(字)는 서주(西周) 시대에 형성된 『시경(詩經)』 속에 나타나는 것으로 보아 이 때부터 이 말이 사용되고 있음을 알 수 있다(池

생존하여 나가야 하는 입(口)이 핵심이다. 둘째, 창(戈)의 무기 개념이다. 무기는 짐승을 잡고 짐승의 공격으로부터 방어하고, 다른 나라와의 전쟁에서 필수적이다. 창은 이후에 화살촉으로 오늘날 미사일 탄두로 진화하게 된다. 셋째 영토 영역 경계(boundary)의 테두리를 뜻하는 국(囗)이다.

다음 가(家)에 내포된 의미이다. 『설문해자(說文解字)』에 의하면, 가(家)는 집을 뜻하는 지붕 면(宀)과 돼지 시(豕)로 구성되어 있다. 첫째, 집, 지붕 면(宀)이다. 이는 가공한 집, 울타리, 비와 이슬을 막아 주는 구조물을 의미하므로 자연 상태가 아닌 문명적으로 상당히 진전된 주거 상태를 의미한다. 둘째 돼지(豕)이다. 돼지가 주요 가축으로 여겨지던 시대 배경을 나타낸 글자이다. 돼지를 잘 기르기 위해서는 온 가족들이 한데 모여 살아야 한다. 돼지고기 음식 문화는 고급 문화이다. 물이 귀한 중동에서는 왕족이나 먹는 음식이기에 노동력을 많이 필요로 하는 돼지고기를 일반인들이 먹지 못하도록 계율로 정하기도 하였다. 그리고 돼지(豕)라는 말은 집에 거주하는 사람을 상형한 것이기도 한데, 이것은 돼지가 가축 중에서도 새끼를 가장 많이 낳는 동물이기 때문에 다산(多産)과 번성의 의미로 차용한 것이기도 하다.

이상으로 볼 때 국가는 '국(國)'과 '가(家)'의 합성어이고, 가족 공동체의 연장선상에서 국가를 이해할 수 있으며, 국가는 가족 공동체 의식과 규범을 외연적으로 구현하는 곳이라고 할 수 있다. 이처럼 동양 특히 유가(儒家)의 국가관은 가정과 국가를 일치시키는 가족주의적 국가관의 성격을 주장하고 있다. 수신제가치국평천하(修身齊家治國平天下)의 개념이 그것이고, 가족 간의 우애와 효의 질서는 국가 사회 안에서 사회 구성원끼리 형제자매처럼 서로 믿고 지내야 하며, 나라에 충성하여야 한다는 공동체적 가치관으로 연결되는 것이 그것이다. 이런 유가의 국가

敎憲, 1987: 71).

관은 국민들을 가족처럼 돌보아야 하며, 모든 국민들은 형제자매처럼 의지하여야 한다는 이상향을 설파하고 있으며, 오랜 기간 동안의 세월을 거쳐서 지금도 동양인들의 의식 속에는 이러한 유교적 국가관이 지배적으로 자리잡고 있다. 하지만 이런 어휘 안에 내포된 국가관에는 대립과 투쟁, 착취와 저항, 지배와 피지배의 현상과 개념을 전제로 하여 논의하여야만 제대로 설명될 수 있는 근대 국가로서의 국가의 의미는 내포되어 있지 않다. 동양인들은 이러한 갈등적 국가관을 오히려 금기시한다.

2) State, Nation

국가라는 용어를 영어로는 state, 이탈리아어로는 Stato, 독일어로는 Staat, 불어로는 Etat라고 하는데 어원은 라틴어 스타레(Stare)에서 연유되었다. 스타레(Stare)는 서 있는 상태나 신분을 의미하는 말이다. 또 중세 유럽의 지배자, 왕국 또는 군주의 신분적 지위를 가리키는 말로 status라 하였는데 state의 어원을 이룬다. state는 국가의 상태, 권력 지위의 형상, 사물과 상황의 모습을 나타내는 말이다. 'state'는 르네상스 시기의 이탈리아에서 처음 사용되기 시작하여 19세기 근대 국가의 정착과 더불어 유럽 전역에서 광범하게 사용되었다.

대개 '근대 국가(modern state)'라 함은 19세기 자본주의 특성을 가진 유럽의 국가들을 일컫는다. 이 근대 국가의 개념과 대비하여 제2차 세계대전 이후의 자본주의 국가를 '현대 국가'로 부르기도 한다. 하지만 현대 국가도 역시 근대 국가의 발전된 한 형태일 뿐 본질적으로 근대 국가와 다르지 않다.

그런데 state 개념이 확산됨과 더불어 state는 그 개념의 어원을 이루는 status와는 구분되는 새로운 의미를 획득하게 된다. state는 물리적 상태, 구조적인 틀, 대립적 협약 관계들의 특성이 함께 내포되어 있다. 즉 state는 초기에는 통치자들의 상태와 신분, 즉 통치자들의 위엄과 명망을 의미하였지만, 베스트팔렌 평화 조약(Peace of Westfalen)[8] 이후

state는 통치자의 신분과는 독립적인 권력 기구를 의미하게 되었다.

nation은 태어난 곳을 말하는데 공간적인 개념보다는 장소에 대한 추억의 감정을 의미하는 경향이 강하다. 'nation'의 어원은 'natus' 즉 '태어나다'라는 말에서 파생되었다. 애정을 가지고 집착하는 곳이라는 뜻을 가진 정서적인 개념이다. 국가라는 개념보다는 민족이라는 개념이 더 강한 말이다.

state와 nation을 합쳐서 국민(민족) 국가(nation-state)라 한다.

2. 국가 구성 요소

국가를 구성하는 국민, 주권, 영토를 국가의 3대 구성 요소라고 한다. 첫째, 국민이 없다면 국가가 제대로 형성되지 않으며, 둘째 주권이 없으면 다른 나라와 대등한 입장에 설 수가 없고, 셋째 영토가 없으면 정착할 공간이 없어서 유랑하게 된다. 국민은 그가 어디에서 활동하건 소재지와 관계 없이 일정한 국가법의 지배를 받는 국가의 구성원을 말한다. 국민의 개념은 종족(인종)의 개념이나 민족의 개념과 반드시 일치하는 것은 아니다. 국민의 신분을 국적(國籍)이라고 하는데, 국적을 부여하는 권한은 국가가 가지고 있으며 국제법상 원칙적인 것은 없다. 혈통을 기준으로 하는 혈통주의(血統主義)와 출생지를 기준으로 하는 출생지주의(出生地主義)가 있다.

주권은 국가의 의사를 최종적으로 결정하는 최고의 권한을 말한다. 국민 주권, 군주 주권, 통치권 등이 있다. 영토는 지구의 지표면에 포기되는 국가의 영역을 말한다. 국가 영역은 땅과 산하를 기준으로 하는 영토(領土), 바다를 구성하는 영해(領海), 하늘을 대상으로 하는 영공(領空)으로 구성된다. 가장 중요한 것은 사람이기에 국민이 중요하고, 그 다음으로 주권이며 영토는 없더라도 다시 삶의 터전을 만들면 된다. 이

---

8) 스페인과 네덜란드 사이에 벌어진 80년전쟁과 독일의 30년전쟁을 독일의 베스트팔렌에서 마감한 조약(1648년).

3대 구성 요소를 관리하는 것이 정부이다.

3. 국민 국가의 개념

국민 국가(nation-state)가 형성되기 위해서는 국가 형성과 국민 형성이 전제되어야 한다.

1) 국가 형성

국가 형성(state-building)이란 어느 정도의 동질성을 지닌 국민을 기반으로 하는 중앙정부가 수립되고 이 체제에 맞추어 일정 수준 이상의 구조적인 분화가 이루어지는 상태를 말한다. 자연 조건, 전쟁과 정복, 합의 등의 방식으로 국가 형성이 이루어진다.

자연 조건인 산맥, 바다, 사막, 강, 하천, 평야, 구릉지 등에 의하여 일정한 공간이 형성되고 그 속에서 유사한 생산 양식과 삶의 형태와 문화 관습이 생성됨으로써 국가가 만들어진다. 대부분의 국가들이 여기에 해당된다. 전쟁과 정복을 통한 국가 형성은 대부분 자원의 확보, 영토 확장, 정치적 야심 및 지배욕 충동, 이념, 기타 인접 지역 간의 마찰에서 오는 문제를 무력 충돌로써 해결하는 방식이다. 대부분의 식민지 정책이 이런 방식을 통하여 이루어졌다.

합의는 공동 이해 관계의 일치 및 정치적 타협으로 새로운 정치 체계를 만들어 내는 것이다. 협의 및 합의 상태가 지속되는 동안은 탄탄한 국가인 것처럼 보이나 내적인 갈증은 상존한다. 미국(USA=United States of America), 영국(UK=The United Kingdom and British Isles, Great Britain, Britain), 구소련(USSR=Union of Soviet Socialist Republics)처럼 합의가 깨어지면 각 state들은 각자의 길을 가면서 와해된다.

2) 국민 형성

비록 국민들의 기반 위에서 중앙정부가 구조적으로 만들어져 있다고는 하지만 국민들의 마음과 정서가 함께 일치되어 중앙정부의 질서와 통치 행위에 따르지 않으면 그 국가는 제대로 된 정체성을 드러내지 못하고 대내외적으로 통합된 힘을 발휘하지도 못한다. 현실적으로 정부체제가 하나의 국민 국가로서 정상적인 기능을 발휘하고 변영하려면 국가를 구성하는 국민들 개개인 모두가 국가의 일원으로서의 심리적인 유대와 일체감을 지니고 있어야 한다. 국가를 위한 충성심이 극단적으로 국가를 위하여 하나밖에 없는 자기의 생명까지도 회생하여야 하는 심리상태를 이루어 내어야 한다.

국민 형성(nation-building)을 위한 방식은 다양하지만 크게 미란다적 방식과 크레덴다적 방식이 있다. 미란다(miranda)적 방식은 인간의 감성적 측면에 초점을 두어 국민들의 정서적 일체감을 조성하는 것이다. 예컨대 기념일, 민속절기인 명절, 스포츠 경기, 국기, 국가, 국화, 기타 상징물을 통하여 국민의 정신적 통합을 도출하여 내는 것이다. 크레덴다(credenda)적 방식은 인간의 지성적 측면에 초점을 두어 국민 교육, 공공 관계 형성 등의 통하여 국민들의 정서적 일체감을 조성한다.

3) 국민 국가 형성

국민 국가 형성(nation-state building)은 위에서 살펴본 바와 같이 국가 형성과 국민 형성이 이루어진 상태를 말한다. 즉 국민의 정서적 동질성 내지 국민적 통합을 이루어서 국가를 지탱하여 나가는 상태를 말한다. 하지만 이것은 그렇게 간단한 문제가 아니다. 봉건 영주 시대에는 농민에 대한 수탈과 착취가 극심하였기에 농민들은 향토에 대한 자발적 충성심을 가질 수가 없다. 절대 왕권에서는 절대 왕권을 가진 왕이 강력한 통치 권력으로 국민 전체를 억압하고 있으므로 자발적 통합이 매우 어렵다.

자유주의 국가에서는 어느 정도 국민들의 자발적인 참여가 이루어지지만 자본주의와 결합되면서 자본가와 노동자 간의 격차 문제로 근본적

일체감이 조성되지 않는다. 사회주의 내지 공산주의에서는 이념적 동질성으로 국민들의 동질적 일체감을 도출하려 하지만 사상과 이념이 다른 국민들을 정리하여야 하므로 이 과정 중에 살육의 회오리 바람을 피하기 어렵다. 자유 민주주의 국가에서는 자발적인 국민 통합이 이루지는 것처럼 보이지만 사상과 이념의 자유스러움으로 인하여 제대로 된 완전한 통합이 어렵다.

이런 이유들 때문에 개발도상국이나 제3세계 국가의 지도자들은 국민국가를 만들기 위하여 대개 민족의 동질성을 강조하고, 국가 사회를 주도하고 있는 지배 세력을 흡수하여 정책에 동참시키는 방법을 사용하기도 한다. 이 과정에서 소수집단, 소외 계층은 자기 이익을 제대로 확보하지 못하고 오히려 가지고 있는 노동력이나 자원, 그리고 기회들을 알게 모르게 박탈당한다. 많은 정치지도자들이 나름대로 국민 통합을 이루어내기 위하여 노력하지만 국민 국가 형성은 현실적으로는 매우 어려운 점이 많다.

4. 국 가

국가는 일정한 나라 안에서 영토 내의 '합법적 · 물리적 강제력'으로써 국가 이념을 구현하기 위하여 국민에 대하여 지배 기능을 담당하는 고도의 추상적인 통치 기구를 말한다. 정부가 구체적이면서도 실천적인 성격의 중립적 개념이라면, 국가는 계급적 · 추상적 개념이다. 일반적으로 동류 의식, 동일 집단, 한 민족이라는 정서적 일체감의 의미를 강하게 풍기는 '나라'라는 말과 사회과학 · 정치학 등에서 주된 개념으로 사용하고 있는 '국가'라는 용어를 혼동하는 경향이 있다. 따라서 국가의 변혁을 시도하는 어떤 행위도 '조국', '내 나라'를 부정하는 매국 행위, 반국가 행위로 간주하는 경향도 있다.

국가에는 두 측면이 있는데, 계급적 성격을 반영하는 국가 권력과 제도적 성격을 반영하는 국가 기구가 그것이다. 국가 권력은 지배 계급이 다른 사회 계급과의 관계 속에서 국가 기구를 통하여 자신의 이익을 실현하는 능력을 말한다. 즉 국가 권력은 국가 기구와 상호 밀접한 관계를 유지하지 않으면 안 된다. 국가 권력은 국가 기구라고 하는 구체적 제도를 통하지 않고서는 자신의 존재를 나타낼 수 없기 때문이다.

그러나 국가 기구는 기구 자체의 자율성(상대적 자율성)과 구조적 특수성을 지닌 제도적 실체로 지배 계급의 단순한 도구는 아니다. 하지만 계급 간의 권력 관계가 변하게 되면 국가와 국가 기구 자체도 이런 상황에 따라 변하게 된다. 예컨대 봉건 국가에서 자본주의 국가로 변화되는 것이 그것이다.

제4절 국가와 유사한 개념

1. 정 부

정부(government)는 '국가의 의지(the will of state)'를 달성시키는 제도적 장치이다. 국가가 구체적인 모습으로 구현되는 것이 정부이다. 따라서 일반적으로 국가를 정부로 부르고 있는 경향이다. 국가의 통치 기구로 입법부, 사법부, 행정부 등의 모든 정치 조직 기관을 통칭한다. 이들 기관과 정권은 성격이 다소 다르다. 정권이란 행정집행부를 장악한 집단 또는 정당을 말한다. 정권 장악 방식은 부당한 정권 장악 방식인 쿠데타적 방식, 정당한 정권 장악 방식인 국가 구성원이 수용하고 있는 세습적 방식, 추대에 의한 방식, 선거에 의한 방식이 있다. 즉 쿠데타에 의한 장기적 정권 장악, 또는 선거에 당선되어 법적인 기간 내에 한시적으로 정치 권력을 담당하는 세력을 정권이라고 지칭한다.

2. 정치 체제

정치 체제(political system)란 용어는 서구 주류의 행태주의[9] 사회과학에서 쓰는 용어이다. 서구 사회과학계에서는 국가, 정부라는 명칭을 쓰지 않고 공공선의 달성이라는 정치 목적을 추구하는 정치 시스템을 정치 체제라고 일컫는다. 주로 체제론자들이 사용하는 용어이다. 정치 체제는 정부를 형성하고 정부 활동의 할 수 있도록 하는 틀의 의미를 함축하고 있다. 이 개념은 정부의 개념보다 더욱 포괄적인 개념으로 국가 전체의 시스템을 포함하고 있다.

3. 행정부

3권 분립은 몽테스키외(Charles de S. Montesquie)의 '견제와 균형의 원리'에서 출발하고 있고, 행정부(the executive)는 정부 가운데 주로 집행부적 속성을 가진 국가 기구를 지칭하는 것이다. 행정부는 국가의 본질이 가장 구체적으로 잘 반영되고 있거나 표현되고 있는 부문이다. 행정부에서 주로 담당하고 있는 행정의 고전적 이념으로 보통 능률성, 효율성, 효과성, 절약성, 생산성, 합리성, 합법성, 민주성, 신뢰성, 공익성 등을 든다. 이 행정 이념은 행정부에서 활동의 지침으로 삼는 중요한 가치이다. 일반적으로 정부는 적은 비용으로 업무를 가장 극대적으로 달성하는 데 업무상 경제 원칙 수행에 관심을 두고 있다. 행정은 정치 이념을 구현하는 수단이기에 행정을 지배하는 정치 이념으로부터 벗어날 수는 없지만 이런 이념적 속성보다는 실용적이고 도구적인 속성이 더욱 강하다.

---

9) 행태주의는 행동(behavior)으로 나타나는 것만을 연구 대상으로 하여 인간을 연구하려는 실증적 태도를 보이고 있다. 인간의 행태를 가치 중립적으로 연구하는 방법론의 하나이다.

행정부라는 개념이 나타나게 된 배경은 서양 근대 사회의 부르주아지들이 자기의 이해 관계를 국가에 관철시켜 부르주아지 계급의 이익을 극대화하려는 목적에서 생겨난 것이다. 내용은 편의상 국가 권력을 그 특성에 따라 3권으로 나누어 분리하고, 그 중 의사 결정 없이 실천하고 집행하여야 하는 국가 집행 업무만 전통적 군주에게 넘기며, 국가의 주요 정책을 결정하고 제도를 구성하는 실질적인 의사결정권은 의회가 갖도록 하여, 이 의회에 부르주아지들이 투입되어 활동하면서 의회를 장악하여 그들의 뜻대로 국가를 이끌어 나가려는 목적으로 3권을 분립하여 나타난 것이다. 이것이 근대 서구 사회의 3권 분립이라는 역사적 개념이 등장하게 된 배경이다.

4. 국민, 민족

국민, 민족(nation)이란 오랜 역사 속에서 형성된 언어, 지리, 경제 생활, 문화의 공통성과 동질성에 근거하여 형성된 사람의 집합체를 말한다. 서양의 봉건 사회에서 자본 사회로 이행하면서 민족의 개념이 더욱 분명해지고, 통치 기구 형성에서 좋은 기반이 되므로 민족이 강조되기도 하였다. 하나의 민족이 하나의 국가를 이루어 나가야 한다는 주장 속에 민족의 개념이 자주 등장한다. 근대 사회를 국민(민족) 국가 형성 과정으로 살펴볼 수도 있다.

5. 나라, 조국

나라(country), 조국(祖國)은 국민(민족)을 포함한 자연적·지리적·공간적 총체를 말한다. 동일한 주권이 미치는 공간적 범위 안에 있는 모든 자연적·인문적 내용을 포괄하는 개념이 나라, 조국이다. 나라, 조국이라는 개념은 정서적·감정적 측면을 강조하는 것으로 사회과학적 용어는 아니다. 일제 강점기 때 '내 나라'가 없다, '나라 잃은 슬픔(즉 조국이 없음)', '내 나라를 되찾자' 등의 구호로 민족의 동질성을 강조할 때 자주 사용되었다.

최근에는 스포츠, 외교, 제품 생산 및 판매, 과학 기술의 발달, 교역 등 민족의 개념을 너무 강조하면 오히려 불리해질 수 있는 부분에서조차 나라, 조국의 개념을 접목시키려는 경향들이 나타나고 있다.

제5절 국가 기구의 성격

1. 개 념

지배 계급은 국가 권력(정치 권력)을 장악한 세력들이다. 이들의 공식적인 지배 형태는 '국가 기구'라는 공식적·구체적인 집행 수단을 통하여 이루어진다. 국가 기구의 역할, 형태, 특징(성격)은 각 나라마다 또는 각 시기마다 다르게 나타난다. 한국 국가를 제대로 이해하기 위해서는 국가 기구의 본질적 성격 또는 국가 기구 각각의 역할에 대한 충분한 이해가 있어야 가능하다.

2. 자본주의 국가 기구의 특질

1) 의 의

자본주의의 국가 기구는 국가 권력이 집행되는 조직, 제도이다. 즉 국가 권력이 집행되고 국가 기능이 구체적으로 실현되는 메커니즘이다. 이 국가 기구의 성격은 당연히 특정한 생산 양식에 기초하여 국가를 운영하는 국가 성격에서 도출된다.

따라서 자본주의 사회의 국가 기구를 분석하기 위해서는 자본주의 생산 양식 위에 서 있는 자본주의 국가의 역사적 특징을 규명하여 보아야 한다. 자본주의 국가의 특징을 살펴보면 자본주의 국가 기구의 성격을 분석할 수 있다.

2) 국가 권력 행사의 특징

첫째, 법에 의한 지배이다. 고대·중세의 지배 관계는 주로 직접적인 지배·복종 관계로 맺어졌다. 전근대 사회에서는 지배 계급이 바로 국가 기구의 중요한 자리를 차지하고 있었다. 반면 근대 국가 사회의 지배 관계는 주로 간접 지배 형태로서 법률에 근거하고 있다. 법의 지배는 그 자체로는 형식적 보편성인 계급 중립적 외형이다. 법 앞의 평등이라는 형식적 보편성으로 말미암아 국가는 마치 가치 중립적인 것처럼 보인다. 법이라고 하는 형식적인 보편을 통하여, 국가 기구의 제도적·인적·상대적 독립성으로 인하여 전자본주의 사회에 비하여 훨씬 중립적이고 보편적인 권력 형태를 나타낸다. 하지만 누가 법을 주도적으로 만드느냐 하는 것을 살펴본다면 법의 집행이 가치 중립적인 것만은 아니다.

둘째, 공적인 폭력 형태(공권력)를 취한다. 국가만이 조직화된 폭력(공권력)을 독점적으로 사용한다. 하지만 정당 방위, 긴급 피난 등 위기 상황시에는 사적인 폭력 행사도 예외적으로 인정한다.

셋째, 국가 권력은 상대적으로 독립된 집행 기구를 가지고 있다. 따라서 국가 기구를 직접 담당하는 사람은 반드시 자본가 계급일 필요는 없다. 자본주의에서는 상대적으로 독립된 국가 기구가 있기 때문에 반드시 자본가 계급이 집행부(담당자)가 될 필요는 없다.

3) 자본주의적 계급 관계

첫째, 노동력의 상품화를 기본적으로 전제한다. 계급 지배 관계가 상품 매매 관계로 은폐되며 노동력은 대표적인 상품이다.

둘째, 상품 매매 관계 또는 질서(시장 관계, 교환 관계, 시장 경제)를 모든 사회의 구성원들이 모두 받아들이거나 사회의 모든 구성원들에게 거부감 없이 적용된다면 당연히 자본가 계급이 지배 계급이 된다. 이 경우 노동의 상품화가 핵심적 과제로 대두된다. 시장 경제, 교환 경제, 자유 경제는 자본주의 사회에서 가장 핵심적인 내용이고, 모든 것이 교환 경제적 성격을 가지고 있으며, 이런 과정에서 자본가 계급이 지배 계급의 위상을 정립하게 된다. 사적 소유 제도, 자유 의사에 의한 계약 원칙 등 몇 개의 원칙이 보장되면 노동력 착취가 가능하고 간접적으로 자본가의 지배 계급화가 가능하기 때문이다.

셋째, 자본주의 국가는 소위 자본주의적 관계를 보편적으로 유지, 보장하는 체제, 특히 법의 형태로 구체화된다. 평등하게 적용되는 형식적 보편성, 만인은 법 앞에 평등하다는 법치주의 이념을 통한 중립적 외피를 가지고 있지만 법 적용의 탄력성에 따라 언제든지 지배 계급의 이해관계를 조정할 수 있다. 국가 기구의 이해는 법적·제도적 형식의 이해보다는 그 속에 담겨 있고 또 그것을 통해 관철되고 있는 내용이 중요한 것이다. 국가가 계급성을 띠고 있으면 국가 기구도 계급성을 띨 수밖에 없다.

넷째, 자본주의 사회에서의 계급 관계는 그 외형적 양상은 자유민주주의 형태를 띠고 있다. 억압적인 모습보다는 모든 사람의 가치와 인권을 기초로 하고 있어서 그 이전 사회의 계급 관계보다 훨씬 더 세련된 모습을 보여 준다. 하지만 자본주의 국가의 계급성은 중립성이라는 외피를 가지고는 있음에도 불구하고 자본 계급의 지배는 궁극적으로 국가 기구를 통하여 유지되거나 관철된다는 점이다.

이런 면에서 국가를 자율적인 독립적·자율적 실체로 보거나 독자적인 범주로 간주하거나 국가 기구를 담당하고 있는 관리들을 실제적인 지배자로 보는 오류를 극복하여야 한다.

3. 자본주의 국가 기구의 유형

1) 의 의

자본주의 국가는 기본적으로 부르주아 계급의 계급 지배를 확보하기 위하여 존립하며, 모든 계급에 대하여 자본주의적 지배를 유지 또는 보장하는 방식으로 수립되었다. 지배 방식은 강제적 억압과 참여를 통한 동의라고 하는 이중적 형식을 통하여 이루어지고 있다. 이런 측면에서 국가 기구의 유형(분류)은 국가의 본질적인 성격, 기능으로부터 도출해서 분류하는 것이 중요하다. 후기 자본주의에 들어서는 경제적 국가 기구의 중요성이 부각되고 있다. 이는 국가의 경제적 역할이 확대되고 강화되는 현상에서 나타난 것이다. 그러나 경제적 국가 기구를 크게 보면 억압적 국가 기구에 들어간다. 자본주의 국가 자체가 자본주의를 보장하는 것이기 때문에 국가가 개입하는 것은 당연하다.

2) 억압적 국가 기구

억압적 국가 기구의 역할은 사회로부터 공식적으로 분리된 물리적 폭력에 바탕을 두고 있다. 구체적인 기구의 권력 행사는 해당 시기의 내용과 상황에 따라서 권력 행사의 종류와 강도가 달라진다. 크게 행정 기구, 군부, 경찰, 정보 기구, 사법부, 교도소, 경제적 국가 기구 모두가 억압 기구이다. 자본주의가 진행될수록 국가 기구 중 경제를 담당하는 부서의 중요성이 증대되는 추세이다. 이는 초기 자본주의가 자기 조절 기능을 상실하였기 때문이다.

3) 이데올로기적 국가 기구

이데올로기적 국가 기구의 역할은 피지배 계급을 이념적으로 교육시키고 피지배 계급으로부터 동의와 합의를 도출하여 지배 계급의 지배를 가능하도록 하는 것이다. 즉 자본주의적 질서, 지배의 정당성을 이끌어 내는 역할을 한다. 구체적으로 대표적인 것은 의회, 정당, 학교, 언론 매체, 노동조합, 종교 등이다. 이데올로기적 국가 기구는 상대적으로 자율성과 독자성이 더 보장된 국가 기구이다. 이데올로기는 관념이나 의식 속에 존재하는 것이 아니라 제도 속에 구체적으로 구현되어 있다.

4. 신식민지 파시즘의 국가 기구

1) 의 의

구체적인 국가 기구의 관계에서 억압과 동의라는 두 가지 기능을 결합하여 행사하는 방식의 수준에서 신식민지 파시즘 국가와 선진 자본주의인 일반 민주주의 국가와는 다른 특수성이 있다. 선진 자본주의 국가의 국가 기구가 행사하는 공권력의 방식은 억압과 기능의 결합 정도가 견고하고 유기적이며, 특정 계급(집단 세력)의 지배 본질이 철저하게 은폐되어 있다. 이런 지배 형태는 다원주의, 의회주의를 통한 민주적 제도의 외형으로 평화스럽고 자연스럽게 정당성을 획득하여 작용하고 있다. 반면 신식민지 파시즘 국가의 국가 기구가 행사하는 공권력에는 억압과 동의의 결합 정도가 낮고 공권력 행사의 개별적인 상황에 따라 권력자의 자의로 억압이나 물리력을 사용한다. 민주적 대의제는 형식적으로 존재하지만 실질적으로는 무시되어 전혀 작동하지 않고, 국가 기구의 권력 행사에 억압성, 폭력성이 대부분을 차지하고 있다.

2) 배 경

첫째, 제국주의의 지배 형태가 고착되었다. 이는 자본주의 체제를 자생적으로 발달시키지 못하였기 때문이다. 대부분의 파시즘 국가는 외세인 제국주의의 간섭과 지배로 인하여 부르주아 민주주의의 합법적 발전 과정을 거치지 못하였다. 이런 비민주주주의 과정에서 정치적 위기가 야기되었다. 서구 사회에서는 자유권적 기본권이 보장된 상태에서 자본주의가 안고 있는 복지·생활권적 기본권 등의 부족한 점을 보완하여 가면서 발전시켜 왔지만, 제3세계 국가에서는 민주주의의 기본적 권리조차 확보될 수 없는 조건에서 경제 성장을 추구하여 왔기 때문에 중앙집권적 억압 풍토가 발달될 수밖에 없었다. 예컨대 소련의 전체주의는 자유권적 기본권을 소홀히 하면서 인민들 간의 평등을 강조하였고, 그로 인하여 성장된 풍요로운 평준이 아니라 하향적 수준의 평준화가 진척되었다.

둘째, 이 과정에서 신식민지 국가의 구조적 문제가 드러나기 시작하였다. 신식민지의 경제 체제는 지배적인 제국주의에 의하여 항상 제지당하고 있다. 국내에서 발생한 이윤은 다양한 형태로 언제나 국외로 유출되고 있다. 권력 계층이 왜곡된 자본주의의 발전 방식에 집착하였기 때문에 경제적·물적 토대와 기반은 아주 취약하다. 바로 이러한 이중적 착취 구조가 제3세계를 항상 위기 사태로 몰아넣고 있다.

셋째, 제3세계 구조적 문제이다. 제3세계의 독점 자본가는 외세에 예속적이고 종속적인 성격을 가지고 있다. 이런 자본 구조의 유사성 때문에 정부 권력도 또한 제국주의에 유리한 권력 체제로 구축되지 않을 수 없다. 이런 구조적 상황 때문에 제3세계 민중은 일상에서 늘 이중적으로 착취당하고 있는 실정이다. 그리고 이런 불만 구조를 지탱하기 위해서는 억압적 국가 기구에 의존하지 않을 수 없다. 이런 국가 모습은 자율적이고 정상적인 사회 발전의 양상이 아니다.

3) 신식민지 파시즘 국가 기구의 특징

신식민지 파시즘 국가 기구는 선진 자본주의 국가의 국가 기구 내부 구조에 비교하여 많은 차이가 난다.

첫째, 국가 권력이 국내 독점 자본뿐만 아니라 제국주의의 이익과 전체적으로 결합되어 있다. 이런 데서 연유하는 제국주의의 직접·간접적인 영향이 국가 기구들 속에서도 항상적으로 이루어지고 있다. 즉 해당 국가에 주된 영향을 미치는 제국주의 지위의 이해 관계가 국가 권력의 관건을 이루고 있다.

둘째, 국가의 억압적 기능을 강화하려 한다. 이 결과 군부·경찰·정보 기구 등 물리력 행사 기구의 역할이 두드러지는 현상으로 나타난다.

셋째, 관료·행정부의 기구, 권력, 예산이 증대되어 있는 반면, 의회 등 민주적 대의제는 취약하였다.

4) 국가 기구의 구체적 작동 메커니즘

첫째, 국가 기구의 양면성을 보인다. 국내적 측면과 외세적 측면의 이중성이다. 국내적 측면으로, 국가 기구는 국내 정치 권력의 집행 기구로서의 기능을 하고, 외세적 측면을 보면 신식민지의 특수성으로 인하여 제국주의 국가의 간섭과 개입이 강하게 작용하고 있다.

둘째, 자본주의 민주주의 형식을 부정한다. 자본주의의 가장 일반적 상부 구조인 의회와 정당이 형식적으로만 존재한다.

셋째, 군부, 경찰, 정보 기구는 공식적으로 직접적 물리력을 행사하는 기구이다.

이 공식적 담당 기구 내에 엄존하고 있는 계급 관계는 억압의 재생산을 항상적으로 유지하도록 하고 있다.

예컨대 지난 날 우리 나라의 경우 경찰은 지배 계급의 철저한 하부 기구의 기능을 하였고, 군부는 대외적·비정상적 물리력을 행사하였으며, 정보 기구는 행정부와 유리되어 공공연하게 드러나지 않은 모습으로 권력 행사를 하여 왔다. 이 모든 공권력 행사는 군부·제국주의의 직접적인 지배하에서 이루어져 왔고, 심지어 국민들의 참여에 의하여 이루어져야 할 민주적 권력 구조 형성조차 이들 기구에 의하여 재편성되는 것이 일반적인 현상이었다.

넷째, 경제 정책을 수립하여 집행하는 실질적 담당자로서의 경제 기구가 중요한 것으로 부각되었다. 이 기구는 제국주의 및 국내 독점 자본의 이익을 보증하는 기구로서의 기능을 하였다.

제2장
산업 구조와 권력 구조

제1절 수렵 채취 사회 / 49
제2절 유목 사회 / 52
제3절 농경 사회 / 56
제4절 산업 사회 / 64
제5절 정보화 사회 / 73
제6절 산업별 사회 특성과 미래 예측/ 81

제 2 장

산업 구조와 권력 구조

제 1 절 수렵 채취 사회

1. 수렵 채취 사회의 경제 활동

수렵 채취 사회는 수렵과 어로 및 야생 식물이나 과일 등을 채집하여 생존을 유지하는 사회이다. 원시 생활의 초기 산업 형태였지만 농업이 발달한 다음부터는 농업의 보완 활동으로 되었다.

2. 수렵 채취 사회의 특성

수렵 사회의 구조는 기본적으로 사회 계층이 없는 평등 사회이다. 수렵 채취 활동의 강한 이동성으로 말미암아 한 곳에 쌓아 두는 재산 축적의 사유 개념은 그렇게 잘 발달하지 못하였을 것으로 추정할 수 있으므로 재산 축적 관계에서 나타나는 사회 계층이 형성되지 않았다고 볼 수 있다. 그렇다고 하여 수렵 채취 사회 구성원들이 완전히 평등한 생활을 하였다고도 볼 수 없다. 다만 사회 구조나 제도에 기인한 불평등보다는 주로 연령, 성, 힘, 판단력, 빠르기 등 개인적 특성 같은 요인들에 기초한

[그림 2-1] 산업 구조와 권력 구조의 변천 과정

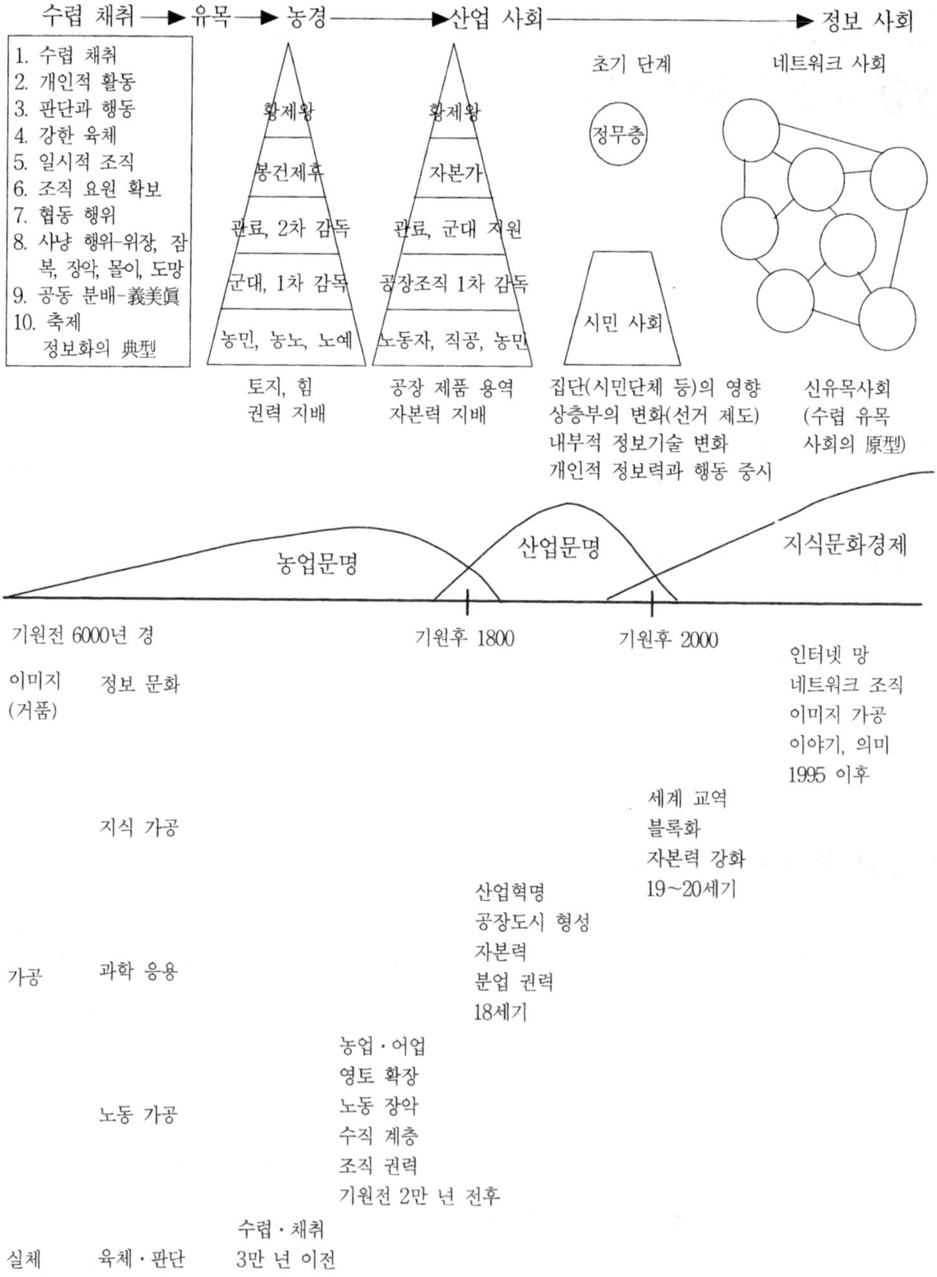

위세나 작용의 불평등은 있었으리라 추정된다. 이런 개인적 위세가 타인에 대한 절대적 영향력으로는 되지 않았겠지만 여러 구성원들의 신망을 받는 사회적 위상으로 용인받았을 것으로 추정된다. 대개 무리를 인도하고 끌고 가는 초기의 지도자 형태에서 이런 모습을 종종 발견할 수 있다. 하지만 이 개인적 위세는 사회적 형태를 갖춘 조직 내의 최고 수장에게서 발견할 수 있는 강제적 권력 수준에는 훨씬 미치지 못하는 수준이다.

또한 수렵 사회 구성원은 소수 공동체였기 때문에 자기를 대신하여 의사 결정을 해 줄 사람보다는 자기가 직접 참여하여 의견을 개진하였을 것으로 추정된다. 그리고 그들의 의사 결정은 아마 집단적 직접 의사 결정의 형태였을 것이다. 이 집단적 직접 의사 결정 형태는 임신과 육아에 전념하여야 할 여성보다는 집단적 협동력으로 수렵 활동을 하여야 하는 남성들 사이에서 주로 이루어졌을 것으로 보인다. 사냥과 채집이 용이한 곳을 끊임없이 찾아다녀야 했던 수렵 사회는 포획 채취 대상이 좀더 풍부하고, 포획과 채취가 용이한 땅을 찾아서 계절에 따라 규칙적인 이동 생활을 해야 하는 사회였다. 생산 기반 조성보다는 자연환경의 여건에 따라 풍요로운 한 해와 그렇지 못한 한 해가 교차되는 현상을 경험하여야 했기에 그들은 자연 현상과 보이지 않는 힘의 작용에 경외심과 두려움을 동시에 가지게 되었다. 이런 감정으로부터 종교적 가치와 의식, 의례를 중시하는 행태들이 발생하여 종교적 권위가 권력 구조의 중심에 서게 되는 사회 형태가 발생하였을 것으로 보인다.

3. 생성된 인간의 잠재적 행태

다른 동물과 달리 인간은 직립 보행 형태를 가진 동물이다. 사람이 네 발에서 두 발로 다니게 된 직립 보행 형태가 굳어진 배경에 대하여 다양한 이론들이 있다.

가장 일차적인 것은 다른 짐승들에 비하여 열악한 신체 조건을 가진 사람들이 짐승에게 다급하게 쫓기거나 또는 빨리 달려 짐승을 잡기 위한 것이라는 상상이다. 사람들은 네 발보다는 두 발이 더 효과적이라는 것을 일찍 체득하면서 이를 오랜 세월 동안 계통적으로 축적된 경험으로 직립 보행으로 되었다.

하지만 직립 보행은 지구와의 중립에 배치되면서 사람들에게 몸으로나 마음으로 다양한 아픔을 갖게 만들었다. 또 숲이나 강에서의 개인적 탐색 활동, 개인적 판단과 행동, 강한 육체, 사냥에 필요한 일시적 조직의 형성과 해체, 이런 수렵 채취 시대에서 형성된 인류의 행동들이 계통적으로 굳어져 오늘날 우리들의 잠재 의식에 남아서 새로운 행태로 전이되어 표출되고 있다.

정보화 사회는 수렵 채취, 유목의 여러 사회 형태에서 그 삶의 전형을 모색하여야 할 필요가 있다. 특히 사냥 행위에서 형성된 살핌, 잠복, 위장, 추적 및 도망, 협동적 몰이, 포획, 분배, 축제 등의 행태들이 시사하여 주는 바가 많다. 일상적으로 필요한 조직 요원에 대한 정보 파악과 확보, 협동 행위 등 농경 사회나 산업 사회보다는 정보화 사회에서 요구되는 다양한 습성과 행태들이 이 시기에 형성되어 인류의 행태 속에 녹아들어 있다.

제 2 절　유목 사회

1. 유목 사회의 경제 활동

1) 목 축

유목 사회 경제 활동의 근본은 목축이다. 목축의 대상인 가축 종류는 지역과 민족에 따라 다르다. 대개 말, 소, 낙타, 양, 염소 등이 주류를 이루지만 지역에 따라서 순록, 산양, 야크. 라마 등이 추가되기도 한다. 가축의 고기와 유제품을 먹고, 털가죽 옷과 텐트를 만들어 기본적인 의식주를 해결하였다. 말, 낙타 등은 수송 수단이 되어 대상 무역, 약탈, 정복 전쟁에 활용되기도 하였다.

2) 사 냥

유목 사회에서의 사냥은 경제적 목적 외에 정치·사회적으로도 다양한 기능이 내포되어 있다. 가축 수가 부족한 가난한 유목민들에게는 고기와 모피를 얻을 수 있는 중요한 생계 수단이며, 동시에 부자들에게는 즐거운 오락거리였다. 집단적 사냥일 경우 대규모 군사 훈련의 일환이 됨과 동시에 전시 동원 체제를 점검할 수 있는 계기가 되기도 하였다. 대규모 사냥시 족장은 부족 구성원을 모두 소집하여 군주에 대한 충성심을 재확인하고 집단 간의 공동체 의식을 재확인하는 기회로 삼는 한편, 족장의 권위를 확인 과시하는 수단으로 이용되기도 하였다.

3) 채집과 농경

유목민들의 먹거리는 전적으로 고기와 유제품에 한정되지 않았으며 곡물도 상당한 비중을 차지하였다. 유목민들은 흔히 약탈과 교역을 통하여 곡물을 얻어 왔지만, 유목 경로의 부근에 자생하고 있는 야생의 곡식을 채집하거나 혹은 지역에 따라서 직접 농경을 행하여 얻기도 하였다. 하지만 유목민들은 농경을 상당히 부정적으로 보았으며, 농경을 하는 유목민들은 자연 재해 등으로 가축을 모두 잃은 뒤 어쩔 수 없이 농경에 뛰어든 이들이 대부분이었다. 농경 유목민들은 다른 유목민들에게서 멸시를 받았고, 따라서 조금이라도 가축을 구할 수 있게 될 때에는 미련 없이 농토를 버리고 유목 생활로 돌아갔다.

4) 약탈과 교역

농경 사회로부터 약탈로써 획득한 물자는 유목 사회 내에서 크게 세

가지 방법으로 처리되었다. 먼저 곡물 등의 생필품은 일반 민중들이 직접 소비하였다. 다음으로 귀금속과 비단 등의 사치품은 신하들에게 골고루 분배되면서 군주에 대한 충성심과 내적 결속력을 강화하였다. 마지막으로 교역 물품에 충당하였다. 군주들은 어떤 농경 사회에서 획득한 물자를 다른 농경 사회와 교역 물품으로 활용함으로써 더 큰 이득을 축적하고자 하였다. 교역은 국가에서 직접 하는 경우도 있었지만, 대개 민간에서 대상을 조직하여 교역을 하였고, 또한 군주는 자신의 영토를 지나는 다른 나라의 대상들의 안전을 보장해 주는 대가로 통행세를 징수하기도 하였다.

2. 유목 사회의 특징

1) 씨족 단위의 혈연적 지배 체제

유목 사회는 씨족 단위의 혈연적 지배 체제 형태가 핵심을 이룬다. 지속적인 이주가 일상 생활인 유목 사회는 농경 사회와는 달리 지연(地緣)에 기반을 둔 행정 조직과 지배 체제를 구축할 수 없었다. 따라서 씨족 단위에 기반을 둔 혈연적 지배 체제에 의존하여 사회 구조를 만들어 나갈 수밖에 없었다. 씨족은 같은 조상으로부터 유래하였다는 의식을 공유하는 유사 혈연적 집단을 의미하며, 그 아래에 다시 부계 혹은 모계로 혈통을 거슬러 올라갈 수 있는 하위 씨족 집단을 포함하고 있다. 씨족 간에는 족외혼제(族外婚制)가 엄격하게 지켜지고 있었고, 씨족의 구성원들 간에는 상호 부조와 연대 책임 등의 의무가 존재하였다.

한편 씨족의 상위 집단인 부족은 언어와 종교, 세계관 등에서 대체로 동일한 문화적 통일체로서 일정한 거주 지역과 부족 이름을 가지는 집단을 의미한다. 유목민들이 수립한 국가의 경우 대체로 하나의 부족 혹은 여러 부족의 연맹체를 그 기반으로 하고 있었지만, 일반 민중들에 대한 지배는 여전히 씨족장들에 의하여 이루어지는 경우가 많았다.

2) 계층의 미분화 경향

유목 사회는 사회 계층이 엄격하게 분화되지 않은 사회이다. 유목 사회 역시 빈부 격차, 지배-피지배 복종 관계 등의 사회적 관계가 존재하였다. 하지만 농경 사회의 영주들이 토지를 독점하고 농민들을 토지에 묶어 두어 자신들의 지위를 어느 정도 안정적으로 지탱하여 나갔다면, 유목 사회의 경우 가축을 축양하는 목초지에 대한 공동 소유 의식이 강했을 뿐만 아니라, 비록 유력자들이 많은 가축들을 가지고 있다고 하더라도 역시 자연 재해나 전쟁, 약탈 등을 통하여 언제든지 그 개체 수가 급격하게 줄어들 수 있었다. 또한 유력자들은 가난한 유목민들이 가축을 잃고 파산하여 자신의 씨족으로부터 떨어져 나가는 것을 막기 위한 '부(富)의 재분배'의 압박을 끊임없이 받고 있었다.

이러한 계층의 미분화 현상은 정치적으로도 마찬가지였다. 유목민들은 최악의 경우 새로운 목초지를 찾아서 이동한다는 탈출구를 가지고 있었기에 지배 계층 역시 지나치게 강압적인 방법으로 유목민들을 다스릴 수는 없었을 것으로 보인다. 이로 인하여 유목 사회에서는 부(富)나 권력의 수준에 의하여 계층이 분화하여 고착화하는 경향이 약할 수밖에 없었다. "부자도 자연 재해 한 차례면 망해 버릴 수 있고, 영웅도 화살 하나면 끝장이다"라는 몽골 속담은 이런 유목 사회의 극단적 유동성 현상에 대한 이들의 감정을 잘 드러내 준다고 하겠다. 이처럼 유목 사회는 권력이 있었지만 그 정도가 미미하였고, 사회의 유동성으로 말미암아 그 미미한 권력조차 실제로는 제대로 행사되지 않은 것으로 보인다.

3. 신유목 시기의 정보 사회에 대한 시사

정보화 사회를 신유목 사회(neo-nomadic society)라고 일컫기도 한다. 가만히 앉아서 모든 일들을 처리하여야 하는 것이 아니라 목초지를 찾아서 끊임없이 돌아다녀야 하는 사회이다. 하나의 직종, 하나의 사업,

하나의 조직에 박혀 있다가는 아무것도 얻지 못한다. 조직 계층에 얽매여서도 안 되고 얽매이기를 싫어하고, 기존의 경계와 영역을 허물지 않으면 안 된다. 평생 직업, 평생 직장의 개념이 없어진다. 신유목 사회는 작고(小), 빠르고(速), 신축적이며(柔), 열려 있으며(開), 포용성이 높은(包) 사회이다. 직업, 주거, 국경, 계층을 바꾸고, 빠르게 이동하면서 교류, 교환, 교역, 소통을 통하여 행복을 추구하는 사회이다.

신유목민에게 공간과 조직은 중요하지 않고, 빠르게 접속하여 정보를 얻는 것이 중요하다. 또한 직업, 주거, 국경을 뛰어넘어 모르는 사람과 교류하고 소통하는 신유목민은 서로의 차이를 인정하고 존중하며 포용적으로 열려 있어야 한다.

새로운 정치 틀은 이러한 신유목 사회를 수용할 뿐 아니라 이끌어 갈 수 있는 것이어야 한다. 디지털을 이용한 거대 조직의 정치 파괴, 쌍방향 소통을 통하여 국민의 요구에 빠르게 응답하는 정치, 하나의 원리에 의하여 움직이는 것이 아니라 다양한 사상, 제도, 문화가 어우러져 하나로 통일되어 가는 다원주의 정치, 폐쇄적 연고 정치가 아니라 모든 아웃사이더 집단에게도 개방된 정치, 서로의 생활 양식, 가치관을 존중하면서 함께 문화를 조립하는 포용의 정치를 특징으로 하는 것이 신유목적 민주주의이다. 이런 민주주의의 틀을 마련하기 위한 비전, 전략, 방법론을 논의하여야 한다.

제 3 절 농경 사회

1. 개 념

농경 사회는 인간이 토지를 이용하여 유용한 동·식물을 길러내는 생산 활동을 하는 사회를 말한다. 사회 구성원들은 땅에 삶의 뿌리를 두고 살아가고 있기에 사회는 자연적 환경, 특히 땅과 기후에 많은 영향을 받고 살아간다. 농경 사회는 산업혁명을 거치기 전의 거의 모든 국가에서 나타나는 사회의 모습으로 인간이 권력을 발생시키는 체계적 집단 조직 형태로 모여 살아가는 최초의 모습이다.

2. 농경 사회의 특징

기원전 15~10세기의 청동기 시대에 다양하고 정교한 목제 농기구를 만들 수 있었다. 이 단계에 고랑과 이랑을 갖춘 밭에서 다양한 작물이 재배되었을 뿐만 아니라 혈연적 질서로 형성된 친족으로 구성되었다. 신석기 시대 거주지는 네 명 정도가 살 만한 조그만 움집인데, 대체로 움집 4~5기가 마을을 이루어 친족 내 토지 등 중요한 생산 수단을 통제하고 친족 내의 호혜 활동을 조직하였을 것이다. 부족의 단계에는 사유 재산에 바탕을 둔 계층의 형성보다 혈연의 세대 계층에 따라 위계 질서 의식이 생성되었다.

청동기 시대 생산력 증대가 생산물 잉여를 증대시키고, 전문화와 분업이 생기는 가운데 지도층으로의 권력 집중이 제도화하면서, 나아가 정치적인 권력이 종교적 권위를 압도하고 공식화된 관료제가 성립하고 법적·폭력적 지배가 성립하면서 고대 국가가 출현하였다. 한반도에서의 고대 국가는 철기 시대로 전환하면서 출현하였다. 군장제에서 고대 국가로 나아가면서 평등 사회가 불평등 사회로 호혜로 통합된 경제가 재분배를 중심으로 통합된 경제로 전환하였다. 정치 권력의 집중, 제도화는 국가적 재분배의 강화에 대응하였다. 그와 동시에 토지를 통제하고 호혜 활동을 조직하는 친족의 기능은 점차 약화되어 갔다.

철기의 보급은 농업을 크게 변화시켰을 뿐만 아니라, 국가 권력을 발전시켰다. 농업 생산력의 비약적 발전은 더욱 대규모의 지배 집단을 부양할 수 있는 잉여를 낳았고, 철제 무기는 정복 전쟁을 활성화시키고 더욱 강력한 지배력을 성립시켰을 것이다. 철기가 보급되고 성읍(城邑) 간 교류가 활발해지면서 각 읍락의 지배 기능이 국가 형태의 도읍으로 한층 집중되어 소국은 통일적인 지배 기능을 발휘하였다. 나아가 소국 연맹체의 결성이 진전되어 여러 나(那) 집단을 중심으로 정치적 통합이 이루어지면서 부(部)가 형성되었다.

한반도의 경우 이들 부의 연맹체로서 부여, 고구려 등의 국가가 성립되었으며, 한반도 중남부에서는 수많은 읍락이 지역별로 뭉쳐서 78개의 소국으로 정리되고, 이들 소국은 한강 유역의 백제와 경주의 사로국을 중심으로 연맹을 결성하였다. 삼국 시대 초기의 지배 체제는 정치적 자립성을 갖는 소국이나 읍락의 연합체라는 성격이 강하였다. 성읍 연맹 국가의 정치적 단위체인 각 부는 내부 문제에 대하여 자치권을 갖고 독자적인 관직을 설치하고 있었다. 그런데 소농 경영이 철기와 우경(牛耕)의 보급에 힘입어 형성되면서 공동체로부터 점차 자립하여 감에 따라 철기의 보급으로 더욱 강력한 무력과 풍부한 잉여를 가지게 된 지배 세력이 소국이나 읍락에 대한 통제력을 강화할 수 있게 됨에 따라, 소국이나 읍락과 같은 중간 단체를 거치지 않고 농민층을 직접 파악하는 지배 질서가 점진적으로 구축되면서 성읍 국가 연맹체는 집권 국가로 점차 전환하였다.

소농 경영의 형성과 국가 체제의 정비는 부세 제도(賦稅制度)를 변혁시켰다. 고구려는 1세기경 함경도 일대에 분포하고 있던 고조선의 한 부족인 동옥저(東沃沮)를 정복한 후 옥저 지방의 전통적인 지지 기반을 그대로 인정한 채 매년 일정한 공납물을 바치게 했다. 이러한 간접적 파악과 공납제는 중앙집권제가 정비되면서 농민 가호(家戶)를 단위로 징세하는 방식으로 점차 변하였다. 고구려에서는 가호를 단위로 곡식과 벼를 거두면서 빈부의 차이에 따라 수취의 양을 조정하였다고 한다. 벼와 곡식을 거둔 것은 소농 경영에서 농업과 가내 직포업이 결합되었음을 말해 준다.

국가 체제를 정비하는 데 국제적 계기는 중요하였다. 한사군(漢四郡)의 설치는 민족적 각성을 낳아 고구려 국가의 성립을 자극하였다. 한의 멸망 이후 중국의 정치적 분열기에 이르러 고구려는 영토적 확장에 나섰다. 고구려의 군사적 압박은 백제와 신라의 국가로서의 성장을 촉진하였을 것이다. 삼국은 모두 한자 문화, 율령(律令) 및 그에 수반된 군현제와 양천제, 불교와 유교를 중국으로부터 적극 받아들여 집권제를 발달시켰다. 한국은 중국의 선진 문명을 어느 나라보다도 충실하게 흡수하여 일찍 집권 국가를 수립하고 중국 다음으로 통일된 정치적 실체로서 오랜 역사를 가지게 되었다. 그렇지만 고유한 법과 제도를 기초로 하여 필요에 따라 중국의 법령을 받아들였으므로 우리 나라의 군현제는 토착성을 반영하였다. 성읍 국가 시대의 국(國), 성(城), 촌(村)이 중국의 군현제를 모방하여 주(州), 군(郡), 현(縣)으로 개편되어 갔지만 원 구성 그 자체의 분할은 드물었다. 중국의 집권제가 도입되었지만 세습적·귀족적 전통은 장기간에 걸쳐 강력하게 살아남았다. 고려의 군현제가 토착 세력인 호족의 계층적 편성이던 것은 이러한 사정을 반영한다.

3. 농경 사회의 사회 구조

1) 권력의 형성

농경 사회로부터 영농 가능한 땅의 여부가 중요한 산업 생산 수단으로 자리매김되었다. 이는 곧 좋은 땅을 많은 가진 자가 많은 농작물을 얻게 되고, 그것이 곧 부(富)가 되어 계층이 형성되는 결과를 낳게 된다. 가진 자와 가지지 못한 자의 차이가 지배자와 피지배자의 관계로 변화하게 되었다. 이렇게 발생한 사회 계층의 우두머리를 중심으로 명령과 복종으로 연결되는 조직 사회가 발달하고, 여기에 연계된 권력 개념이 굳어지게 된다. 이렇게 형성된 권력은 땅과 지위가 세습되어 더욱 강력해지고 법과 규율로 상하 관계의 이동이 불가능해지는 사회가 만들어져 농경 사회는 닫힌 사회로 발전해 나가게 된다.

2) 중세 장원 제도

장원(莊園)은 로마제국 말기 원로원 의원들이나 유력 토지 귀족들에 의한 대토지 농장 경영으로부터 출발하게 된 제도로 알려져 있다. 즉 로마제국의 말기에 이르러 자영 농민들이 몰락하게 됨에 따라 그 농토를 원로원 의원들이나 토지를 많이 가진 토지 귀족들이 차지하게 됨으로써 형성된 거대 농장이 장원이다. 이들은 로마제국 말기 중앙정부의 지방 통제력이 점차 약화되어 감에 따라서 자신이 가진 토지를 바탕으로 하여 지방에 여러 농노(農奴)들을 거느리고 독자적인 세력을 형성하게 되는데, 바로 이것이 중세의 장원과 봉건 영주의 기원이 되었다. 장원은 본질적으로 독자적 방어와 자급자족적인 농촌 경제의 달성을 목표로 하며 로마제국 말기의 혼란한 상황 속에서 중앙정부의 지원이나 다른 지방과의 교역을 전혀 생각할 수 없던 시기에 출현하였다. 따라서 독자적인 군사 방어 체제 수립 및 자급자족적인 경제 체제 수립은 필연적이었다. 장원을 소유한 봉건 영주 중심의 군사 무력 집단이 태동하였다.

(1) 주종 관계

장원 제도 안에서는 주종 관계와 예속 관계가 발달하게 되는데, 주종 관계란 당시 직업적인 전사(戰士) 계급을 가진 기사가 장원을 가진 주군과의 봉신(封臣) 관계를 맺는 제도이다. 봉신이 될 사람이 주군이 될 사람에게 충성의 서약을 하면, 주군은 봉신에게 봉토를 수여함으로써 주종 관계가 성립된다. 주군의 의무는 봉신과 그의 봉토(封土)를 보호하는 것이었다. 봉신의 가장 중요한 의무는 군사적 봉사로서, 주군을 위하여 전투에 참가하는 것을 의미한다. 봉신은 그 밖에도 포로가 된 주군의 몸값을 지불하거나 주군의 장남이 혼인할 때 일정한 경제적 지원을 하여야 했으며. 주군의 자문 요구에 반드시 응해야 하는 의무를 지닌다.

(2) 예속 관계

장원 제도 안의 또 하나의 체계인 예속 관계는 장원을 단위로 하는 자급자족적인 농업 중심의 사회였던 중세에 장원을 지배하는 영주는 재판권, 장원 시설의 독점 및 강제 사용권 등의 영주권을 가지고 있었으며, 장원에 소속된 대다수의 농민들은 영주에게 신분적으로 예속된 농노로서 종사하였다. 이는 불입권이라는 권한의 일종으로, 불입권은 영주의 영지 내에서 재판, 조세 부과에 대하여 국왕이나 대제후가 간섭할 수 없는 것을 말한다. 왕이 기사와 직접적인 주종 관계를 맺지 않았기 때문이 아니라 불입권 자체의 문제로 인하여 왕은 봉건 주주에 대하여 그에 관한 어떤 행사도 할 수가 없었다.

(3) 장원의 권력 원천

막강한 권력을 자랑하는 장원의 힘은 바로 봉건 지주들이 지니고 있는 막강한 영토에서 나왔다. 농경 사회였던 중세 봉건 시대에는 농토가 있어야만 경작을 할 수 있었고, 거기에서 나온 농작물로 생계를 유지할 수 있었다. 당시 농토를 가질 만한 부를 소유할 수 없었던 일반 농민에게 농토를 제공해 주는 봉건 지주들은 절대적인 존재였다. 이렇게 절대 불평등의 사회에서 농노들은 영주에 복속되어 평생 그 신분을 벗어날 수 없었으며, 이런 사회 계급은 토지와 함께 세습되어 중세 봉건 사회는 신분 이동시에 완벽히 폐쇄적인 모습을 나타내게 된다. 이처럼 중세 농경 사회에서 땅은 절대적 권력의 원천이었다.

3) 조선 시대의 경우

(1) 농 업

조선 사회는 철저히 농업으로 이루어진 사회였다. 농업이 아닌 다른 직종을 가진 사람들은 신분이 높은 양반이거나 그렇지 않으면 백정 등으로 분류되어 최하층민 취급을 받게 되었다. 이처럼 조선 시대 대부분이 농민이었고, 이러한 농민으로부터 쌀과 세금을 거둬들여 국가를 유지해 나가는 것이 조선 사회의 기반이었다.

위에서 언급하였다시피 조선은 농민이 생산해 내는 쌀과 조세로 나라를 유지해 나갔기 때문에 농사의 비중이 무엇보다 높았는데, 나라는 농민들의 반란을 잠재우고 권력을 유지하기 위하여 안정적인 농업 생활을 꾀하는 데 많은 노력과 투자를 하게 된다. 이런 배경으로 인하여 직파법(直播法)이 이앙법(移秧法)으로 바뀌고 『농사직설(農事直說)』 등의 많은 책들이 편찬되기에 이른다. "농업이 천하의 으뜸(農者天下之大本)"이라는 대명제가 이를 잘 나타내고 있는 말이라 하겠다.

(2) 광작의 등장

조선 후기에 들어서면 상공업의 발달로 인하여 부(富)를 가지게 된 일부 농민들이 자신들의 경작지를 늘려서 넓은 토지를 경작하려던 현상으로 이는 극심한 사회적 불평등을 낳게 된다.

벼농사에 이앙법이 널리 보급되면서 같은 양의 노동력으로 더 넓은 토지를 경작할 수 있게 되자 경작지를 늘려 농사짓기를 하려는 농민들이 점차 늘기 시작하였다. 이 때부터 광작(廣作)도 비교적 활발하게 이루어지기 시작하였는데, 광작 농업이 확대되면서 조선 사회는 사회·경제적으로 큰 변화를 겪게 되었다. 광작은 대개 부농층인 지주들에 의하여 추진되었고, 이에 따라 토지가 없는 농민들은 소작할 땅조차 얻기가 어렵게 되었다. 할 일이 없어진 이들은 어쩔 수 없이 농촌을 떠나 도시로 나가 상공업에 종사하거나 임금 노동자가 되었고, 심지어 노비가 되기도 하였다.

광작하는 농민은 자급자족을 위하여 생산하는 단계를 넘어 이윤 추구를 목적으로 하는 기업 농업의 형태를 취하기 시작하였다. 소농의 몰락을 기반으로 하여 성장한 지주형·부농형 광작은 조선 후기 농촌 사회의 분화를 촉진한 가장 중요한 원인으로 작용하였다. 또한 광작, 상업적 농업 등 농업 경영 방식의 변화는 상품 화폐 경제의 발달과 더불어 소작료 지불 형태에도 변화를 가져왔고, 이는 소작인으로 하여금 지주의 간섭을 받지 않고 자유롭게 농업을 경영할 수 있게 하였다. 그러나 이는 결과적으로 사회적 예속 관계에 있던 종래의 지주와 소작인 사이의 관계를 대립 관계로 바꾸어 놓았고, 마침내는 지주제를 타도하고 사회・경제적인 불평등을 체제적으로 해결하려는 민란(民亂)으로 이어지게 되었다.

(4) 권력의 원천

농경 사회에서는 땅을 가진 자가 곧 지배자가 되고 권력자가 된다. 이러한 점을 이용하여 왕은 왕토 사상(王土思想)을 내세웠다. 즉 모든 국가의 땅은 왕으로부터 배부된 것으로 하여 그 권력의 정당성을 찾았다. 실제 왕은 양반들에게 땅을 나누어 주는 것에 차이를 두어 그 지위와 권력에 상하를 구분하였다. 양반들은 이러한 토지를 바탕으로 농민들을 그들 아래에 두어 경작하게 하고 그로부터 수확한 농작물을 조세 형태로 거둬들여 그 부를 유지, 권력을 행사하게 된다. 이 때의 권력 역시 농민의 생활을 손에 쥐고 형성된 것이어서 그만큼 강력한 힘을 가지고 지배권을 누리게 된다. 일부 부농(富農)의 형성으로 농민이나 상민이 넓은 토지를 바탕으로 신분 이동을 꿈꾸었으나 일반 농민이 부자가 되어 자신의 농토를 가지는 것은 극히 드물었기 때문에 조선 시대 역시 닫혀 있는 사회였다고 볼 수 있다.

4. 농경 사회의 가치관 형성

토지에 정착, 지연・혈연 의식, 집단적 동류 의식, 수직적 계층적 조직 체계에서 형성된 지배-복종 관계가 생겨났다. 질서와 안정 중심의 인간 관계 및 사회 관계의 형성되고, 평생 직업, 평생 직장의 개념이 발생하였다. 여기에서 정착된 조직 의식이 생겨났다. 사회의 영향력을 행사하고 권력을 장악하기 위해서는 수직적 사다리를 타고 최상층부로 진입하여야 한다. 국가 권력은 이런 조직 체계를 사회화시키는 수단이다. 권력의 원천은 토지 자원과 노동력인 인적 자원이다.

제4절 산업 사회

1. 개 념

산업혁명이란 기계의 등장으로 산업의 기술적 기초가 바뀌어 작은 수공업적 작업장이 기계 설비에 의한 자본주의적 성격의 큰 공장으로 전환된 일대의 변혁이다. 18세기 영국에서 일어난 산업혁명은 농업 문명 사회로부터 공업 문명 사회로의 이행을 말하기에 보통 이를 공업화(工業化)라 부르고 있다. 공업화는 물질적 재화 생산에 무생물적 자원을 광범위하게 이용하는 조직적 경제 과정이라고 할 수 있다. 영국에서 일어난 산업혁명은 유럽 제국, 미국, 러시아 등으로 확대되었으며, 20세기 후반에 이르러서는 동남아시아와 아프리카 및 라틴 아메리카로 확산되었다. 이런 의미에서 산업혁명을 광의로 해석하여 농경 중심 사회에서 공업 사회로의 이행이라고 보는 한 산업혁명은 인류 역사에서 아직도 끝나지 않았다고 할 수 있다.

농경 사회에서의 에너지원은 인간이나 동물 근육의 힘이라든지 풍력, 수력과 같은 자연이었다. 이에 대하여 공업화는 에너지의 생물자원 의존으로부터 석탄이나 가스, 석유와 같이 한번 소비하여 버리면 재생 불가능한 화석 연료 의존으로 바뀌었으며, 새로운 에너지 체계로의 이행과 그 경제 과정에 대한 적용을 가능하게 해 준 것은 과학 기술의 진보였다.

무엇보다도 산업화의 핵심은 기계와 공장제 생산 조직이다. 특히 전통적인 역사학자들이 이 점을 강조한다. 망투(Paul Joseph Mantoux)는 그의 『산업혁명사』에 '영국 근대적 공장 제도의 기원'이라는 부제를 달았다. 랜디스(David Landes)는 산업화를 다음의 세 가지 기본적인 변화로 파악하고 있다. 즉 숙련에서 기계로, 유생물적 동력에서 무생물적 동력으로, 그리고 식물 또는 동물성 원료에서 광물성 원료로의 변화로 설명한다.

기계와 도구가 다른 점은 다음과 같다. 도구는 사람의 손발의 연장선으로 사람들의 의지에 따라 자유자재로 사용할 수 있다고 한다면, 기계는 그 자신의 도구를 지닌 메커니즘이다. 즉 사람의 자유 의지에 따라 마음대로 할 수 있는 특성을 가지고 있는 것이 아니라 기계가 한번 작동하면 사람들이 그 기계의 움직임과 규칙에 따라 적응하면서 조정하여야 할 특성을 가지고 있는 것이 기계이다. 마르크스(Karl Marx)는 기계를 “인간의 도구가 아닌 한 기계 장치의 도구, 기계적 도구”라고 하였다. 기술 혁신과 더불어 기계는 좀더 정교하고 강력하며 가지 수가 많은 기계 자신의 도구를 부착한다. 이 경우 기계의 가동은 인력이나 축력(畜力)만으로 어렵게 되고, 기계는 자신을 가동할 새로운 동력을 필요로 한다. 영국의 산업화 과정에서 기계와 연결된 동력은 증기 기관이었다. 이 단계가 되면 기계는 적어도 세 가지 범주로 분화된다. 산업혁명기의 사회 관찰자였던 유어(Andrew Ure)는 그것을 작업기(도구를 지닌 원래의 기계), 동력기, 전동기로 구분한다. 이후 기계로 불리는 메커니즘은 이 세 가지 범주의 유기적 결합체로 인식된다. 자동차가 이런 예이다. 물론 2차 산업혁명 이후 화학 공업의 발전과 더불어 이와 같은 고전적 기계관은 변화를 겪는다. 플랜트(plant)에 의한 생산 방식이 그것이다.

공장은 이러한 기계를 집중적으로 배치한 작업장이다. 오늘날에는 일반적으로 공장과 관련하여 생산 공정의 분할과 유기적 연결(기술적 분업), 공정에 따라 전문적인 기계의 사용, 노동력의 조직 배치, 기계적 동력 등의 의미를 부여한다. 어떤 학자들은 노동력의 조직 배치를 기계의 집중보다 더 중시한다. 공장제 출현 이전에 수공업 생산은 가내수공업이나 집중된 수공업 작업장(매뉴팩처)에서 이루어졌다. 산업화 이전의 작업장은 주로 인간의 숙련에 의존하고, 도구를 사용하며, 공정 및 노동력을 분산시켰다는 점에서 근대적 공장과 구별된다. '공장(factory)'이라는 말은 처음부터 기계와 직접 관련된 것이 아니었다. 유어는 이 점을 설명하고 있다. '공장(factory)'은 라틴어 factorium(만드는 장소 내지 설비의 뜻)에서 비롯된 것인데, 산업혁명기에 점차로 '기계에 의한 생산(machinofacture)'이라는 뜻을 갖게 되어 이전의 작업장, 즉 수공에 의한 생산(manufacture)과 대조적인 의미로 사용되기에 이르렀다.

2. 산업 사회의 특성

1) 시간과 공간의 변화

이 산업화 과정에서 시간과 공간의 개념에 변화가 초래된다. 산업화 과정에서 시간은 분할되고 공간은 단축된다. 전 산업 사회에서는 시간(주로 농촌적 시간)의 세분화가 필요하지 않았다. 단위 시간에 이루어지는 일의 양이 급속하게 증대되거나 또는 일정한 양의 일을 수행하는 데 걸리는 시간이 짧아질 때에 시간 분할이 필요하다. 산업화는 단위 시간당 이룰 수 있는 일(변화)의 양적 증대로 표현된다. 산업 사회의 시간(도시적·공업적 시간)이 빨리 흐른다는 표현은 역설적으로 그만큼 단위 시간당 변화가 많다는 뜻이다. 시간 분할의 중요성은 프랭클린(Benjamin Franklin)의 '시간은 금이다'라는 경구에 집약된다. 정시간 노동을 비롯한 새로운 노동 윤리야말로 시간 분할을 전제 조건으로 하며, 인간의 삶의 모든 측면이 시간 분할의 지배하에 포섭된다.

산업화와 함께 인간의 삶의 공간도 단축되었다. 그것은 교통혁명(통신혁명)과 함께, 그리고 시간의 산업화와 더불어 도래하는 변화이다. 공간의 단축은 인간의 유동성의 증가, 인간 교류 및 접촉 빈도의 증가, 사회 관계(제도)의 다양성 및 복잡성 증대, 인구 분포의 변화, 이질적인 문화 사이의 문화 접변 항상화(恒常化, homeostasis: 일상적으로 반복되어 정형적인 것으로 고착되는 현상) 등 여러 변화를 수반한다.

2) 인구 증가 및 공업 도시의 태동

산업혁명이 시작된 1760년 무렵의 잉글랜드와 웨일스의 추정 인구는 660만, 그 뒤 1800년에는 916만, 51년에는 1,800만 명으로 현저한 인구 증가를 보였다. 그 때까지 정체적이었던 인구가 18세기에 급격히 증가한 원인으로는 도제(徒弟) 제도가 느슨해져서 젊은이들의 자립이 앞당겨져 결혼을 일찍 하게 된 결과 출생률이 높아진 것으로 보는 의견과 페스트의 감소와 생활 환경 개선으로 사망률이 낮아졌다고 보는 등 여러 가지 견해가 있다.

그러나 늘어난 인구의 대부분은 도시로 흘러들어가 많은 공업 도시의 발생을 가져왔다. 1750년 무렵에는 런던(70만)을 제외하고 인구 10만을 넘는 도시는 하나도 없었는데, 1830년에는 맨체스터·리버풀·버밍엄 등 인구 10만을 넘는 도시가 7개나 나타났으며, 이들 도시 모두가 공업 도시였다. 근대 공업 도시의 특징은 중세 도시가 종교와 예술이 중심이 된 아름다운 도시였던 것과는 대조적으로 석탄이 타는 연기로 더럽혀졌고, 비위생적이고 악취가 심하며, 노동자들이 북적대는 불결한 도시였다.

3) 사회 구조의 획기적 변화

산업혁명은 단순히 경제 구조의 혁명적 변화를 가져왔을 뿐만 아니라 정치적 사회 구조도 크게 바꾸었다. 뚜렷한 정치적 변화는 산업 부르주아지 발흥으로 그 때까지의 지배 계층의 사회적 지위를 누리고 있었던 귀족·지주 지배의 정치 체제의 동요를 들 수 있다. 즉 신흥 산업 부르주아지는 1832년의 선거법 개정을 쟁취함으로써 피선거권을 부여받았고, 한편으로 노동자 계급도 성년 남자에 대한 보통선거권을 요구하면서 차티스트운동(chartism)을 통하여 하나로 뭉쳤다. 이러한 정치 투쟁은 자본주의 체제가 내부에 안고 있는 자본가와 임금 노동자의 모순 대립과 뒤얽혀서 영국 사회를 크게 뒤흔들었다.

한편 자유주의를 내세우는 산업 부르주아지는 예로부터 내려온 중상주의적 각종 규제와 통제가 그들의 자유로운 경제 활동을 위축시킨다고 보고 그것들의 철폐를 위한 강력한 캠페인을 벌였다. 그 추진력이 된 이데올로기는 스미스(Adam Smith)로부터 리카도(David Ricardo)로 발전한 고전 경제학파의 자유방임주의였다. 이리하여 19세기 전반에는 지주적·중상주의적 각종 규제가 차례차례 폐지되어 갔다. 그 중 중요한 것은 엘리자베스(Elizabeth) 도제법(1813~1814) 폐지, 동인도회사의 무역특권 폐지, 빈민구제법 개정, 곡물법 폐지, 항해조례 폐지 등이다.

다른 한편으로 자유 무역의 실현은 수입 관세 인하의 형태로서 추진되었다. 그것은 1824~25년의 허스킨슨(Thomas W. Huskinson) 개혁에 의하여 서서히 진행되어, 40년대의 필(Robert Peel) 개혁에서는 원료에 대한 최고 관세 한도를 5%, 반가공 제품은 12%, 가공 제품은 20%로 하였으나, 45년에 원면 수입 관세는 폐지되었다. 이어서 50년대의 글래드스턴(William E. Gladston) 관세 인하를 거쳐 1960년에는 보호 관세와 차별 관세 등이 거의 전면적으로 폐지되었다. 이리하여 영국은 자유무역국이 되었고, 영국의 자유화에 대응하여 1960년대에는 영국-프랑스 통상 조약을 시작으로 유럽 여러 나라도 자유화 정책을 채용함으로써 자유주의 경제 체제가 국제적으로도 완성되기에 이르렀다.

4) 세계 자본주의의 형성

공업화의 물결은 19세기 내내 영국에서 프랑스·독일·미국·러시아·일본으로 확대되었다. 그러나 공업화를 민간의 자생적 노력으로 달성한 나라는 영국뿐이고, 후발 여러 나라의 공업화는 영국 기계에 의하여 생산된 제품의 대량 유입을 막고 국내 자본의 보호 육성을 꾀하기 위한 보호 관세 정책을 취하는 등, 국가의 적극적 공업화 정책으로 추진되었다.

한편, 공업화에 성공하지 못한 여러 농업형 국가는 자유주의 경제하에서 여러 선진 공업국에 식량과 원료를 공급하고, 공업국으로부터는 공업

제품을 수입한다는 세계적 분업 구조 속으로 강제적으로 포섭되었다. 이리하여 세계 경제는 영국을 축으로 하는 여러 선진 공업국과 이에 종속적인 식민지적·반식민지 관계로 형성되고, 이런 관계들이 지배와 피수탈의 유기적인 관계로 결속되어 세계 자본주의로 재편성되었다. 이런 소용돌이 속에서 현대의 '제3세계' '남북 문제'의 원형이 형성된 것이다.

3. 계급의 형성

1) 사회 분업 촉진 및 상품 사회 도래

전통적 사회에서는 사회적 분업의 정도가 미미하였다. 직업의 종류도 수백 개 미만이었다. 그러나 산업 사회에서는 직업이 폭발적으로 증가하였다. 이것은 끊임없는 생산력 향상으로 가능하였다. 사회적 분업이 촉진될수록, 인간의 모든 경제 활동(생산, 분배, 소비 등)은 밀접한 상호 의존성을 갖게 된다.

이런 경제 활동의 사회화를 통하여 개개인의 상호 관계는 모두 상품 관계로 전환된다. 상품이란 재화를 자기 자신을 위하여 사용하려고 만드는 것이 아니라 이윤 추구의 목적으로 타인 사용을 전제로 하면서 만들어지는 것을 말한다. 따라서 상품은 그것을 만드는 사람이 사용하기 위하여 만들어지기보다는 자본의 이윤을 획득하려는 의도로서 만들어지기에 상품성은 그 출발부터 인간성의 전제가 다소 결여되어 있다. 하지만 자본주의의 시장 경제 논리가 설득력을 얻어가고 전통적인 인간 관계가 현금 관계로 변모하면서, 인간 노동의 결과물인 상품뿐만 아니라 인간 노동 자체까지 상품성(임금노동=상품)이라고 하는 가치관이 형성되었다.

현대에는 지식, 기술, 교육, 문화, 예술, 심지어 사람의 몸 자체도 상품화된 사회의 특성을 보인다. 자본을 가진 사람들은 모든 것을 사서 소유하여 사용할 수 있는 반면에 돈이 없는 사람은 모든 것들을 내다 팔아야 하는 새로운 지배·복종의 사회 특성이 발생하였다.

2) 빈익빈 부익부 현상의 심화

생활의 터전이 농촌에 있던 시대에는 자신이 생산한 물건은 스스로 소비할 수가 있었다. 그러나 산업혁명은 그 때까지 농촌 공동체 속에서 하나였던 생산과 소비의 분리를 가져왔다. 노동자는 집을 떠나 공장으로 일하러 가야만 했고, 소음과 비위생적 환경 속에서 시계가 가리키는 시각과 감독자의 엄격한 규율과 복종 아래 하루 14~15시간씩이나 되는 장시간 노동을 강요당하였다. 또한 노동자의 소비와 휴식의 장소인 주택은 대개 공장 주위에 지어진 급조된 변변치 않은 바라크 공동주택이었다. 그 안에서는 한 개의 침대를 3~4명이 번갈아가면서 같이 사용하였으며, 화장실도 10여 세대가 공동으로 사용하였고 목욕탕 설비도 없었다.

음료수도 생활 터전이 농촌에 있을 때에는 쉽게 얻을 수 있었으나, 공업 도시에서는 수도 회사의 물을 현금을 주고 사야 하는 상품이 되었다. 따라서 가난한 노동자에게는 물도 마음놓고 쓸 수 있는 형편이 못되었다. 맨체스터에서는 1809년에 급수 회사가 창설되어 급수를 시작하였는데, 부르주아가 사는 지역에서는 1년에 6실링이면 풍족하게 물을 공급받을 수가 있었던 것과는 달리 도시의 대부분은 빗물을 모은 저수통 물을 공급받을 뿐이었다. 런던의 빈민가에서는 1863년에 이르러서도 하루에 겨우 20분씩밖에 급수되지 않는 1개의 수도꼭지에 10여 세대가 의존하고 있는 상태였다. 이와같이 “물은 맥주처럼 귀중한 것”이었기 때문에 노동자 가정에서는 음료나 요리용으로 사용하는 것이 고작이고, 그것을 세탁이나 목욕용으로 사용할 여유는 거의 없었다. 그러한 생활 환경은 매우 비위생적이어서, 자주 전염병의 온상이 되기도 하였다. 특히 불결한 의류가 장티푸스의 원인이 되어, 공중 위생적인 견지에서 공중 세탁장과 공중 목욕탕을 설치하는 일을 지방자치단체에 부과하게 된 것은 1848년의 ‘공중위생법’ 제정 이후의 일이었다.

또한, 당시 대부분의 노동자에게는 빵과 감자가 식사의 거의 전부였으며, 거기에 버터 · 치즈 · 베이컨 · 홍차가 조금 곁들여지는 정도였고, 신선한 육류는 아직 사치품이었다. 빵도 처음에는 스스로 만들어 먹었으나, 주부까지 일터로 나가게 되자 빵집에서 만든 빵에 의존하게 되었다. 빵이 밤색 빵에서 차츰 흰색 빵으로 바뀐 것도 이 무렵이었다. 흰색 빵을 만드는 경우에는 표백제로 명반을 사용하는 일이 많았고, 때로는 백악(白堊) · 석분 · 석고, 또한 놀랍게도 사람의 뼈마저 섞어 넣는 경우가 있었다. 이와같이 속여 파는 식품은 그 시대의 홍차나 커피에서도 볼 수가 있었다. 또한 19세기 전반의 도시 노동자가 먹을 수 있는 생선은 소금에 절인 청어밖에 없었는데, 1860~70년대가 되자 냉동 설비가 갖추어진 트롤선을 이용해 잡힌 신선한 생선이 싼값으로 서민의 식탁에까지 오르게 되었다. 이리하여 신선한 생선, 특히 대구가 영국에 반입되면서 등장한 것이 피시앤드칩스이며, 그것이 노동자의 식료품으로 정착한 것은 1864~74년 무렵이다.

그런데 노동자는 직장에서의 장시간 노동과 열악한 생활 조건 때문에 육체가 쇠진하여 생명이 단축되었다. 1830년대 말 맨체스터, 리버풀 등 공업 도시의 노동자 계급 평균 수명은 15~19세로 믿기 어려울 정도로 낮았다. 당시 농촌에 살던 지주 계급의 평균 수명은 50~52세로 도시 노동자 계급과는 큰 차이를 보였다. 노동자 계급의 높은 사망률의 원인은 주로 적리(赤痢) · 티푸스 · 결핵 · 콜레라 · 성홍열 등 비위생적 환경에서 발생하는 전염병 때문이었고, 특히 학령기 이전 아동의 높은 사망률은 평균 수명을 끌어내렸다.

3) 계급 사회 형성과 계급 투쟁

산업화와 더불어 자본가 계급, 노동자 계급 및 신중간 계급(봉급 생활자, 전문 직업인층)의 성장이 두드러진다. 이에 비하여 전통적 사회의 경제 활동의 주류였던 중소 생산자 또는 자영업자(프티 부르주아)는 감소한다. 이들 계급 사이의 갈등 구조는 전통 사회의 그것과 대조적이다. 전통적 사회는 수직적 연대에 기초를 둔 수평적 갈등 구조가 일반적이었다. 이에 반하여 계급 사회의 경우 수평적 정체성(또는 연대)에 기초를 둔 수직적 갈등 구조를 보여 준다. 계급은 그들 나름대로의 동질적 집단적 자의식을 지닌 사회 세력이 동류 의식을 바탕으로 조직화되는 것이다. 이러한 계급화의 경향은 각 계급의 정체성이나 이해 관계를 반영하는 조직의 성장에서 알 수 있다. 예컨대, 자본가는 상업회의소 등 각종 자본가 단체를 조직하고 노동자 계급은 노동조합, 공제조합 등을 결성한다. 다만 신중간 계급의 경우 집단적 자의식 또는 정체성이 분명하지 않아서 그들의 계급 의식 규정에 어려움이 있다. 계급화의 경향은 산업 성장의 과실을 분배하는 데 노동 운동과 계급 투쟁의 양상으로 표출된다.

4. 권력 구조 형성

산업 사회의 발달로 상품과 물질이 풍부해지고, 구질서의 파괴로 인한 자유주의가 도래하여 인간 사회에서 지배층과 피지배층의 구분이 없어진 듯 보이지만, 이는 눈에 보이는 현상적 사실일 뿐 본질적으로는 오히려 권력의 집중화 현상이 더욱 심해졌다고 볼 수 있다.

농경 사회의 권력 원천이 땅이라면, 산업 사회의 권력 원천은 자본, 자본 재생산의 기초인 공장과 기계에서 찾을 수 있다. 농경 사회에서 축적된 부를 바탕으로 공장주가 되고 부르주아로 성장한 이들 권력 세력층은 많은 평등 운동을 펼쳐 사회적 평등을 찾은 것처럼 보였지만, 그것은 가진 자의 평등일 뿐 가지지 못한 자가 느끼는 불평등은 그 어떤 사회보다 심하였다. 이러한 산업 사회에서 권력은 피라미드형으로 재력은 역(逆) 피라미드형으로 나타난다.

농경 사회에서는 아무리 극한 노동에서도 해가 뜨면 일을 시작하고 어두워지면 일을 할 수 없었기 때문에 쉴 수 있었다. 하지만 산업 사회에 들어서는 아침과 밤을 가리지 않고 일을 해야만 간신히 밥을 먹고 살 수 있는 계층이 생길 정도로 사회는 핍박해져 갔다. 일하지 않으면 돈을 받을 수 없고, 모든 것을 돈으로 해결하는 산업 사회에서 돈이 없으면 하루 한 끼의 식사를 해결하는 것조차 불가능하였다. 그렇기 때문에 그들은 살아남기 위하여 하루 18시간을 일을 하며 버텨야만 했다. 산업혁명으로 물질이 풍요로워졌지만 그것이 곧 인간 사회의 풍요를 의미하는 것은 아니다.

이러한 산업 사회에서 계층의 이동은 법적으로는 자유롭게 정해져 있었으나, 자본이 없으면 어떤 것도 가질 수 없는 사회에서 계층과 계급의 이동이란 거의 불가능에 가까웠다고 볼 수 있다.

5. 산업 사회의 가치

산업 사회는 자본 중심의 국가 사회이다. 권력의 원천은 자본, 제조 기술, 판매 이윤이다. 산업 사회에서는 모든 것이 상품과 돈으로 환원된다. 기존 농경 사회의 수직적 조직과 산업 사회의 공장 감독 체계를 효과적으로 하기 위한 수직적 조직 형태가 사회적으로 굳어졌다. 현대 사회 및 국가의 다양한 가치관과 조직 관계, 질서 관계, 계층 관계들이 이 시기에 배태된 것이다.

제5절 정보화 사회

1. 개 념

정보화 사회(information society)란 말은 1963년 일본의 우메사오 다다오(梅棹忠夫)의 「정신적 산업사회」라는 논문에서 정보 사회라는 말을 사용함과 아울러 1968년 도쿄에서 미래 학자들이 모여 후기 산업 사회(post-industrial society)[1]에 대한 세미나를 할 때 일본 학자들의 제안으로 후기 산업 사회와 정보화 사회의 용어를 병용하기로 한 이래 흔히 사용되고 있는 용어이다. 1973년 벨(Daniel Bell)의 후기 산업사회론 이후 정보화 사회에 대한 다양한 개념 제시되었으며, 후기 산업 사회, 정보 사회, 지식 사회, 지식정보 사회, 고도전자 기술 사회 등으로 각 논자들마다 정보화 사회에 대한 개념을 정의하였다. 이후 정보화 사회에 대한 학자들의 다양한 개념 정의가 이어졌다.

여기서는 공업을 주체로 발전해 온 공업 사회에서 벗어나 정보 산업을 주체로 하여 다양한 정보의 생산과 전달을 중심으로 전개되는 사회를 정보화 사회라고 보기로 한다. 즉 정보를 생산・유통・이용하는 정보 산업의 발달에 따라 인간 사회의 제도와 생활 양식이 근본적으로 변화되고, 경제의 연성화가 촉진되는 사회가 정보 사회이다. 인류 사회는 전(前)문명 사회에서 농업혁명을 거쳐 농경 사회로, 이어서 산업혁명을 거쳐 공업 사회로, 다시 정보혁명을 거쳐 정보 사회로 이행하듯이 단계적으로 발전해 간다. 즉 정보 사회는 인류 문명이 이제까지의 "사람의 손과 근육 에너지 및 그 대체물인 기계를 생산 수단으로 공업이 만들어 낸, 실체가 있는 물질 중심의 문명"에서 "인간의 두뇌나 지적 창조력을 생산 수단으로 정보 산업이 만들어 내는 무형의 정보가 주체가 되는 문명"으로 전환된다는 전제를 하고 있다. 정보화 사회는 지식・창의가 중시되고, 조직 구조가 탈관료제화・분권화되며, 경제 활동에서도 제품의 경박 단소화・다품종 소량 생산이 추구되는 등의 특징을 지닌다.

정보 사회를 구성하는 기초 개념은 [그림 2-2]와 같다. 구체적인 자료와 사실을 가공하여 정보의 특성으로 만든다. 이 때의 정보는 개념적으

1) 후기 산업 사회(post-industrial society)의 의미. 'post는 '보존(동질성)'과 '벗어남(이질성)'이라는 의미를 동시에 지니고 있는 개념이다. 즉, 이전 단계의 특성을 유지하면서 동시에 이전 단계와 구분된다는 이중적인 의미를 지니고 있다. 통상 보존의 측면을 강조할 때는 '후기'로, 벗어남의 의미를 강조할 때는 '탈(脫)'이라는 용어로 번역된다.

[그림 2-2] 정보 사회의 기초 개념

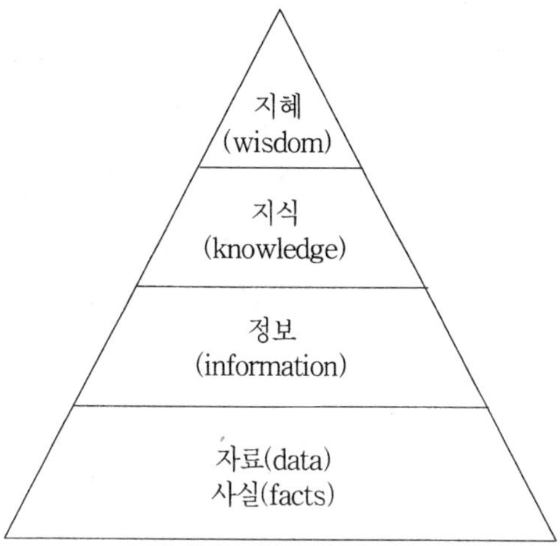

로 조직화되고 전달되어 지는 자료를 말한다. 지식은 자료가 좀더 체계적으로 구성되며 보편적 승인을 받는 정보로 지식 이용의 안정성이 정보보다는 강력하다. 지혜는 이를 실제 생활에서 유익하게 활용하는 생각의 힘을 의미한다.

2. 정보화 사회의 특성

정보화 사회의 특징은 세 가지로 볼 수 있는데, 첫째로 정보 수요의 증대, 정보 기기 기술의 발달, 둘째, 기존 사회 원리들의 전면적 수정과 새로운 사회적 특징과 원리들의 출현,[2] 셋째, 가치의 분배 및 재분배를 둘러싼 국가 간·계층 간 갈등과 경쟁의 심화 현상을 들 수 있다. 이런 특성을 지닌 정보화 사회의 일반적인 사회 특성은 다음과 같다.

2) 토플러(Alvin Toffler)는 산업 사회의 기본적 원리로서 규격화, 분업화(전문화), 집중화, 동시화, 집권화, 대형화 등을 지적하면서 정보화 사회에서는 이러한 기본적 원리들이 전면적으로 바뀌게 된다고 주장하였다.

1) 직업의 변화

육체 노동에서 정신 노동으로의 변화이다. 20세기 말부터 몰아닥친 정보화 사회는 이미 현실로 되어 있다. 18세기 말부터 시작된 공업화는 세계적인 규모로 확산되어 21세기인 오늘날에 와서는 공업화되지 않은 지역은 매우 드물다. 공업화는 제1차 산업(농림・어업)을 축소시켜 인구를 농업 지역에서 공업 지역으로, 농촌에서 도시로 이동시켰다. 인구의 도시 집중으로 도시는 점차 광역화(廣域化)되고 구조가 복잡화되었으며 거기에 모이는 사람들은 매우 다층화(多層化)되었다. 이러한 도시에서 생활하기 위하여 사람들은 갖가지 정보가 필요하고 또 능률적인 정보의 전달과 수용 수단이 필요하게 되었다. 이에 따라 제2차 산업(공업)에서의 기억 장치와 자기 제어 기능을 가진 자동 기계의 채택(오토메이션)은 많은 노동자를 육체 노동에서 해방시켜 물적 생산에 종사하는 사람의 수를 상대적으로 축소시켰다. 이 제2차 산업에서 발생되는 잉여 노동력과 더불어 제1차 산업으로부터 파생된 노동력은 제3차 산업으로 돌려졌으며, 이와 같은 사정은 제3차 산업인 정보화 산업을 초래하게끔 하는 압력 요인이 되었다.

공업화에서 정보화로 넘어가는 정도는 지역에 따라 다소의 차이가 있지만, 미국・영국・캐나다・스위스・독일・일본, 스칸디나비아 여러 나라와 베네룩스 3국 등에서 특히 현저한 특성을 보이고 있다. 이러한 나라에서는 20세기 후반에 들어서자 정보 산업의 발달과 정보의 전달 및 처리에 관한 기술을 혁신시켜 정보혁명을 급속히 진행시켰고, 이를 계기로 공업 사회로부터 정보화 사회로 이행하였다. 직업의 변화를 보면, 미국의 경우 1956년 이후 오늘날에 정신 노동자들이 육체 노동자들에 비하여 5 대 4 이상의 수적 우세를 보이고 있다. 서비스 부문은 이제 전체 취업 인구의 반수 이상, 그리고 국민 총생산의 반 이상을 차지하고 있다. 미국은 세계 역사상 취업 인구의 반수 이상이 식품, 의류, 주택, 자동차 및 기타 유형 자산의 생산에 종사하지 않는 최초의 국가가 되었다. 또 전통적인 남녀 구분의 직종 경향에서 유니즌화되고 이에 따라 남성 노동 인구의 성격이 변하며 사회적 지위의 대변동이 일어나고 있다. 앞으로 대부분의 사람들이 관리직, 전문직, 또는 기술직에 종사하게 될 것이다.

2) 정보 사회의 상품

정보 사회의 특질은 지적 생산물로서의 정보가 상품화됨과 동시에 물적 생산물로서의 상품은 반대로 정보화되는 것이다. 이제까지의 공업 사회에서는 실체가 있는 물적 생산물만이 상품으로 인정되고 지식이나 정보와 같이 외연량(外延量)도 없고 계량할 수도 없는 것은 상품으로 다루어지지 않았다.

그러나 오늘날에는 각종 정보산업이 만들어 내는 뉴스나 방송 프로그램, 디자인, 조사 정보, 특허권, 컴퓨터 프로그램, 광고 등과 같은 정보가 훌륭한 상품으로서 매매되기 시작하였다. 최근에는 물적 생산물인 상품의 가치가 원료나 재질(材質)과 같은 물질적인 요소보다도 아이디어나 특허권, 디자인과 같은 정보적 요소에 의하여 결정되는 경우가 많아졌다. 이것은 상품이 일종의 심벌화되었음을 보여 주는 것이다. 다시 말해서, 상품은 '물질'로서의 기능보다는 그것이 소비자의 생활에 가져다 주는 '의미'에 따라 매매하게 되었기 때문이다. 이렇게 되자 상품의 가치는 그 상품을 생산하기 위하여 투하된 원료나 노동력만으로는 계측할 수 없게 되었다. 정보를 생산하는 경우 원료나 생산 수단에 해당하는 것은 어디까지나 인간의 두뇌이다. 그러나 그 능력이 천차만별이기 때문에 같은 노동 시간을 소비한다 하여도 완성된 정보의 질은 당연히 다르게 마련이다. 이와 같은 정보가 상품으로 매매되는 것은 이제까지 계량하기가 어려워 공짜처럼 다루어져 왔던 인간의 정신적 노동의 가치가 금전적으로 평가되는 것을 뜻한다. 말하자면 정보 사회는 인간의 지적 창조력을 정당하게 평가하는 사회이다.

3) 정보화 사회의 조직

이러한 사회에서는 조직의 체질도 또한 변화하게 된다. 정보 사회에서의 생산 기업은 컴퓨터의 도입에 의하여 각 부분에서 들어오는 정보를 실시간(實時間)으로 중앙에 집중시켜 그 정보로 생산과 판매 과정을 제어하게 된다. 인간은 시시각각으로 모여드는 정보를 판단하여 기계에 명령만 하면 된다. 기업은 '정보가 흐르는 체계'로 변화된다. 이렇게 되면 기업 활동은 거의 의사 결정 행위의 연속이 되어 정확한 의사 결정을 하기 위한 정보의 수집이나 가공, 판단이 중요 업무가 되며, 이로 인하여 연구·조사 부분이 중시된다.

한편 상품의 심벌화 경향은 상품의 의미를 부여하는 기획 부문이나 광고 부문을 클로즈업시킨다. 이들은 모두 창조적 노동을 하는 '생각하는 부문'이다. 정보 산업에서도 이 경향은 같다. 예를 들면 컴퓨터 산업에서는 하드웨어 발달과 더불어 소프트웨어도 더욱 중시되기에 이르렀다. 매스컴 산업에서는 이제까지 정보 전달 기술에 비중을 두어 왔고, 그것이 산업의 위상을 결정하였지만, 정보 전달 기술의 혁신과 함께 미디어의 융합이나 다양화가 진행되자 역시 내보내는 정보의 내용이 문제가 되고 있다.

이와 같은 소프트웨어나 정보의 내용을 만들어 내는 것은 역시 인간의 창조력이다. 그러므로 정보 사회에서는 모든 기업에서 인간의 창조성이 중요시된다. 이렇게 되면 기업 조직은 인간의 창조성을 최대한 개화시키는 조직으로 바뀌어 갈 것이다. 연공서열적(年功序列的)·위계서열적 관리 조직은 붕괴되고 자유롭고 능력 중심으로 조직 근본이 바뀌게 될 것이다. 조직 구성원은 단지 기계의 톱니바퀴로 기능하였던 획일적 조직에서 해방되고 육체 노동·단순 노동은 창조적 노동으로 바뀌며, 사람들은 삶의 보람을 발견할 것이다. 그런 뜻에서 정보 사회는 인간을 다양한 소외로부터 해방시켜 인간 회복의 기회가 될 것으로 기대하지만 또한 예측하지 못하였던 정보화 사회의 악몽도 간과하여서는 안 될 것이다.

3. 정보화 사회의 권력

권력의 3대 원천은 폭력, 부(富), 지식이다. 사회가 성숙되면서 폭력은 점차 법률로 전환되고, 자본과 통화는 지식으로 변환되어 가고 있다. 동시에 노동의 본질도 점차 바뀌면서 더욱더 기호(記號) 조직에 의존해 가고 있다. 정보 사회가 진행됨에 따라 공장 굴뚝이 지배하였던 시대와는 근본적으로 다른 규칙에 따라 동작하는 초기호(超記號) 경제로 되고 있다. 지식은 원자재・노동・시간・장소 및 자본의 필요를 감소시켜 주기 때문에 정보 사회의 중심적 자원으로 되고 있다. 이에 따라 지식의 가치가 급상승하고 있다. 이러한 이유 때문에 도처에서 정보전쟁(info-war), 즉 지식을 장악하기 위한 투쟁이 벌어지고 있다.

네트워크의 등장으로 새로운 권력 이동을 더욱 수월하게 해 주고 있다. 이런 네트워크를 타고 보급되는 여러 가지 자원 중에서 정보가 가장 유동성이 크다. 이런 유동성은 식량・에너지・재화 및 서비스의 생산과 유통이 날로 더욱 기호 교환에 의존하는 경제의 특징을 가장 잘 나타내 준다.

정보 사회의 권력 구조에 대해서는 권력의 통제냐 분산이냐 하는 관점으로 나누어 살펴볼 수 있다. 먼저, 오랫동안 설득력을 지녀 왔던 견해는 컴퓨터가 권력 집중의 도구로 사용될 것이라는 주장이었다. 정보화 사회가 '고도 통제 사회'를 낳을 것이라는 해석이 타당성을 지닌 듯 보였다. 하지만 이런 해석을 역설적으로 뒤집은 사례가 있었는데 동구 사회주의권의 붕괴이다. 일당 독재의 권력 집중 사회인 동구권에서 컴퓨터의 이용은 더 손쉬운 권력 집중과 국민 통제를 가져와야 할 터이지만, 동구권 전문가들이 공통적으로 지적하듯이 정보화 사회의 도래가 동구권 사회 붕괴의 중요한 요인으로 작용하였던 것이다. 고도 산업 사회에 뒤이은 정보 사회의 도래는 국가에 의한 사회 통제의 강화로 연결된 것이 아니라 거꾸로 그러한 통제가 불가능하게 됨을 의미하였던 것이다. 이렇게 정보화 사회를 권력 집중과 동일시하는 논자들이 생각하였던 것은 대형 컴퓨터 체제였다. 대형 컴퓨터를 권력자가 완벽히 통제하고 개인들은 이 대형 컴퓨터에 접근할 수 없는 구조를 생각하였던 것이다. 하지만 본격적인 정보화 사회의 진행은 대형 컴퓨터 중심의 체제가 아니라 수많은 개인들의 손에 의하여 운영되는 소형 컴퓨터 중심의 체제를 의미한다. 대형 컴퓨터와 소형 컴퓨터의 관계는 단순히 지시 명령 컴퓨터와 단말기의 관계, 즉 주인-노예(master/slave) 관계가 아니다. 정보 기술과 통신 기술의 접합에 의한 정보 통신혁명과 그에 따른 무수한 퍼스널 컴퓨터들의 자율적 네트워킹은 데이터베이스와 PC 간의 관계를 서비스 제공자와 고객(server/client) 관계로 변형시켰다.

이처럼 고도로 분산되었지만, 신경 조직망처럼 연결되어 시간·공간을 압축(compression)시키며, 수요자의 욕구를 최대한 충족시키는 '제퍼슨(Thmas Jefferson) 자유주의적' 권력 분산형 정보화 사회의 모델이다. 이러한 권력 분산형 정보화 사회의 핵심적 기제는 '양방향적 의사소통'이다. 앞에서와 같은 정보화 사회의 권력집중론자들은 일방향적 의사소통만을 고려하였을 뿐, 양방향적 의사소통이 지배적 형태가 될 것임을 예상하지 못하였다. 오늘의 정보혁명의 실제 흐름은 일방향성보다는 양방향성을 주요한 특징으로 한다. 이런 양방향적 의사소통 속에 권력은 과거처럼 확실한 통제의 수직적 계선(系線)을 유지할 수 없다.

정보 사회는 다양한 자원의 활용, 정보 가공의 전달과 확산, 개인 및 네트워크 구성원의 만족감, 이미지 창출과 구축, 단순한 지식을 가공하여 현실에 응용할 수 있는 지혜로움 등이 요구된다. 지식 문화 정보를 핵심으로 하는 정보화 사회는 그 속성이 조직 구조를 중심으로 한 국가 권력 체계 형성 이전의 수렵·채취 시대와 유사한 특성이 많아 정보화 사회를 신수렵 채취 시대, 또는 신유목 시대라고 부르기도 한다.

제6절 산업별 사회 특성과 미래 예측

산업 특성에 따라 사회적 특성, 조직의 성격, 요구되는 가치관, 필요한 능력이 변모되어 왔다. 개개의 국가도 그 시대의 산업 특성에서 벗어나 별도의 제도나 법률을 만들 수 없다. 그렇기 때문에 유능한 국가는 시대의 변화를 예측하고 여기에 효과적으로 대응하는 국가이며, 무능한 국가는 시대의 산업 변화를 제대로 소화하지 못하여 늘 가난하고 힘없는 상태에서 벗어나지 못하는 국가라 하겠다.

여기서는 앞서 살펴본 수렵 채취 사회, 농경 사회, 산업 사회, 정보화 사회의 특성을 개괄적으로 정리·비교한 다음, 예측되는 미래의 상황을 소개하고자 한다.

1. 산업별 사회 특성

수렵 채취 사회(a hunter gatherer society)에서는 생존에 필요한 식물 등을 채취하고, 비교적 안전한 먹거리인 금수류, 어패류 등을 포획하는 것이다. 채취하여 곧바로 먹을 수 있는 식물, 포획하여 곧바로 식용으로 사용할 수 있는 금수류, 어패류 등을 수확하여 보관하고 사용하는 것이 활동의 근간이다. 가능한 풍부하게 수확할 수 있는 장소의 발견과 이곳으로의 이동도 매우 긴요한 활동이다. 식물 중 식용 약초, 독초, 위험한 금수류, 온순한 동물, 먹을 수 있는 어패류 등을 보편적으로 구별할 수 있게 되기까지에는 무수히 위험한 시행착오를 거쳤을 것으로 판단된다. 금수류를 포획하면서 위험에 처하기도 하는 등의 많은 위기 상황을 넘기면서 인간들은 수렵의 경험적 지혜를 쌓았을 것으로 보인다.

〈표 2-1〉 산업별 사회 특성 비교

구분	수렵 채취 사회	농경 사회	산업 사회	정보화 사회
핵심 요소	동식물, 먹거리	토지, 노동력, 권력	자본, 노동력, 기술	정보, 지식, 이미지, 기술력
접근 형태	(도피, 사냥 목적) 위장술 사냥 기법 중시	규범적 예의 협향(陜鄕)적 친소 관계, 충성도	작업 능력 제시 및 인정 작업성 과도	이미지 가공, 표현, 접근, 감동, 교류. 조합의 의미
대응 방식	신속한 대응 (목적 추구)	사유(思惟)적 적응	기계적 적응	핵심적 대응 (기능적 전문화)
활동 형태	개인 활동	지배 복종 활동	규칙 준수 활동	정보 수집 응용 활동
준거 기준	개인적 판단, 접근의 신속성	집단규범,집단의식 사회적 풍토, 분위기	계약, 통제, 이윤 교환 법칙, 인과 관계	개인적 판단, 계약, 접근의 효과성
조직 형태	필요시 조직화 무리 군중집단	상시 지배 조직	이윤 추구 구조	임시, 특별, 일시, 조직, 네트워크 조직 등
조직 관계	수평적 관계	수직적 관계	수직적 관계	대등한 관계
관계 유형	느슨한 관계	긴장된 예속 관계	긴장된 감독 관계	정보 공유 친교 관계
권력 기반	자연 조건, 체력	토지, 무력	자본, 외교, 사교력	정보의 창출 소유 활용 능력
국가 형태	씨족, 부족, 국가	전제, 절대, 봉건영주 등 다양한 형태의 국가	민주주의, 전체주의, 사회주의 국가 등	세계주의, 민족주의, 국가주의
성공 실패	포획 저장 방식	권력의 장악 유무	자본 소유 정도	정보 보유 유무
성공 기간	순간 계절 활동	출생 신분 평생	30년에서 80년	3개월에서 1년 정도
분배 방식	공동 분배=축제	위계적 분배=불만	이윤 착취적 분배 =갈등	협동의 기능적 분배 일자리 창출=거품 부풀리기 이익 확대 분배
소외 현상	자연 현상 변화	피지배 상태	조직 외곽, 무산자 상태	정보 차단
시간 관념	자연적 시간 (신체 리듬)	자연적 시간 (자연의 리듬)	인위적 시간 (단위당 생산량)	주관적 시간 (극초 단위의 정보 전달량)

문제는 식물 채취보다는 동물들에 대한 수렵 활동이다. 동물들은 식물보다 식품성 면에서 안전하였지만 인간의 의도대로 잘 잡히지 않는다는 어려움이 있었다. 사나운 맹금류, 강과 바다에 있는 어패류, 수확 활동에

연계된 위험을 극복하는 것이 과제였다.

인간은 이러한 위기 상황을 타개하기 위하여 위장술과 속임수를 사용하였다. 숲속의 짐승들을 포획하기 위하여 나뭇가지나 풀잎으로 몸을 감추고, 물 속의 물고기들을 잡기 위하여 온 몸에 문신을 하는 등 최대한 동물을 속이면서 가까이하여 포획하려 하였다. 이런 위기를 극복하면서 저절로 습득된 위장술과 사냥 기법이 오랜 세월을 거치면서 인간의 원초적 능력으로 내재화되어 오늘에 이른다. 이런 위장술은 오늘날에 와서 예의범절, 화장술, 의상, 인간 관계, 처세술, 외교 전략 등의 양상으로 나타난다. 현대 문화와 문명의 외형적 형식 이면에는 이러한 사냥 본능과 사냥 습성이 도사리고 있다.

풍부한 먹거리, 사냥감, 물고기 등이 서식하는 숲, 호수, 강, 바다의 자연환경 속에서 수렵과 채취 활동이 이루어졌기에 이런 공간을 발견하고 예측하고 이곳으로 무리를 이끌어 가는 지도자가 필요하였을 것이다. 이런 역할을 한 인물이 군장(群長)이다. 군장은 이들의 생활 기반인 자연 현상을 예측하고 풍부하게 수확할 수 있는 공간으로 사람들을 이끌어 가고, 하늘에 대한 제천(祭天) 의식과 무리 집단에 대한 통치 권능을 행사하였다. 채취할 식물이나 포획할 동물이 있을 경우 그 목적 달성을 위하여 필요한 동료나 사람들의 무리를 구성하여 사냥 활동과 채취 활동을 하였을 것으로 추정된다. 조직은 수렵과 사냥 행위시에 필요한 사람들을 조직하여 한시적으로 가동하는 형태였을 것이다. 떼거리, 무리, 군중의 유형으로 활동한다. 이런 흔적은 울산 반구대 암각화(蔚山盤龜臺岩刻畵: 1995. 6. 23. 국보 제285호 지정), 알타미라 동굴(Altamira cave: 세계유산목록 등재) 등에 잘 나타나 있다.

동식물을 채취하기 위한 여건 속에서의 상황적 대응 방식은 신속한 대응이다. 이런 상황 속에서 바람직한 행동의 준거 기준은 개인적 판단과 사물에 대한 접근의 신속성이다. 이것이 먹을 수 있는 것인지 없는 것인지, 채취하거나 포획할 수 있는 것인지 없는 것인지, 위험한 상황인지 그렇지 않은 것인지를 신속하고 정확하게 판단하여야 한다. 왜냐 하면 목표로 하는 동물들은 사람들에게 오래도록 사유하고 검정할 시간도 주지 않고 눈앞에서 끊임없이 움직이면서 순식간에 사라져 버리기 때문이다. 따라서 수렵・채취 사회에서의 행동 양상은 신속하고 정확한 판단, 효과적인 대응을 요구한다. 인간 관계는 수평적 관계이며, 조직 내에서 발생하는 타인과의 관계 정도는 느슨한 친교적 관계였을 것으로 추정된다.

국가 형태는 씨족 및 부족 국가이다. 풍요로움의 성패 기준은 채취와 포획의 분량, 그리고 이를 얼마나 오랫동안 보관하느냐 하는 저장 방식이다. 성공에 걸리는 기간은 채취와 포획에 걸리는 시간이며, 채취 및 포획의 대상 유무(有無), 다소(多少) 등에 영향을 미치는 계절적・풍토적 요인이 크게 작용한다. 성공과 실패가 장기간에 걸친 것이 아니고 순간에 걸쳐 발생하고 계절적 요인이 크게 영향을 미친다.

이익의 분배 방식은 여건에 따라 다르지만 대개 힘센 자가 조금 더 가지고 힘이 약한 자가 조금 덜 가지는 형태일 것이지만 지도자의 정의관(正義觀)에 따라 공평한 분배가 이루어지기도 한다. 채취물과 수확물의 전체 분량이 눈앞에 놓여 있어서 누구나 전체적 수확 규모를 알 수 있고, 또 구성원들은 저마다 각각 구성원의 필요한 수요량(需要量)을 알고 있기에 비교적 불만이 덜한 비율로 분배가 이루어진다고 볼 수 있다. 분배 이후에 다양한 감사의 제천 의식과 축제가 있다. 자연 현상의 좋고 나쁨에 따라 인간은 자연으로부터 먹거리를 풍부하게 구할 수도 있고, 기근에 허덕이기도 하는데, 인간은 자연에 종속되고 자연에 따르는 존재이기에 하늘에 대한 경건한 의식이 저절로 아루어졌다. 시간 관념은 배고프면 움직이고 태양과 달 계절에 따라 이동하는 자연적 시간이며, 개인의 신체 리듬이 곧 시간의 측도였을 것으로 추정된다.

농경 사회(agricultural society)에서의 산업의 핵심은 토지와 노동력이다. 영농에 필요한 영토를 확장하고, 노동력을 장악하여 농경에 활용하며, 외침 방어와 흉년이 들었을 경우 식량 약탈과 생필품 대여 보장 활동에 가장 긴요한 것이 무력이다. 무력은 통치 질서를 견고히 하는 수단으로 구축되었고, 21세기인 오늘날에도 국가 권력의 속성은 무력에 바탕을 두고 있다. 농경 사회 조직 속에서 원하는 바 목적을 추구하기 위해서는 조직의 상층부로 접근하거나 조직을 장악하는 방식을 취하여야 한다.

이런 사회적 풍토 속에서는 규범적 예의, 권력자와의 협향(峽鄕)적 친소 관계, 충성도, 관료 임용 시험 합격 등이 주요 접근 통로이다. 농경 사회에서의 상황과 사물에 대한 대응 방식은 사유(思惟)적 적응이다. 조직 형태와 사회적 풍토가 고착되어 있기 때문에 자연 현상, 인간 관계, 조직 질서, 사회적 규범, 권력 성향 등에 대한 사유적 검토가 먼저 정확하게 검토되어야 한다. 활동 형태는 이미 만들어진 규범적 질서와 계층 조직의 지배·복종 관계 틀 속에서 지배자의 통치 행위에 순응하는 모습이다. 행동의 준거 기준은 집단 규범, 집단 의식, 사회적 질서, 사회적 가치, 풍토, 분위기 등 집단적 행태이다.

사회적 분위기를 파악하여야 하는 눈치, 인간 관계 흐름과 힘의 연결 관계 속에서의 자기 존재 의의를 사유(思惟)하여야 하는 사색적 행동 등이 농경 사회 속에서 저절로 배태된다. 집단의 분위기, 사회적 풍토와 다른 개인적 판단은 언제나 소외자(outsider)의 처지로 전락하기 쉽다.

조직 형태는 절대 권력을 정점으로 상시 지배 조직을 구축한 지배·복종 체제이다. 조직의 관계는 수직적 관계이며, 조직 내에서 발생하는 타인과의 관계 정도는 긴장된 예속 관계이다. 긴장된 예속 관계에서 발생하는 것은 인간 관계에서의 억압과 굴종 형태, 강압적 조직 문화에서 배태된 권위주의 사회 풍토 등을 들 수 있다. 토지, 무력, 노동력, 조직력 등이 산업과 권력의 기반이다. 무엇보다 농경과 목축을 할 수 있는 토지 공간의 확보가 절대적이다. 여기에 농경에 직접적인 영향을 미치는 자연 조건과 기후 여건이 매우 중요한 변수로 작용한다. 기후가 좋아서 풍년이 들 경우에는 그다지 심각한 문제가 발생하지는 않지만, 기후 조건이 나빠 흉년이 들 경우에는 심각한 사회 문제가 발생한다. 기아, 민심의 이반, 집권자에 대한 분노, 희생양의 필요, 그리고 다른 지역에 대한 양곡 대여 요청 및 약탈, 전쟁의 발생 등 다양한 사회적 혼란들이 발생한다.

이런 사회 문제들에 대한 하나의 완충 장치가 광활한 경작지를 미리 확보해 두는 것이다. 이러한 준비성이 한편으로는 영토 확장 전쟁으로 이어지고, 한편으로는 협상 등의 기제가 작동한다. 동시에 전쟁 대비의 다양한 제도적 장치가 구축된다. 전쟁은 군사력을 필요로 하며, 군사력은 국가의 전투력을 강하게 함과 동시에 내부적으로는 피지배자를 공고하게 지배하는 지배 구조를 더욱 탄탄하게 해 준다.

자연 풍토와 문화적 관습에 따라 군사력과 농경 방식을 중심으로 다양한 국가 형태가 나타났다. 제국주의, 전제 국가, 절대 왕권, 봉건 영주 등 다양한 모습을 열거할 수 있다. 농경 사회에서의 성공은 토지를 장악한 조직의 최상층부로의 진입이다. 즉 권력을 장악하느냐 못하느냐가 성공과 실패의 기준이다. 그 다음의 성공 형태는 최고 권력자의 가까이 다가가는 것이다. 조직의 상층부를 장악하려는 집단 행태로 인하여 당파적 결속이 생겨나고 당파끼리의 갈등과 알력의 투쟁 양상이 전개된다. 무엇보다 출생으로 인한 신분이 곧바로 사회적 성공과 실패의 바탕이 되며 이러한 출생 신분은 평생에 걸쳐 그 사람을 구속한다. 출생 신분에 의하여 사회적 조건이 결정되기에 계층을 뛰어넘는다는 것은 거의 불가능에 가깝다. 간혹 절대자의 기적적 은총, 체제 전복, 권력 장악, 혁명 등을 통하여 계층을 초월하는 경우가 있어도 역사상 그러한 사례는 많지 않다.

권력과 부의 분배 방식은 피라미드 위계 질서에 따라 역(逆) 피라미드 형태로 분배된다. 대개 생산자와 소유자가 분리되는 형태에서 생산자는 분배에서 소외되는 것이 일반적이다. 피지배 상태에 처하여 있는 사람들은 대체로 분배 정의에서 소외되는 양상이다. 이것이 사회적 불만으로 누적되어 폭발하게 되면 새로운 사회 변혁의 요인이 되기도 한다. 시간 관념은 해 뜨면 일하고 해지면 일을 멈추는 자연의 리듬에 따르는 자연적 시간이 지배적이다.

산업 사회(industrial society)에서의 핵심은 자본력, 노동력, 기술력이다. 국가 권력은 이를 장악하여 이끌고 가기도 하지만, 자본가의 세력이 강하면 자본가의 이해 관계에, 노동자의 세력이 강하면 노동자의 이해 관계에, 기술력이 강하면 기술의 변화 속도에 적응하면서 행사되는 수동적인 특성을 보이기도 한다. 자본이 중심이 되어 국가 권력이 형성되는 것이 자본주의이며 노동력이 중심이 되어 국가 권력이 짜여지는 것이 공산주의와 사회주의이다. 산업 사회에서의 대응은 기계적 대응이다. 기계란 도구와 달리 스스로 작동하는 다양한 메커니즘이 결합된 형태이기에 기술력이 복합적으로 응용된 기계의 종류에 따라 공장 구조와 사회 풍토가 바뀐다. 좋은 기계를 창안하여 좋은 상품을 많이 생산하고, 자본 이윤 획득을 최대화하려는 것이 산업 사회의 핵심 활동이므로 이런 기계의 구조에 효과적으로 적응하는 것이 산업 사회의 대응 방식이다.

활동 형태는 공장에서 물건을 생산하기 위하여 고안된 공장 구조와 작업 질서의 규칙 속에서 이미 계약한 계약 내용에 따라 공장 감독의 지휘·통제를 받는 방식이다. 접근 방식은 자본 투입과 그 이윤 크기, 새로운 상품의 개발, 노동자의 작업 능력 제시, 인정, 작업 성과도 등의 인과적 관계를 파악하여 여기에 적절하게 접근하는 방식이다. 활동의 준거 기준은 고용자와 피고용자 간의 계약 내용이다. 고용자는 이윤 확보의 기본 목적을 달성하기 위하여 조직 내부의 규칙에 따라 피고용자를 감시·감독하고 통제한다. 피고용자는 지불한 노동의 양과 질에 걸맞은 보수를 받기 위하여 결속하고 투쟁하는 활동 형태를 보인다. 이 경우 고용자나 피고용자는 기본적으로 적대적 관계에서 상호 교환 법칙에 따른다. 하기에 자본, 노동력, 이윤 간의 인과 관계를 파악하여 적절한 통제

기준을 설정하여 생산성을 높이고 이윤 극대화를 꾀하여야 한다.

조직 형태는 이윤을 극대화시키고 이익을 추구하는 공장 조직의 바탕 위에서 나타난다. 이 조직 형태를 기본으로 하여 일정한 사회 형태가 나타나고 여기에 대응하는 국가 체제도 모습을 드러낸다. 조직의 관계는 수직적 관계이며, 조직 내에서는 고용주와 피고용주 간의 교환 법칙에서 발생된 상호 대립적 감시·감독의 긴장 관계가 지속된다. 대립적 감시·감독 구조는 사회와 국가 체제에도 영향을 미쳐 이원적 국가관을 형성한다. 산업과 권력의 기반은 자본, 자원, 상품, 공장, 노동력, 외교력, 군사력 등이지만 대립적 권력 관계의 양상은 피할 수 없다.

국가 권력의 기원에 대한 논의가 다양하게 전개되는 와중에서 산업 사회가 등장하였고, 지역별 산업 구조의 특성들도 나타났다. 나아가 자본주의, 전체주의, 절대주의, 사회주의, 공산주의, 민주주의 등 다양한 이념의 국가 형태도 국가 권력을 장악한 집단의 의지에 의하여 태동하였다.

산업 사회에서의 성공의 척도는 자본력의 소유와 가동 정도이다. 신분과 자본력의 유무에 따라 실질적인 귀족, 가난한 귀족, 신분은 시민이지만 생활은 귀족인 부르주아, 평범한 시민, 자산이 없는 프롤레타리아 등 다양한 사회 계층이 나타났다. 넉시(Ragnar Nurkse)가 『빈곤의 악순환』에서 지적하는 바와 같이 무산자가 성공하는 확률은 높지 않다. 열심히 노력하여 성공한다고 하여도 최소 30년에서 80년 정도의 세월이 걸린다.

산업 사회에서의 분배 방식은 토지, 자본, 원료, 노동 투입에서 발생한 이윤을 분배하는 방식이다. 대개 노동에 대한 자본의 착취적 분배 형태가 나타나며, 이것이 사회적 갈등의 핵심 요인이다. 대부분 폐쇄된 조직(closed organization) 형태에서 조직의 외곽 또는 하위층, 무산자 상태에 처하여 있는 사람들은 이 분배 과정에서 제외되었다.

산업 사회의 시간은 인위적 시간이다. 산업화의 초기에는 개인적 차이에 따라 무제한 노동력을 투입하는 형태였고, 이 과정에서 심각한 노동 착취 현상이 발생하였지만, 산업화가 진행됨에 따라 자연의 시간에서 일정한 형태로 문명의 시간으로 변화되었다. 노동 운동의 결과 9시에 출근하고 6시에 퇴근하며, 초과 시간제를 도입하는 등의 일일 근로 시간 형태가 정하여졌다. 이런 공장 시간 기준에 따라 학교, 회사, 공조직 등 사회의 일반적 시간 개념이 정착되었으며, 단위 시간당 생산량을 극대화하는 것이 시간 관리의 주요 관심 사항이었다.

정보화 사회(informational society)[3]의 산업 핵심은 아직 명확하게 설명되지 않고 있다. 일반적으로 정보 기기의 하드웨어(hard ware)와 이를 운용하는 소프트웨어(soft ware)가 결합되어 정보, 지식, 이미지, 문화 등 제반 사물들을 상품으로 변용시켜 거래되는 사회를 지칭하지만 산업의 핵심 내용은 운용과 응용의 관점과 기술에 따라 무궁무진하기 때문에 정보화 사회의 산업 핵심을 명확하게 규정하기가 어렵다.

접근 형태는 대상 인물 및 사물에 대한 의식적·의도적 접근, 이미지 가공, 효과적인 표현과 확산, 필요한 매체 및 인간 간의 교류, 지속적인 감동, 필요한 항목 간의 조합 등의 다양한 형태들이 창출된다. 대응 방식은 전체 네트워크 조직 속에서 맡아서 처리하여야 할 핵심적 직무 내용을 정확하게 파악하여 신속하게 전문적으로 처리하여야 한다.

정보화 사회에서의 활동 형태는 정보 수집, 정보 응용 활동이다. 특히 인터넷 및 DMB(Digital Multimedia Broadcasting)의 상용화로 개인들이 필요로 하는 정보에 실시간으로 쉽게 접근할 수 있는 상황에서 정보 수집 가공 활동은 새로운 직업과 일자리를 만들어 내는 중요한 기반이라 할 수 있다.

정보화 사회에서의 개인 활동의 준거 기준은 수렵 채취 사회에서와 마찬가지로 정보의 바다, 사이버 숲속을 헤매면서 필요한 정보를 찾아서 활

3) "정보 사회(information society)를 사회에서의 정보의 역할을 강조하는 사회라고 한다면, 정보화 사회(information society)는 20세기 후반에 나타난 신기술 조건 때문에 정보 생성, 처리, 전송이 생산성과 권력의 근본적인 원천이 되는 사회조직의 특별한 형태의 속성"이라고 카스텔(2003: 45)은 구분하고 있다.

용하는 개인적 판단에 의존하는 경향이 강하다. 개별 사안에 따른 계약, 정보 및 사람들에 대한 접근 결과의 효과성 등이 주요 활동 기준이다.

조직 형태는 임시조직, 특별조직, 일시조직, 네트워크 조직 등 추구하는 목적에 따라 다양한 유형으로 만들어진다. 정보화 사회의 조직은 영구적이지 않고 목적과 필요에 따라 만들어졌다가 소멸하기도 하는 한시조직의 성격이 강하다. 조직 형태는 각자의 전문 지식과 기능의 결합을 필요로 하는 정보 사회의 특성상 대등한 관계로 조성된다. 조합과 결합의 특성으로 연결되는 산업 형태로 특정인이나 특정 조직이 헤게모니를 장악하는 경우가 발생하는 경우는 드물다. 따라서 조직 관계는 정보 공유의 친교 관계가 주류를 이루고 필요한 경우 결합되었다가 목적 달성의 임무가 완결되면 해체되는 결합과 해체의 풍토가 자연스럽게 조성된다. 산업과 권력의 기반은 정보·지식의 창출 소유 활용 능력 등이다. 특히 정보, 지식, 문화, 콘텐트를 개발하여 저장하고 이를 소비자에게 직접 알려서 연결하는 정보 가공 및 이를 저장 활용할 수 있는 데이터베이스(database)가 핵심이다.

정보화 사회는 국가 간 교류가 일상화됨에 따라 세계주의의 특성을 가지지만 동시에 민족주의, 국가주의의 특성이 나타나기도 한다. 정보화 사회에서의 성공은 사람들이 필요로 하는 정보를 얼마만큼 많이 가지고 활용하느냐 하는 것이다. 하나의 사실(facts) 또는 자료(data)는 정보(information)와 쓰레기(wastes)의 양면성을 가지고 있다. 필요로 하는 수요자(clients)가 그 사실 또는 자료를 필요한 것이라고 인식할 때 그것은 정보가 되지만, 필요 없는 것이라고 판단할 때는 쓰레기가 된다. 일단 사실이 정보로 인식되고 많은 수요자가 그것을 필요로 하며 이를 무한정하게 제공하는 것이 가능해질 때 정보는 실질적인 수익(income)으로, 영향력(influence)으로, 권력(power)으로 확대된다. 이처럼 정보가 새로운 가치(value)로 급격하게 변화되는 아주 짧은 변화의 시기를 극변점(tipping point)이라고 하는데, 정보화 사회에서의 성공과 실패는 바로 이 극변점에서 정보를 극대화시키느냐 시키지 못하느냐에 달려 있다. 이 때문에 성공의 기간이 오래 걸리지 않고 수렵 채취 사회에서와 마찬가지로 순간적이다. 성공과 실패에 소요되는 기간은 보통 3개월에서 1년 정도가 걸린다. 산업 사회에 비하여 성패의 귀결이 비교적 빠르고 정확하게 나타난다.

정보화 사회의 분배 방식은 협동적 역할에 따른 기여도에 따라 기능적으로 분배하는 방식이다. 정보 공유와 자기 역할이 있으면 충분한 보상을 받지만 필요로 하는 주요한 정보 제공이나 조직이 필요로 하는 역할을 기대 수준만큼 해내지 못하면 분배 과정에 참여하지 못하게 된다. 미래의 일자리 창출은 구체적 질료(質料, goods & facts)를 자료(資料, data)로 가공하고 정리하여 체계화시키고, 이를 이미지화하여 널리 알림으로써 최종 소비자에게 효과적으로 전달하는 이런 일련의 과정에서 찾아내야 한다.

일자리 창출의 핵심은 부가가치 창출(거품 부풀리기)의 과정이다. 국가의 기능은 이 거품을 오래도록 견고하게 지키는 것이다. 정보화 사회에서는 이익 확대와 이익의 합리적 분배를 목표로 하지만 정보가 차단된 계층은 이 과정에서 철저하게 소외되는 위험이 있다. 정보 시대의 시간 관념은 주관적이며 극초 단위의 정보 전달 크기가 평균적 시간 관념에 우선한다.

2. 미래의 직업

미래의 정보화 사회에 대한 상반된 견해가 있다. 낙관론적 시각과 비관론적 시각이 그것이다.

낙관론적 시각의 공통점은 정보화 사회가 되면 모든 사람들이 혜택을 본다는 관점이다. 정보화가 진행되면 경제, 정치, 사회, 개인의 삶, 자아 발견 등 다양한 측면에서 획기적인 진전과 풍요로움이 달성될 수 있다는 것이다.

먼저 경제적인 측면을 보면, 자본주의 방식은 무수한 결함을 내포하고 있는데, 정보화가 진전되면서 이러한 결함들을 보완할 수 있을 것이라는 관점이다. 소수에게 집중된 부의 편중 현상, 착취 구조, 획일화, 표준화, 재벌에게로의 자원 집중과 문어발식 팽창 등 독재적인 요소들은 정보화 수준이 높아지면서 상당히 억제될 수 있다는 견해이다.

정치적인 측면에서 보면, 권력에 대한 접근 통로가 비교적 쉬워지고, 참여가 확대되며, 권력 분산을 촉진하고, 정치 권력의 투명성을 제고하여 독재 권력의 출현을 방지할 수 있고, 민주주의를 진작할 수 있다는 것이다.

사회적으로 보면, 사회 전반의 창의력을 증진시키고, 다원적 가치 속에서 평등한 사회 생활을 구축하고, 공공선을 가져오며, 사이버 시민단체의 활동을 통하여 바람직한 사회 풍토를 조성할 수 있다는 것이다.

개인의 발전과 자아 발견의 측면에서 보면, 시간과 공간의 소모 없이 인터넷이 연결된 곳에서 세계의 정보를 수집하고, 필요한 지식과 사업을 할 수 있으며, 다양한 사람들과 사이버상에서 접함으로써 많은 영역 속의 자아를 충실하게 구축하여 나갈 수 있다는 것이다.

비관론적 시각은 정보 사회에서 혜택을 누리는 자들은 극히 제한된 소수라는 것이다. 자본, 지식, 정보 기술 웹 사이트 운영자 등 소수의 인물들만 정보화의 경제적 이윤 혜택을 누리고 절대 다수는 빈곤 상태로 전락한다. 인터넷에 연결하여 실질적 수익을 누리는 자는 소수에 불과하고 불특정 다수는 인터넷 사용료 지불에 급급하게 된다. 정보망을 통한 재벌의 대중 통제가 가능하며, 자본의 집중이 가속화된다. 정치 권력의 측면에서 보면 여론몰이를 통한 대중 선동이 가능하게 되어 사이버상의 중우정치(衆愚政治)를 조작한다. 정보 과잉으로 많은 정보가 유통되지만 정작 필요한 정보는 접할 수 없는 정보 왜곡 현상도 심화된다.

사회적으로 보면, 부유하고 교육을 받은 일부 계층은 정보화를 통한 직업이나 레저에서 새로운 선택과 새로운 기회를 마음껏 누리는 경이로운 세계를 경험할 것이지만, 기술이 없고 정보화 사회에 효과적으로 적응할 수 없는 최종 소비자(end user)로서의 보편적인 사람들에게 정보화 사회는 매월 꼬박꼬박 정보 고속도로의 통행세를 내지 않으면 안 되는 기술과 전문 용어로 포장된 새로운 암흑 시대일 따름인 것이다. 개인적으로는 정보 중독으로 인간은 기계의 노예가 되고 잡다한 쓰레기 같은 정보에 오염되어 개인은 오히려 자아 정체성의 혼란을 일으킬 수 있다. 이런 지적들이 정보화 사회를 비관적으로 보는 견해들이다.

이런 부분 외에 정보화 사회가 가져올 상반된 추세는 지구촌 구석구석에서 상호 이율 배반적 모습으로 다양하게 나타나고 있다. 예컨대 지구화와 지역화,[4] 국가 중심과 지방화, 네트워크 사회와 개인적 자아, 서류 없는 사무실 구현과 종이 생산량의 폭발적 증대 등 상반된 모습들이 나타나고 있다.

이런 인식 속에서 대체로 예측되는 미래의 추세는 다음과 같다.

정보화 사회를 촉진하고 있는 세계 기술 혁명의 핵심에는 정보 처리 기술과 커뮤니케이션 기술이 자리잡고 있는데, 전자 공학 및 정보 처리 관련 지식과 기술의 발달이 필요하고, 이런 상황은 지속될 것이라는 전망이다. 이런 바탕 위에서 생명공학, 유전자 기술, 나노 엔지니어링, 양자 물리학을 기반으로 한 우주 기술의 방향으로 기술혁명은 전개될 것이다. 기술 변화에 따라 사람들의 적응 방식도 변화될 것이고, 사회 생활과 국가 모습도 변모될 것이다. 예컨대 자본 투자의 측면에서 보면 글로벌 자본이 세계 자본 시장을 통하여 다양한 사업들에 투입되어 증식되어 갈 것이다. 국가 간 상호 의존성이 증가함에 따라 투자자의 입장에서 보면 위기와 기회가 극단적으로 교차되는 소용돌이가 예측되며, 이런

4) 북미자유협정(NAFTA), 남미공동시장(MERCOSUR), 아시아태평양 경제협력 체제(APEC) 등 지역화된 지구적 경제 개념이다. 지역 내에서는 관세를 동질화시키면서 지역 외에는 무역 장벽을 유지하는 지구적 무역 시스템이다.

자본 시장의 소동돌이에 부침하면서 성장하는 국가와 정체되는 국가의 구별이 완연해질 것으로 보인다.

물리적 공간 속에서의 시장보다도 인터넷이나 방송을 통한 시장 구조가 무수히 생성되고 가상 공간 시장의 규모가 크게 확장될 것이다. 고전적 가치 기준의 예측보다도 정치적 이슈, 드라마, 영화, 가요, 쇼 등에 의한 일시적 흥분 상태가 카오스적 변수가 되어 새로운 경향을 주도하거나 그런 소용돌이 속에서 권력과 부(富)가 부침(浮沈)하는 현상을 보일 것이다. 예측 가능한 유행보다 그 시대의 경향을 반영하는 핫 이슈(hot issue)가 불특정 다수의 관심과 유행을 불러일으킬 것이다. 이런 유행의 경향(trends)은 결국 상징성(symbolizing), 이름(naming), 적시성(timing)의 결합을 요구하고, 이러한 경향의 요구에 반응하느냐 그렇지 않느냐 하는 것이 미래의 성공과 실패의 요인이 될 것이다.

정보화 사회에서의 신경제의 주제는 생명공학, 정보 기술, 정보화이다. 정보화는 경제, 지식, 문화, 조직, 제도 등 사회의 전반적인 면에 지속적으로 영향을 미치는만큼 정보화를 산업 내용에서 빠뜨릴 수는 없다. 경제 활동은 국제화되어 다국적 기업과 국제 생산 네트워크 환경 속에서 이루어진다. 노사 투쟁에서 노사 협력의 풍토가 조성되지 않으면 국제 경쟁에서 생존하기 어렵고, 노동 역시 전문화된 숙련 속에서 다기능적 기능을 수행하여야 한다. 이런 기반 위에서 희망적인 산업과 그렇지 못한 산업이 전망된다.

전망이 있는 산업으로 서비스업을 들 수 있다. 예컨대, 신용카드, 신용관리 회사, 증권사, 상품중개사, 통신사, 건설업, 교육 관련 산업, 아동보육서비스업, 의료복지서비스업, 컴퓨터 관련 산업, 전자, 게임, 디지털, 여행 산업 등이 유망하다.

다음으로 사람의 몸에 관련된 건강과 뷰티 산업이다. 건강 관련 산업으로 의약품, 건강 보조 기구, 건강 관련 먹거리 산업 등이다. 뷰티 산업으로 메이크업, 피부관리사, 몸매관리사, 다이어트관리사 등을 들 수 있다. 관광레저 산업으로 테마파크, 체험적 여가 보내기, 레크리에이션, 카지노 산업 등이 있다. 기타 유망 산업으로 운송, 물류산업, 유지보수업, 금융 서비스업, 산업기기 리스업, 인력공급업 등도 유망하게 보인다. 즉 건강 및 교육뿐만 아니라 생산자 서비스 역시 비율상에서는 고용 성장을 유도할 것이며, 또한 절대적 수치도 증가할 것이다. 소매 고용과 서비스 고용은 새로운 경제에서 저숙련 활동층을 계속 팽창시킬 것이다(카스텔, 2003: 303). 에너지는 석유·가스 등 화석 연료를 사용한 에너지가 아니라 태양 및 환경 친화적인 에너지 산업이 유망하다.

전망이 어두운 산업으로 먼저 농업, 임업, 제조업을 들 수 있다. 수산업, 광업, 사무보조업, 인쇄업, 텍스타일, 패션, 의류업 등도 전망이 밝지 않다. 농업 고용은 점차 소멸한다. 제조업 고용은 아주 느린 속도이긴 하지만 기능 및 공학 작업장의 핵심만 남긴 채 계속 쇠퇴할 것이다. 제조 생산을 통한 대부분의 고용 효과는 제조업을 위한 서비스로 이전될 것이다.

제 3 장
국 가 론

제 1 절　국가론의 연구 경향 / 99
제 2 절　국가의 기원에 관한 논의 / 102
제 3 절　서구의 국가 일반론 / 123
제 4 절　마르크스주의 국가 이론 / 144
제 5 절　그람시의 헤게모니적 국가 이론 / 163
제 6 절　마르크스주의에 대한 평가 / 168

제 3 장

국 가 론

제 1 절 국가론의 연구 경향

국가에 관한 논의는 시대 상황, 관심 사항과 관점, 연구 분석의 틀, 사상과 이념, 학자들의 성장 및 활동 배경, 전공 분야, 연구 사례 등에 따라 다양하다.

초기 농경 사회에서는 영토와 국민 중심의 질서 유지 국가론이 대두되었다면, 17~18세기부터는 주로 군주와 국민들 간의 주권 소재 문제가 거론되었다. 그러나 국가에 대한 본격적인 논의는 19세기에 접어들어 산업 사회가 급속하게 진행되면서 시작되었다. 연구 경향은 주로 국가 구조, 제도, 이념의 측면에서 국가를 살펴보는 베버주의자, 국가를 지배 계급의 도구로 인식하는 마르크스주의자의 국가 이론이 주류를 이루었다. 이들의 국가 이론이 나타난 이후 국가의 존립 의의 및 그 기능에 관한 다양한 논의들이 제기되었다.

제2차 세계대전 이후 국가에 관한 논의로 네오 마르크스주의 국가 이론, 네오 베버주의 국가 이론, 제3세계의 국가 이론으로 대별할 수 있다.

네오 마르크스주의 국가 이론에 해당되는 것으로 밀리밴드(Ralph Miliband)가 대표적인 학자로 되어 있는 마르크시스트 도구주의(道具主

義, Marxist instrumentalism), 그람시(Antonio Gramsci), 알튀세르(Louis Althusser), 폴란차스(N. Poulantzas)가 주도하는 마르크시스트 구조주의(構造主義, Marxist structuralism), 루카치(Georg Lukacs), 마르쿠제(Herbert Marcuse), 하버마스(Jürgen Habermas)가 대표적인 학자인 헤겔리안 마르크시즘(Hegelian Marxism)의 국가 이론 또는 프랑크푸르트 학파(Frankfurt School), 오페(Claus Offe), 에스핑-앤더슨(Gosta Esping-Anderson), 프리들랜드(Roger Friendland), 라이트(Erik O. Wright), 오코너(James O'Connor) 등이 포함된 국가와 계급 투쟁론(state and class struggle), 알트파터(Elmar Altvater), 뮐러(Wolfgang Müller), 노이쉬스(Christel Neusüß), 히르쉬(Joachim Hirsch), 블랑케(Bernhard Blanke) 등이 주장하는 국가도출론(state derivationist theory), 월러스타인(Immanuel Wallerstein)이 주장한 세계체제론에서 본 종속국가론(dependent state theory) 등이 있다.

네오 베버주의 국가이론에 해당되는 주장들은 크래스너(Stephen D. Krasner)로 대표되는 국가 이념(state ideology) 혹은 국가이익론(national interest), 카첸스타인(Peter J. Katzenstein), 자이스만(John Zysman), 존슨(Chalmers Johnson) 등이 주장하는 국가구조론(state structure), 구르비치(Peter A. Gourevitch), 로고스키(Ronald Rogowski), 해거드(Stephan M. Haggard) 등이 주장하는 지배연합(rulling coalition) 혹은 사회연합(social coalition), 레이크(David Lake), 스클라(Richard Sklar) 등의 국제 체제의 관점에서 본 국가의존 관계이론 등이 있다.

제3세계의 국가론으로는 오도넬(Guillermo A. O'Donnell)이 제안한 관료적 권위주의 이론(bureaucratic authoritarianism), 스테판(Alfred Stepan), 슈미터(Phillippe Schmitter), 위아르다(Howard Wiarda), 콜리에르(David Collier) 등이 주장하는 국가조합주의론(state corporatism), 알라비(Hamza Alavi), 사울(John S. Saul)의 사례연구에서 도출한 과

대성장국가론(over-developed state), 우리 나라의 사례에서 본 김석준의 신중상주의 안보국가론, 김광웅의 관료적 발전주의, 박광주의 집정관적 신중상주의 등이 있고, 기타 국가독점자본주의론, 주변부자본주의론, 신식민지국가독점자본주의론, 신식민지반봉건사회론 등이 있다(강민·김석준 외, 1991: 45-55).

국가에 대한 기존 연구 경향은 주로 국가 권력이 행사되는 절차와 과정(정부의 형태, 행태 중심), 권력을 행사하는 사람의 숫자, 즉 권력 집단의 크기와 특성(민주제, 독재정, 군주제, 귀족제 등 제도 중심), 정부를 어떻게 운영하는가 하는 것이 정부 운영 방식(의회의 존재, 삼권 분립) 등에 치중하였다. 예컨대 기존 연구 방식을 자동차로 보자면 자동차의 구조, 운전사 교체 등에 주된 연구 관심을 두었다.

하지만 최근의 연구 경향은 권력 행사 대상이 누구인가, 권력이 누구의 이익을 위하여 발동되는가, 권력의 수혜자는 누구이고 피해자는 어느 집단인가 하는 것 등의 내용에 초점을 두고 있다. 아울러 국가 권력 형성과 발동에 대한 시민 집단 및 시민 사회의 관여도, 권력 생성의 경제적 토대 관계, 사회적 변화와 이런 변화에 능동적으로 적응하는 방식, 국가와 사회의 불가분성의 강조 등이 연구의 경향이다. 다시 말해, 자동차가 가는 길, 도로에 더 많은 관심을 기울이고 있다. 즉 국가에 관한 연구의 중심 과제가 초기에는 국가의 힘(state strength)이었으나, 이후 국가의 상대적 자율성(relative state autonomy) 및 국가의 기능과 역할(state function & role)에 대한 연구가 활발하였고, 최근에는 국가의 능력(state capacity)에 대한 것으로 연구의 관심 사항이 바뀌고 있다. 하지만 여기서는 이 모든 경향을 살펴보는 것이 아니라 다만 국가를 이해하는 데 필요하다고 생각되는 몇 가지 관점을 소개하는 데 그치고자 한다.

제2절 국가의 기원에 관한 논의

수렵·채취 시대에는 생존 생산 수단인 수렵·채취의 특성으로 말미암아 국가의 개념은 없었다. 다만 모계 혈연 중심의 무리 생활로 군거(群居)하였을 것으로 추정된다. 모계 혈연 중심의 무리 집단이 이동 생활을 바탕으로 하는 유목 생활 형태로 진입하면서 초기의 공동체 생활이 나타났을 것으로 보인다. 이 유목 공동체의 생활이 지속되면서 혈족, 씨족, 부족으로 집단화되는 현상들이 나타났다. 이 유목 공동체 생활 속에서 개인은 개개인의 자아를 지키려는 타인에 대한 경계 의식과 동시에 타인과 함께 협력을 도모하여야 하는 협력 생존 의식을 내적으로 체득하게 된다. 그리고 유목 공동체 생활 속에서 인간은 집단 의식과 생존 터전으로서의 토지 공간에 대한 인식을 분명히 하게 된다. 즉 일차적으로 혈연의 집단성, 천지를 주재하는 보이지 않는 두려운 힘인 신의 존재와 이에 대한 귀의, 토지 공간과 집단 생존에 대한 비의(秘儀)스러운 관계 의식, 군장(群長)을 내세운 무리 집단의 대표성 형성 등 부족 국가 초기의 모습들을 띠게 된다. 이러한 일련의 과정을 거치면서 무리 집단은 개인 및 집단의 심리적인 안정을 공유하고, 동시에 생활 및 생산 수단으로서의 토지 공간의 중요성을 깨닫게 된다. 즉 무리 집단들이 그들의 생존을 위한 경제적 이해 및 공동 방위의 필요성을 자연스럽게 느끼면서 국가를 형성하였을 것이라고 추정된다. 이러한 몇 가지 국가의 기원에 관한 내용들을 살펴보면 다음과 같다.

1. 전통적 관점

전통적 관점은 신의설(神意說, divine right theory)이 주류를 이룬다. 신의설은 신권설(神權說) 또는 왕권 신수설(王權神授說)이라고도 한다.

국가는 신이 창조한 것, 또는 신의 명령에 의하여 만들어진 것이라는 설이다. 이것은 국가 성립의 기초를 초자연적 존재인 신의 의사에 두고 국민에게 절대 복종을 강요하는 신학적 국가론이다.

신의설에 바탕을 둔 이런 전통적 관점은 전통 사회의 지배적 관념으로 대부분 고대인들이 이런 의식을 가졌고, 일찍 농경 생활에 접어든 동양인들이 대개 이런 관념의 국가 의식을 지니고 있다고 볼 수 있다. 전통적 관점의 국가 이론은 다음과 같은 특징을 가진다.

국가는 불변의 자연적 산물로 함부로 부정할 수 없는 절대적 존재이다. 국가는 절대자인 신의 보살핌 아래에 있으며, 이 국가를 맡아서 다스리는 사람 역시 신으로부터 국가 통치의 권력을 위탁받은 사람이다. 따라서 국민들은 이 권력자에게 복종하여야 하고 충성을 다하여야 한다. 즉 하늘의 뜻이라는 절대절명의 정언(定言)으로 권력의 정당성을 삼는다. 하늘이 절대적인 권력을 영원히 가지고 있고, 하늘의 위임을 받은 천자(天子)는 하늘과 언제나 교류하고 있으며, 천자의 후손도 계속하여 다스리는 권위를 계승받는 것이 당연하다. 나라 사람들이 잘사는 것은 천자가 하늘의 덕을 받아서이고, 나라에 천재지변의 흉흉한 일들이 많이 발생하는 것 역시 하늘의 미움을 받아서이다. 그러므로 천자는 늘 하늘의 뜻에 따르기 위하여 몸과 마음가짐을 가지런히 하고 덕을 베풀어 인간과 만물에까지 미치도록 하여야 한다.

따라서 천자는 보통 사람과는 다른 특출한 존재여야 한다. 하늘에 제사를 지내는 일과 나라를 다스리는 것은 서로 연결되어 분리될 수 없는 엄숙한 통치 행위이다. 제정 일치(祭政一致)로 일컬어지는 이런 통치 행위는 권력을 신비스럽게 만들어 권력 체제를 더욱 공고히 하여 지배 체제를 확고히 하는 데 아주 효과적인 방식이었다. 개인 인격체로서의 절대자인 왕과 그가 다스리는 국가를 동일시하는 이런 신정(神政) 정치는 세속적인 권력과 절대자의 권력을 일치시키는 데 아주 효과적이고 적극적으로 기여하였다. 이러한 인식이 현실 세계에서 확장되어 국가(國家)

는 왕의 개인적 사유물이라는 왕토 사상(王土思想, royal territory)으로 이어진다. 천자의 통치 기능 중 가장 중요한 역할은 치산치수(治山治水)이다.

대부분의 건국 신화에서 나타나는 이런 국가 이론은 초기 농경 사회에서 국가의 질서를 확립하려는 국가 권력 정당성을 옹호하는 내용들이다. 사실 이와 같은 내용들은 농경 사회 국가 질서의 정착에 매우 필요한 것들이다.

농경 사회의 국가에 관한 여러 이론들은 그 내용이 비교적 뚜렷하다. 대개 국가의 영토 영역, 질서 유지 및 정체성 확립이 그 주류를 이룬다. 국가 주요 목적은 풍부한 농산물 생산, 영토 방어와 확장, 권력 장악과 세습이었으며, 이에 필요한 과제는 노동 인력 확보 및 막강한 군사력 유지였다. 농경 사회 속의 개인은 저마다의 공간에서 자유로웠지만 가족이라는 테두리, 지역 사회라는 공동체, 국가 사회라는 터전 안에서 평생을 살아야 하였고, 이들 사회에서 필요로 하는 규범과 질서 의식에서 벗어날 수 없었으며, 이 공동체에 충성을 바치는 것을 당연한 미덕으로 받아들이면서 평생을 살아야만 하였다. 계절의 리듬에 순응해야 하였고, 계절의 순환을 주재하는 하늘은 경외의 대상이었으며, 통치자는 곧 하늘을 대신하여 하늘의 뜻을 집행하는 사람이라는 제정 일치의 인식이 자연스러웠다. 이런 인식은 제정 분리 이후로도 지속되어 왕권 신수라는 통치자 중심의 지배 원리로 확립되기도 하였다. 시대와 국가마다 정도의 차이는 있을지라도 이러한 통치에 대한 인식은 대략 18세기 계몽주의 시대까지 지속되었다.

이 시기의 국가 이론의 내용은 대강 지도자의 덕목, 관리자의 충성과 지혜, 국민들의 선량함이 주종을 이루고, 하늘과 통치자와의 도덕적인 관계, 지배자와 피지배자의 충성 관계를 자연적 질서 개념으로 정립하고 있다. 플라톤(Platon)의 국가론, 유교의 국가질서 규범 등이 여기에 해당된다고 본다.

이런 인식 태도는 지배자의 지배 체제를 구축하는 어용학자(御用學者)

들에 의하여 더욱 정교하게 다듬어져 완성되었다. 나아가 지금도 대부분의 국가주의자들은 이런 국가관을 유지하고 있다. 국가에 대한 맹목적 충성과 국가 통치 질서에 순응하여야 하는 것을 강조하는 경향이 강한 이런 국가 이론은 권력을 장악한 집권 세력들이 국민들의 충성심과 애국심을 조장하여 그들의 집권 수단으로 악용하는 데에 활용되기도 한다.

2. 중세 봉건 사회의 국가관

비록 근대 이후의 국가 이론들에서는 중세 봉건 사회의 국가관을 거의 인용하고 있지는 않지만 오랜 기간 인정받았던 부분도 있으므로 간략하게 살펴본다.

중세 봉건 사회의 국가관은 기독교 질서에 바탕을 둔 것으로 속세와 영적 세계, 지상의 권위는 천상의 권위에 복종하여야 한다는 등의 기본적 개념을 가지고 있다. 하늘과 땅, 신과 인간 사회, 영혼과 육체라는 이원론적 관점으로 기독교 질서에 바탕을 두고 있다. 이원론은 인간이 존재하는 한 영원히 존속될 수 있는 관점이다. 삶과 죽음, 성공과 실패, 승리와 패배, 이(理)와 기(氣), 양과 음 등 존재와 사회의 활동을 이원론으로 구분하여 관찰하면 여기에 부합되는 점들이 아주 많다. 중세 봉건 사회의 국가관으로 아우구스티누스와 토마스 아퀴나스의 국가관을 대표적으로 들 수 있다.

1) 아우구스티누스

성 아우구스티누스(Aurelius Augustinus, 354-430)는 354년에 당시 세계에서 가장 많은 인구와 넓은 영토와 큰 세력을 가진 로마 제국의 관할을 받던 지중해 연안 지방인 북아프리키의 한 부분인 누미디아의 타가스테(Thagaste, 현재는 알제리의 숙크아라스[Souk-Ahras]에서 출생하여 430년 히포(Hippo, 현재는 알제리의 숙크아라스)의 감독으로 역사에 커다란 족적을 남긴 교부(敎父) 중의 한 사람이다.

아우구스티누스는 『하느님의 국가』에서 국가를 천상국과 지상국으로 대별하여 그의 국가관을 전개하였다. 천상국(天上國)은 이념적·정신적 존재로서의 국가이고 지상국(地上國)은 현실적 세계의 국가이다. 이념적·정신적 존재로서의 국가는 이 세상에는 아직 드러나지 않았지만 최후의 심판 이후에 드러날 세계이다. 이 이념적 정신적 존재로서의 신국(神國)은 기독교 가르침에 따라 신실하게 살아가는 데에 존재하는 세계이다. 신국과 반대되는 세계가 지상국이다.

지상국인 현실 세계에는 두 개의 신국 정부가 있다. 하나는 교회이고, 다른 하나는 국가이다. 교회나 국가 모두 신국의 이념을 실현하고자 하는 점에서는 동일하다. 다만 교회가 신국의 이념을 적극적으로 실현하는 곳이라면, 국가는 오염된 현실을 유지시키는 기능을 하고 있다. 따라서 국가는 교회의 지도를 받아야 한다. 즉 지상 국가는 인류의 죄악에 기원한 것이기에 신(=교회)에 봉사함으로써만 죄가 소멸된다고 한다. 국가도 진정한 종교적 신념을 가져야 하며, 궁극적으로는 어떤 형태이든 일종의 교회가 되어야 한다. 그러나 국가가 교회의 지도를 받아야 하지만 국왕과 성직자 간에 주어진 정부 기능은 제각기 동등하다. 이는 교회의 독립성과 국가의 세속성을 똑같이 인정하는 것이다. 교황의 일방적인 우월성을 부인하고 교황과 국왕이 신에 봉사함에 평등하다고 주장하였다는 점이 특징이다.

2) 토마스 아퀴나스

로마 가톨릭 교회의 신학자인 아퀴나스(Thomas Aquinas, 1225-1274)는 이탈리아 로마와 나폴리 중간에 있는 로카세카(Roccasecca)에서 성주(城主)의 아들로 출생하였다. 5세 때부터 몬테카지노에 있는 베네딕트회 수도원에서 교육을 받았으며, 나폴리대학으로 옮겨 아리스토텔레스(Aristoteles)의 철학과 학문 연구를 통하여 도미니코회(會)에 참여하였으며, 사제(司祭)가 되었다. 1252년 파리대학 신학부의 조수를 거쳐 규정에 따라 『성서』 및 『명제집(命題集)』 주해를 마쳐 1257년 신학 교수가 되었다. 1274년 리옹 공의회(公議會)에 가던 도중 포사노바(Fossa Nava)의 시토회(Cistercian) 수도원에서 병사하였다.

아퀴나스는 신이 모든 존재의 근원인 것과 마찬가지로 국가도 그 존립 근거는 신의 뜻이라고 생각하였다. 아퀴나스는 아우구스티누스가 지상국가를 죄악의 국가라는 경직된 관념을 어느 정도 완화하고, 아리스토텔레스의 국가론을 원용하여 지상 국가에도 일정한 권한을 인정하였다. 여기서 아우구스티누스와 그 이론의 차이를 엿볼 수 있다.

아퀴나스는 『군주정치론(*De regimine principum*)』에서 국가란 인간의 본능적 생활에 의하여 자연적으로 발생한 것이지만 교회에 봉사함으로써 그 존재 의의가 살아난다고 하였다. 즉 국가의 주권은 결국에 신의 뜻에서 나온다고 보았다. 교회와 국가는 별개의 존재가 아니라 모두 신의 뜻에 복종하여야 할 사명을 완수하는 기구들이다. 인간의 목적은 자아 실현에 있고, 국가의 목적은 개인들 하나하나의 자아 실현을 모은 공공선의 실현이라고 보았다. 그리고 이 같은 공공선의 실현을 가능하게 하는 것이 개인의 이성과 그것을 지배하고 있는 신의 권위라고 하면서 교황의 우월성을 주장하였다.

3. 사회계약설

사회계약설(theory of social contract)은 국가의 권력이 사람과 사람 간의 계약으로 생겨난다는 논의이다. 국가 권력이 하늘과 절대자인 신에게서 발현되는 것이 아니라 사람 간의 계약을 통하여 비로소 생겨난다는 생각은 왕권신수설의 관점에서 보면 대단히 혁명적인 발상이다. 동시에 권력은 인간 간의 계약에 의하여 발생되기 때문에 권력의 원천인 인간을 바라보는 인간관에 따라 권력 내용이 다르게 나타날 수 있다.

가장 일반적인 인간관이 인간은 근본적으로 선한 존재인가 악한 존재인가 하는 것이다.

먼저 성선설(性善說)로서 자연 상태의 인간은 그 자체가 순수하고 착하다는 관점으로, 여기에는 루소(Jean J. Rousseau), 맹자(孟子) 등의 유가(儒家)의 입장이 있고, 다음으로 성악설(性惡說)로서 인간의 본성은 근본적으로 악하다는 홉스(Thomas Hobbes), 쇼펜하워(Arthur Schopenhauer), 순자(荀子), 이사(李斯), 한비자(韓非子) 등의 법가(法家) 사상의 견해가 있다. 물론 인간은 끊임없이 배우고 익히며 교육을 하여야 한다는 평생 학습과 교육의 관점에서는 성선설과 성악설이 지향하는 바는 똑같다. 성선설의 입장에서는 인간은 근본적으로 선하고 착하지만 사회 생활을 하여 나가면서 착한 본성이 흐려져서 나쁘게 되었기 때문에 끝없이 교육과 자기 수양을 거치면서 본성을 회복하여야 한다는 것이고, 성악설의 입장에서는 인간은 근본적으로 악하기 때문에 지속적인 교육과 훈련이 지속적이고 반복적으로 이루어지지 않으면 안 된다는 것이다.

하지만 인간으로부터 나타난 국가 권력의 차원에서는 인간을 선하게 보느냐 악하게 보느냐 하는 인간관에 따라 전혀 다른 내용으로 나타난다. 즉 인간을 악한 존재라고 보는 홉스의 관점에서는 국가 권력은 신성불가침의 권위를 가지고 악한 인간을 다스려야 한다는 입장이고, 인간을 선한 존재라고 바라보는 루소의 입장에서는 국가 권력은 오히려 인간의 본성을 억압하는 것이기에 타파되어야 하고 인간은 자연으로 돌아가야 한다는 입장이 그것이다. 루소의 경우의 인간 본성은 선량함은 그 자체의 순진무구한 절대적 선이 아니라 비겁하고 벌벌 떨며 도망갈 준비를 하고 있는 나약한 존재로서의 선량함이다(루소, 1974: 46).

이러한 태도는 국가 권력에 개인이 절대적으로 복종하여야 한다는 태도와 국가 권력이 잘못 작동될 때에는 국가 권력에 저항하고, 심지어 국가 권력을 국민들이 도로 가져와 버리는 즉 국가 권력을 해체하여도 좋다는 사상에 이르게 된다. 성악설과 성선설의 차이는 이처럼 국가 권력에 대하여 현격한 관점의 차이를 보이게 된다.

어떻든 사회계약론이 주장됨으로써 인간이 자연 상태 및 왕권신수설의 절대왕권 통치하에서는 제대로 확보할 수 없었던 개개인의 인격, 재산, 정치 권력에 대한 개인의 존립 의미 등이 새롭게 인식되어 이를 보전하도록 하고, 나아가 인간을 억압하는 다양한 이념과 제도로부터 인간을 해방시켜 개개인에게 자주, 자유, 독립을 보장하여 주도록 하는 사상적 계기가 마련되었다. 사회계약론이 제기됨으로써 이후 연결된 산업화 과정에서 왜곡된 국가 권력에 대한 비판적 인식이 체계적으로 제시될 수 있었으며, 민주주의에 대한 논의와 제도적 장치를 마련할 기틀이 되

홉스(Thomas Hobbes, 1588-1679. 영국)의 사회계약론

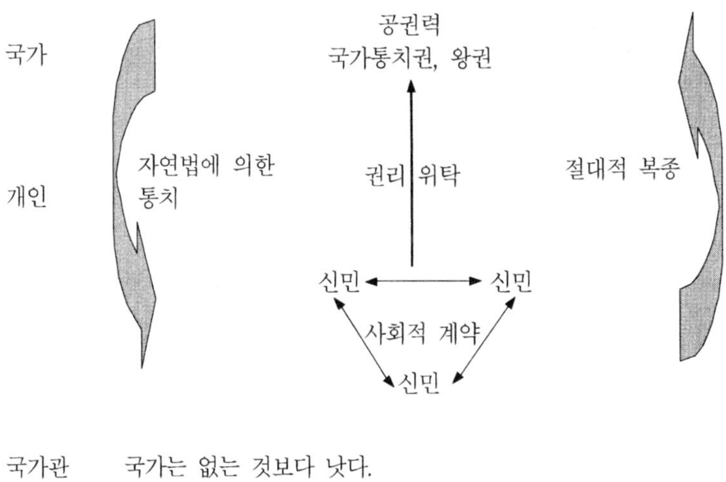

국가관	국가는 없는 것보다 낫다. 국가는 국민이 어느 정도 통제하여야 할 필요악(必要惡) 개인은 국가 권력에 저항할 수 없다.	
국가	공권력	국가는 인조 괴물 『리바이어던(*Leviathan*)』(1651) 이 괴물은 개인의 자유를 극도로 제한 자기 권력을 극대화시킴
개인	성악설	만인은 만인에 대한 늑대 약육강식(弱肉强食), 적자생존(適者生存) 이기적 동기로 공멸 우려

기도 하였다.

사회계약론의 대표적인 인물은 홉스, 로크(John Locke), 루소이다. 여기서는 인물들의 출몰 연대에 따라 홉스, 로크, 루소의 사회계약론을 살펴보기로 한다.

근대적인 사회 계약에 관한 개념은 17세기 중엽 청교도 혁명기의 홉스에 의하여 출현하였다.

홉스는 『리바이어던』(1651)에서 국가라는 인조 괴물인 리바이어던은 자기의 권력을 극대화시키기 위하여 공권력이라는 논리로 개인의 자유를 극도로 제한하려는 경향을 가지고 있다고 말한다. 하지만 비록 부적절한 공권력이라 하더라도 개인은 국가라는 이름을 가진 공권력에 복종하여야 한다. 왜냐 하면, 인간의 본성은 이기적이고 악하기 때문이다. 이런 관점을 가진 홉스의 인간관은 다음과 같다.

홉스는 인간에게 가장 중요한 것은 생명 보존, 즉 자기 보존이라고 보았다. 인간은 자기가 살기 위하여 어떠한 일을 해도 좋으며, 심지어 사람을 죽여도 상관없는 본래부터의 권리, 즉 자연권(jus naturale)을 갖고 있다고 보았다. 이러한 자연권을 가진 인간은 정부, 법률, 타인과의 관계들에서 자기가 지켜야 할 위상을 모르는 백치 상태, 또는 늑대와 같은 동물 상태의 자연 상태이다. 이런 상태에서 저마다의 사람이 각자의 자연권을 행사하게 되면 결국 사람끼리 서로 죽고 죽이는 위험한 상태를 초래하게 된다. 즉 만인의 만인에 대한 투쟁 상태가 되어 인간이 자기를 지키기 위하여 천부의 자연권을 갖고 있다고 하더라도 종국엔 오히려 스스로의 생명을 위험스럽게 만드는 자승자박의 상태에까지 이르게 되는 것이다. 이러한 상태는 인간의 자기 보존을 위한 자연권 행사로 오히려 전멸에 이르게 될 수도 있다.

그러므로 인간은 공멸하지 않기 위하여 각자가 가지고 있는 저마다의 자연권을 포기하고, 각자 가지고 있는 힘을 모아 좀더 큰 집단적 힘, 즉 공권력을 발생시키는 인간끼리의 계약을 맺어 국가 권력을 만들어 내어야 한다.

이 때의 계약(contract)은 권리의 상호 양도를 뜻하며, 권리 인도 이행에 대한 신뢰성을 약속 또는 신약(新約)이라 한다(홉스, 1982: 231). 그렇게 만들어진 힘, 강력한 영향력을 가진 권력을 특정인 또는 소수의 집단에게 위임하고, 권리를 위임받은 자가 권리를 인도하여 준 개개인의 생명의 안전과 자유, 재산권을 보장하여 지켜 줄 수 있는 법률을 만들고, 각각의 개인은 그 법률에 따라 살아감으로써 인간 사회는 평화롭고 안전하게 된다는 것이 홉스의 견해이다.

권리를 인도받은 개인 또는 집단은 주권자가 되는데, 이 주권자는 인민 집합체를 대표하는 인격이 된다. 이 주권자가 갖게 되는 힘이나 권력은 봉건 영주, 교회, 봉건 회의, 길드(guild), 절대 군주의 상위 개념이며, 주권자는 인민의 자유와 안전의 확보를 위하여 주어진 권력을 행사하게 된다. 홉스는 "국가의 목적은 개인의 안전이다"라고 말하고 있다. 이와 같이 국가 권력 행사의 목적은 인민 생명의 안전 확보에 있기 때문에 이러한 목적에 어긋나는 입법은 그 자체가 위반 행위이다. 권리를 위임받은 주권자의 행동은 절대 군주나 독재자처럼 아무런 제약 없이 무한한 것이 아니다. 이것을 홉스는 "시민법은 자연법의 내용에 어긋나서는 안 된다. 위반한 부분은 무효다"라고 말하고 있다. 따라서 주권자의 명령, 즉 법률에 따르는 것이 권리를 위임하여 준 모든 사람들이 지켜야 할 당연한 의무이고, 그럼으로써 계약으로써 만들어 낸 정치·사회의 목적인 평화와 안전을 실현하여 나갈 수 있다.

주권자에게 강한 힘을 부여하고, 인민은 주권자에게 복종하여야 한다는 홉스의 이런 생각은 위임된 독재자를 양성할 수 있는 위험이 있다. 하지만 다수로부터 권리를 위임받아 국가 권력을 만들어 낸다는 주권재민의 위임 권리는 절대 군주의 왕권과는 차원이 다른 주장으로 민주주의 사상의 바탕이 된다고도 볼 수 있다.

홉스가 태어난 해인 1588년 4월 5일, 홉스의 어머니는 스페인의 무적

함대(Armada)가 쳐들어온다는 소문에 놀라 자택에서 홉스를 조산하였다. 물론 이 무적함대는 영군 해군에 대패하여 스페인은 해상권을 상실하였다. 1651년 『리바이어던』이 구상되고 집필되는 기간중의 영국 상황은 종교개혁의 여운, 청교도혁명, 내란, 찰스 1세의 처형, 크롬웰(Oliver Cromwell)의 항해조례 공포, 네덜란드와의 전운(戰雲) 등 혁명과 전쟁의 소용돌이가 끊이지 않는 상황이었다. 이러한 시대적 배경은 홉스의 사상에 지대한 영향을 미치었고, 위임받은 권리를 가진 주권자와 권리를 위임한 신민과의 관계를 재고하지 않을 수 없도록 만들었다고 볼 수 있다.

로크는 신의 피조물인 자연 상태로서의 인간을 가정하고 있다. 이 자연 상태의 인간은 두 개의 자연권을 가지고 있는데, 하나는 개인적 차원에서의 자연권이고, 다른 하나는 대인 관계에서의 자연권이다.

첫째 개인적 차원에서의 자연권은 자신을 지키고 발전시키려는 자연권이다. 이것은 자연법이 허용하는 범위 안에서 자기 자신과 다른 사람들의 생존과 발전을 위하여 적절하다고 생각되는 일은 무엇이든지 행할

로크(John Locke, 1632-1704. 영국)의 경험론

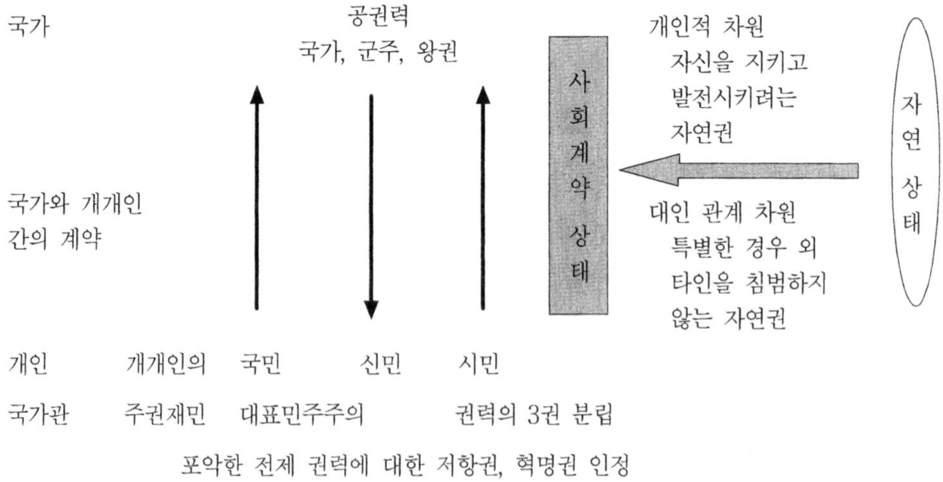

수 있는 권력이다. 하지만 이 권력은 무한정하게 행사될 수 있는 권력이 아니라 공공의 안전과 복지를 위하여 필요한 법을 제정할 수 있도록 일정 부분 양도한 나머지 부분만큼만 행사될 수 있다.

또 하나의 대인 관계 차원에서의 자연권은 특별한 경우 외에 다른 사람을 침범하지 않는 자연권이다. 하지만 만약 자연법을 위반한 범죄자를 붙잡았을 때 부득이 처단하여야 마땅한데 이 경우 개인의 방자한 격정에 따라 처단하는 것은 옳지 못하다. 시민 사회의 안전을 위하여 시민 간의 계약으로 권리를 전적으로 공동체에 양도하여야 하고, 공동체는 이렇게 양도된 권리로써 국가의 공권력을 조성하여 행사한다(로크, 1982: 31-41).

이러한 사회 계약의 상태에서 개개인의 시민들은 범죄를 저지르는 타인들을 처벌할 수 있는 처벌권을 국가에게 위임하게 되는데, 공권력을 위임받은 국가는 자연권을 위임한 시민들을 보호하여야 할 의무를 지게 된다. 하지만 공권력을 위임받은 국가가 자연권을 위임하여 준 시민을 보호하지 않고 전제적 권력으로 시민들을 포악하게 억압하는 일이 생기면 자연권을 위임하여 준 시민들로서는 당연히 위임하여 준 권리를 되찾아 와야 할 이유가 생기게 된다. 이른바 잘못된 권력 행사에 대한 저항권과 잘못된 권력 행사를 하는 주권자로부터 권력을 박탈하여도 되는 혁명권을 갖게 된다.

즉 모든 국가 권력의 원천은 시민에게 있으며, 시민들은 항상 국가 권력 행사를 감시하여야 한다. 특히 로크의 사회 계약은 사람들의 소유권을 지키기 위하여 사회적 계약을 맺고, 이 계약에 따라 정치·사회가 형성되었다고 전제하고 있다. 이런 의미에서 로크는 당시 자본의 창출과 축적에 계속 매진하였던 신흥 시민 계급의 입장에서 사회계약론을 전개한 것이라고 말할 수 있다. 국가의 권력은 법률을 만드는 입법권, 권력을 집행하는 집행권, 대외적 일을 처리하는 연합권이라는 세 가지의 권력을 가정하고 있다. 이를 두고 3권 분립이라고 하지만 집행권과 연합권은 거의 언제나 결합되어 있기에 이것을 행정권으로 묶어서 2권 분립이라고도 한다. 로크는 국가를 안전하게 유지하는 가장 중요한 정치 기관은 입법부이기에, 만약 입법부와 행정부(국왕) 사이에 모순 대립이 생긴다면, 입법부가 행정부보다 우월적 입장에 서야 한다고 하였다. 그리고 혁명권을 가진 시민은 나쁜 정부나 입법부는 바꿀 수 있다고 하였는데, 이는 나중에 의회 해산 제도로 발달하는 계기가 되기도 하였다.

이러한 국가 권력 및 정부의 성립과 변경은 모두 시민의 동의와 계약에 기초하여야 한다는 사상으로, 이후 민주주의 정치 사상 및 의회 민주주의의 논의에 주요한 영향을 미쳤다.

루소에게는 홉스, 로크와 마찬가로 인간이 자연 상태에서 벗어나 자연법에 따라 사회 계약을 맺어 정치·사회를 만들어야 한다는 생각이 없었다. 홉스와 로크가 사회 계약을 통하여 국가 중심의 정치·사회를 이룩하게 되면 인간의 자유와 사회적 평화가 이루어질 수 있다는 낙관론을 제시하였다고 한다면, 그들보다 약 1세기 늦게 태어난 루소는 그렇게 생각할 수 없었다. 그가 살았던 18세기 중엽의 유럽은 오스트리아 왕위계승전쟁, 불안한 왕권, 새로운 사조의 탄생 등 격동의 모습을 보이고 있었다 (Gladen, 1972: 141-187). 그가 살고 있는 프랑스의 경우 자연 상태에서 문명 상태로 변한 것 같았지만 프랑스 봉건 사회는 타락일로를 가고 있는 것으로 보았다. 그는 인간이 만든 정치 체제를 믿을 수 없었고, 따라서 인간끼리의 계약으로 만든 정치·사회는 인간성과는 거리가 먼 내용으로 인간성을 억압하고 불평등을 가속시키는 것으로 생각하였다. 따라서 홉스나 로크처럼 낙관론을 가질 수 없었다. 루소는 『인간불평등기원론』(1755)에서 소유가 소수에 집중되어 있는 대규모화된 농업과 야금, 소수의 공장 소유자가 많은 사람들을 불러모아 물건을 생산하는 구조 안에서 인간은 불평등해지기 마련이라고 하였다. 발명 기술로 인하여 야금(冶金)과 농업은 혁명적인 변화를 초래하였으며, 그것의 소유권을 보장하여 주는 사회 재산 제도가 불균형을 초래하였다고 하였다.

루소(Jean-Jacque Rousseau, 1712-1778. 스위스 태생 프랑스 사상가)의 사회계약론

국가　　　　　공권력

　　　　　　　국가, 군주, 왕권

개인　　　　　성선설(모든 개인은 善하다.)

자연 상태의 개인　　　　　사유재산 불평등

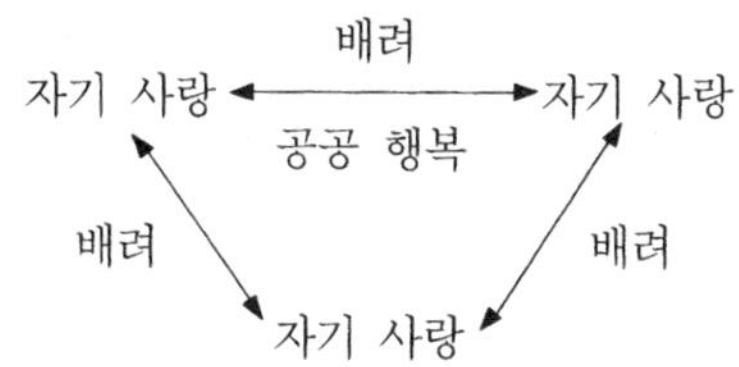

계층 구조
계급 구조
불평등, 불만

이러한 불평등한 처지 때문에 인간은 자유를 잃게 되고, 인간은 가는 곳마다 속박에 묶이게 된다고 『사회계약론』(1762)에서 말하고 있다. 법·제도·전제군주 등은 다수 인민을 억압하기 위한 도구로 작동하기 있기에 이 모든 것들을 파괴하지 않고서는 인민의 자유는 회복되지 않고 평등한 인간 관계도 달성되지 않는다고 루소는 생각하였다. 이러한 생각은 이후 국가 기능에 대한 비판적 검토를 가능하게 하였고, 마르크스주의자의 도구론적 국가 개념에 대한 인식론의 바탕이 되었으며, 오늘날 무정부주의자의 무정부 인식에 영향을 미쳤다고 볼 수 있다.

루소의 이러한 주장은 프랑스의 정체(政體)와 계몽주의 활동의 분위기에 영향을 입은 바가 크다고 볼 수 있다. 루소가 저술 활동을 하던 당시에는 루이 15세의 절대 왕권 체제로 혁명으로써 새로운 체제를 만들어 낸다는 것은 불가능하게 여겨지던 시대 분위기였다. 하지만 계층으로 짜여진 사회적 신분 체제는 모순으로 가득 차 있어서 혁명의 조짐은 차츰 싹트고 있었다고 볼 수 있다. 제1계층은 성직자, 귀족, 왕족, 제2계층은 부르주아지, 제3계층은 평민으로 토지 점유율의 불균형을 살펴본다면, 제1계층은 당시 프랑스 전체 국민 가운데 1~2% 정도였는데, 토지는 70~80%를 차지하고 있었지만 나머지 2, 3 계층의 토지 점유율은 채 20%도 되지 않았다. 이러한 소유뿐만 아니라 기타 다양한 사회의 불만과 내적 모순이 축적되어 혁명으로 치달아 폭발하게 되게끔 분위기가 조성되고 있었다. 동시에 이러한 프랑스 정치 체제의 모순은 계몽사상가들로 하여금 『백과전서』를 간행하게끔 지적 충동을 불러일으켰다. 1751년의 책임 편집자는 프랑스 철학자 디드로(Denis Diderot)였다. 하지만 이듬해 1751년에 정부는『백과전서』발행을 금지하였고, 1772년에야 완성되었는데 루소의 대표적 저서인 『인간불평등기원론』(1755)과 『사회계약론』(1762)은 바로 이 기간중에 발행되었다. 루소는 저서를 통하여 좀더 좋은 정치란 무엇인가를 끝없이 말하면서 인민들을 계몽하고, 프랑스 정치가 좋은 방향으로 나아가도록 노력하였다고 보인다.

루소는 개인의 자유와 이익, 공공의 자유와 이익이 동시에 존재하면서 서로 조화하거나 또는 충돌을 일으킬 수 있는데, 시민들은 시민 상호간 계약을 맺어 '일반 의지'를 갖는 정치 사회 체제를 확립하고, 이런 '일반 의지'에 의하여 만들어진 법률로써 정치를 실시할 것을 제안하였다. 루소의 이 '일반 의지'가 형성된 정치 사회가 바로 홉스가 말한 '주권', 즉 공동의 힘을 갖는 국가, 로크가 말한 커뮤니티(정치 사회)에 해당하는 것이라고 생각할 수 있다. 하지만 홉스의 주권자는 한 사람 또는 소수의 집단으로 구성되는 것에 비하여, 루소는 주권자의 개념을 계약 당사자의 전원 의사라고 말함으로써 국민 주권주의의 의미를 더욱 분명하게 드러내었다. 로크는 입법부에 주권이 있다고 하였으나, 루소는 영국 의회는 국왕과 상원은 비(非)민선, 하원은 제한 선거에 의하여 선출된 의원으로 구성되어 있으므로 올바른 민주주의가 아니며 "영국 국민은 선거 때만 자유롭고, 그 밖의 경우는 노예 상태에 있다", "일반 의지는 대행되지 않는다"라고 하면서 영국의 정치를 비판하였다. 하지만 루소는 대의제를 부정하고 직접민주제를 주장하지는 않은 것으로 보인다. 루소도 직접민주제는 현실적으로 불가능하기에 대의제적 정치 체제는 불가피하지만 다만 일반 의지가 인민들의 의사를 충실하게 반영할 수 있도록 하여야 한다는 주권 재민 의지를 강조한 것으로 보아야 한다.

이 밖에도 루소는 평생 동안 많은 저서로써 광범위한 문제를 논하였지만, 루소의 일관된 주장은 '인간 회복'이었다. 루소는 인간의 본성을 자연 상태에서 파악하려고 하였다. 인간은 본래 자연 상태에서는 자유롭고 행복하고 선량하였지만, 인간 자신의 손으로 만든 사회 제도나 문화에 의하여 부자유스럽고 불행한 상태가 되었으며, 사악한 존재로 되었기 때문에 다시 자연 상태의 참된 인간의 모습을 발견하여 인간성을 회복하지 않으면 안 된다고 하였다. 루소는 이런 관점으로 당시 프랑스의 사회나 문화가 인간 본래의 모습을 손상시키고 있다고 비판을 하였으며, 이런 그의 사상은 현대의 여러 국가 이론에 영향을 미치고 있다.

이상의 사회계약설의 의의를 요약하면 다음과 같다.

절대적 권력을 가진 교회와 봉건 영주의 체제에 대립된 근대 국가에 대한 개념이 싹트기 시작하였고 그 중심에 주권론(主權論)이 있다. 홉스, 로크, 루소가 주장하였던 사회계약설(社會契約說)도 자연적 주권을 그 핵심으로 하고 있다. 이 자연적 주권은 절대적 권력에 예속되어 있는 개인을 전제로 하는 것이 아니라 억압적 국가 권력으로부터 해방된 개체적 시민, 자연 상태에서 불가침의 권능을 가진 시민을 전제로 한다. 이들의 계약에 의하여 국가가 형성된다는 논리를 그들은 주장하였다. 그렇기 때문에 사회계약론은 국가 권력을 절대시하면서 국민들을 국가 권력에 맹목적으로 귀속시키는 국가 지상주의에 대하여도 비판적 논의를 제공하는 기반이 된다.

국가 지상주의의 작폐는 자본주의의 후발 주자로 부상된 독일이나 일본이 미국과 유럽 선진 제국을 따라가기 위하여 부국강병책을 획책하면서 국가 주도형의 정치·경제 체제를 추진하여 나가는 중에 개개인의 자유와 인권을 극심하게 억압한 사례에서 무수히 발견할 수 있다. 국가 지상주의는 자국 국민들을 집단적 환상 속으로 몰아넣어 국수적 우월

의식으로 인간 개개인의 이성을 마비시키고, 자국의 이익과 번영을 위해서는 다른 국가나 다른 민족을 침략하여도 좋다는 광포한 사고 방식이나 행동 양상을 조장한다. 소련의 경우도 스탈린(Iosif V. Stalin) 치하에서 낙후된 소련을 강력한 국가로 만들기 위한 집념으로 스탈린은 부국강병이라는 미명하에 자국민에게 무자비한 살상과 폭거를 자행하였다. 우리 나라 박정희 정권의 근대화 정책 과정에서도 낙후된 경제를 불러일으키는 개발 독재 과정에서 개개인의 인권이 무시된 사례가 많았고, 노동자 농민들에 대한 배려는 미약하였으며, 농어촌의 소외 현상과 동일 도시 공간 내 빈부의 양극화 현상도 발생하였다. 국가 지상주의를 지나치게 강조하여 앞으로도 가난한 나라 또는 개발도상국은 국가 발전을 위한다는 명분 아래 부국강병책의 정치 슬로건을 외치면서 개개인의 인권을 유린하였으며 힘없고 가난한 계층의 회생을 당연하게 받아들이게 되는 인권 무감각의 풍토가 조성될 수도 있다.

개개인의 천부적 자연권에 의한 사회 계약으로 만들어진 것이 국가라는 사회계약론은 이후 독재적 권력 행사의 유혹 순간에 국가 권력 생성과 형성에 대한 이성적 비판 및 국가 권력 행사의 내용과 방향을 건전하게 검토하도록 하는 준거 기준이 될 것이다.

4. 헤겔의 국가론

헤겔(Georg W. F. Hegel)은 국가란 절대적 이성이 구체적으로 형상화되고 현실화된 것이라고 하였다. 국가는 도덕과 윤리의 최고 완결체이고, 절대 정신의 현실적 구현체이자, 최고선의 그 자체로 국가는 오류가 없다고 하였다. 헤겔은 일종의 국가 지상주의를 말하였다.

헤겔이 국가 지상주의를 말하는 배경은 독일의 후진성 때문이라고 볼 수 있다. 공업화가 진행됨에 따라 확대되는 사회 문제를 전담하여 해결하여 나가야 할 강력한 주체가 필요하고, 자본주의의 필연적 속성상 제국주의 속성이 발생함에 따라 증대되는 국제 긴장 관계에 적극적으로 대처할 수 있는 국가 존립의 의의를 헤겔은 간파하였던 것이다. 그렇다고 하여 시민 사회의 의의를 인정하지 않는 것은 아니고 다만 윤리적 이념으로서의 국가 의미를 강조하였다고 볼 수 있다. 즉 국가의 윤리관을 확립함으로써 시민 사회 내에서 발생하는 다양한 세력 간의 모순을 해결할 수 있는 외적 계기를 구축하는 것이 된다.

헤겔의 이러한 관점은 영국의 그린(T. H. Green), 브래들리(F. H. Bradley), 보전 케트(B. Bosan Quet) 등에게 영향을 미쳤고, 그들은 국가의 윤리성을 강조하면서 국내에서 발생하는 사회 문제에 국가가 적극적으로 개입하는 것은 당연한 것이라고 말하였다.

하지만 또 한편으로는 이런 헤겔의 입장은 매우 왜곡된 형태로 나타나 군국주의, 나치즘, 파시즘 등의 국가주의 근원을 제공하기도 하였다.

5. 계급주의 국가론

마르크스(Karl Marx), 엥겔스(Friedrich Engels), 레닌(Vladimir I. Lenin) 등은 계급주의 국가론을 주장한다. 엥겔스는『가족, 사유 재산 및 국가의 기원』(1884년)에서 국가 기원을 계급주의적 관점으로 설명하고 있다. 계급주의 국가관은 국가는 사회 계급으로 구성되어 있고, 사회 계급 간의 지배·복종 관계가 형성되어 국가는 지배 계급의 이익을 보장하는 도구로 작동하고 있다고 보는 국가관을 말한다. 불합리한 계급 구조를 타파하기 위해서는 지배 계급 중심의 국가를 해체하고 노동자 농민이 중심이 되는 계급 없는 사회를 구성하여야 한다고 주장한다. 여기서는 먼저 계급주의적 국가관을 간략하게 언급하고, 항목을 달리하여 마르크스의 국가 이론을 좀더 자세하게 살펴보기로 한다.

첫째, 국가는 역사적 발전 과정의 산물이므로 국가가 발생하는 것도 국가의 소멸도 필연적인 현상이다. 영원한 국가의 모습은 없다. 국가는 생겨났다가 소멸되기도 하는 하나의 사회 현상일 따름이다. 자본주의 국가도 마찬가지로 근대 산업화 과정과 사유 재산 제도로 인하여 생겨난 하나의 사회 현상일 따름이다. 앞서 루소가 말한 바와 같이 사유 재산 제도가 발생함으로써 사회 속에 불평등한 계급이 형성되고, 각자의 계급은 자기 권리와 이익을 위하여 투쟁적으로 활동하게 되며, 이런 과정에서 계급 간의 적대적 관계가 발생된다. 그리고 지배 계급은 지배 계급 자체의 이익 보호와 권력 확보를 위하여 주민 전체(사회)와 구별되는 별개의 무장력이 필요함을 인식하게 된다. 즉 지배 계급의 이익을 보장하기 위하여 배타적 강제력(물리력, 공권력)을 아무 조건 없이 무한정 사용하여야 할 필요가 있으며, 나아가 이 무장력은 일시적인 것이 아니라 지배 계급과 피지배 계급 간의 관계를 견고한 질서로 구축하여 영구적으로 유지할 수 있도록 하는 성질의 것이어야 한다. 바로 이 무장력에 의한 항구적 질서 유지 기구가 제도이며, 이 제도가 영속적으로 운영되는 것이 국가이다. 즉 국가는 사유 재산을 보장하여 주기 위한 도구로 발생한 것이다.

둘째, 국가 통치에 필요한 기제는 구성원 참여에 의한 동의 확보와 물리적 강제력에 의한 억압이다. 어느 조직이나 국가 사회도 질서와 균형을 유지하기 위하여 이 두 개의 기제는 반드시 필요하다고 본다. 국가 조직은 국가 질서 유지를 위하여 이 두 개의 기제를 담당할 기구를 설치한다. 구성원의 설득과 동의를 끌어내기 위한 국가 기구를 가리켜 이데올로기를 담당하는 기구라고 하는데, 교육·언론·정당·의회 등이 있다. 국가의 질서 유지 목적에 벗어난 사람과 집단을 규제하고 억압하는 기구를 질서 유지 기구라고 할 수 있는데, 궁극적으로는 물리적 강제력, 즉 폭력을 기본으로 한다. 군대, 경찰, 법원, 교도소, 검찰 등이 여기에 해당된다.

국가는 가급적 '주민의 자발적 동의', 또는 '국민의 동의'에 의하여 통치를 하는 것이 바람직하며, 참여와 동의에 의한 통치의 비율이 높을수록 민주적 국가라고 할 수 있다. 따라서 국가가 국가 정책을 효과적으로 집행하기 위하여 또는 국가 질서를 유지하기 위하여 빈번하게 국가가 가동할 수 있는 물리력을 행사하거나 강제력에 의존하여 국가 명령을 집행하려 할 경우 또 그렇게 하면 할수록 국가의 지배 계급은 자기의 실정(失政)을 고백하는 것이 되며, 또 계급 간의 갈등이 악화되었다는 것을 노출시키는 것이 된다.

그렇기 때문에 계급 투쟁이 덜 부각되는 곳(물리력의 노골적인 행사의 약화)에서는 국가의 본질이 덜 부각되고, 이럴 경우 국가가 마치 온건한 조정자(화해자)인 것처럼 보이며, 민주적 국가라는 이름을 얻게 된다.

셋째, 계급주의에서 보는 국가는 특정한 지배 계급이 자기의 계급적 이해를 관철시키기 위한 '정치위원회'의 성격을 가지고 있다고 본다. 국가가 존재하는 한 국가 사회 내의 특정 계급이 독점지배권(독재)을 항상 갖게 되어 그들의 이익과 권력을 확보하게 된다. 사회가 계급적으로 구성되는 한 국가가 존재하게 되는데 바로 계급 유지를 위한 이것이 또한 국가의 존립 이유가 된다. 이런 현상은 비록 프롤레타리아 독재 단계에서도 마찬가지 현상이 지속된다. 역사상 어떤 사회도 무계급 사회에 도달하지 못하였기 때문에 비록 사회주의 사회가 이룩된다 하더라도 그 사회에서 프롤레타리아 독재가 이루어지고 있다.

누가 헤게모니를 장악하든, 자본가 계급이 국가의 헤게모니를 장악하든 프롤레타리아 계급이 국가를 장악하든, 적대적 계급으로 구성된 시민사회가 존재하면 사회의 상부 구조를 장악하고 있는 지배 계급의 이익을 보장해 주는 사회적 장치로서 국가는 작동하게 된다는 것이 계급주의론자들의 국가관이다.

위에서 설명한 사회계약론과 계급론을 간단하게 대비하여 그 특성을 살펴보면 다음과 같다.

먼저 차이점이다. 사회계약론적 시각으로 보면 국가는 시민 사회와 구성원 모두가 같은 방향으로 갈 수 있다고 본다. 반면 계급론적 시각으로 보면 국가는 지배 계급과는 함께할 수 있거나 같은 방향으로 갈 수 있지만, 피지배 계급과는 반대 방향으로 가게 된다. 다음으로 공통점이다. 국가는 시민 사회의 소산이라는 점에서는 동일한 입장을 취한다. 시민 중심의 사회와 제도 중심의 국가를 놓고 볼 때 좀더 근본적인 것은 사회이고, 그 틀 속에서 제도를 형성하여 운용되고 있는 것이 국가라는 것이다.

6. 기타 국가기원설

첫째, 재산설(property theory)로서, 국가 성립의 기원을 재산의 보호, 즉 토지의 확보와 영유에서 찾아보려는 이론이다. 사회 경제의 기초가 토지에 있고, 토지의 영유가 곧 정치 권력을 발생시키는 원인이라는 사상으로 토지의 사유 재산 제도와 맥락을 같이하면서 국가가 발생하였다고 보는 설이다. 국가는 토지 사유권과 더불어 발생하였다는 관점으로, 특히 토지를 중시하는 중세 봉건 제도에서 이 사상이 더욱 조장되었다. 앞서 설명한 루소의 계급주의의 견해도 어느 정도 이러한 점을 강조하고 있다.

둘째, 실력설(force theory, conquest theory)로서, 국가 기원을 종족끼리의 투쟁과 정복 관계에서 파악하는 논의이다. 즉 특정 종족이 무력을 사용하여 다른 종족을 정복하고 정복한 사실이 오랜 세월 동안 지속되고 정복한 지배 계층은 그 사회의 종교적 권위와 결탁하여 이념적으로나 실질적으로 그 사회의 권력과 이익의 대부분을 차지하게 된다. 농경 중심 사회에서 토지는 결정적인 생산 기반이며 지배 계층이 토지의 대부분을 차지하게 되는 이른바 대토지 소유 현상이 발생하게 된다. 그 결과 대토지를 소유한 귀족 계급이 출현하게 되고, 국가는 이들의 이익을 보장하기 위하여 제도적 형태로 지배 구조를 구축하여 나간다는 관점이다.

셋째, 족부권설(patriarchal theory)로서, 인류가 공동 생활을 하여 나가는 발달 과정에서 특히 가족 내 가부장의 지배권 확립과 동시에 국가가 나타났다고 보는 견해이다. 고대 가족 발달사에서 볼 때에는 일부일처제 가족 단계, 문명 발달사에서 볼 때에는 문명 시대에 국가가 발생하였다고 보는 견해이다(김효전 역, 1980: 175-208).

국가 기원에 관한 다양한 설들이 있지만 이상으로 그치고자 한다.

제3절 서구의 국가 일반론

1. 자유주의 국가론(liberalism)

일반적으로 공산·사회주의 이념과 대립된 개념으로 자유 민주주의 이념을 주장하며 우리 나라는 자유 민주주의를 표방한다. 하지만 자유 민주주의는 자유주의라는 이념과 민주주의라는 이념이 결합된 개념이며, 어느 부분에서는 자유주의 이념과 민주주의 이념이 충돌하는 면도 없지 않다. 자유주의는 일면 상층 권력층의 무한정한 자유 시장 경제 논리를 지향하고 있다면, 민주주의는 다중의 참여를 통하여 그러한 독점을 억제하려는 성향이 있기 때문이다.

첫째, 먼저 민주주의 부분이다. 민주주의(democracy)는 고대 그리스어의 민중을 뜻하는 데모스(demos)와 권력을 의미하는 크라토스(kratos)의 합성어이다. 이 단어가 내포하고 있는 것과 같이 민주주의란 다수가 참여한 정치 형태를 말한다. 폭군, 독재자, 절대 군주 등 한 사람에 의하여 다스려지는 정치 형태와 대립되는 다른 개념으로서 '다수 민중에 의한 지배'를 의미하며, 개인이 아닌 다수가 권력을 가지는 정치 형태이다. 민주주의 정치 형태는 고대 아테네 민주주의, 근대 민주주의,

현대 민주주의로 발전하여 왔다.

고대 아테네 민주주의는 기원전 6세기경에 살았던 클레이스테네스(Kleisthenes)가 정치 개혁의 일환으로 도편(陶片) 추방법[1]을 실시한 이후 그 기틀이 마련되었다. 도편 추방법에 의한 정치 형태는 직접 민주정치 형태의 모습이었지만 여자와 노예 계급은 참정권이 배제된 제한적 민주정치 형태였다. 그 후 페르시아와의 전쟁에서 승리한 아테네는 페리클레스(Perikles)의 지도 아래 민주 정치를 더욱 발전시켰다. 그리스는 해안선이 복잡한 지형으로 말미암아 통일된 국가로 성장하지 못하고 도시 국가인 아테네와 스파르타 간에 그리스 주도권 쟁탈전을 벌여 왔다. 기원전 338년에 마케도니아의 필립포스 2세(Philippos II)가 카이로네이(Chaironeia) 싸움에서 아테네와 테베 연합군을 격파하고 그리스를 장악하였다. 마케도니아를 맹주를 하는 헬라스(Hellas) 연맹이 성립되었으나 필립포스 2세는 살해되고 알렉산더(Alexander) 대왕이 즉위하였다. 기원전 334년 알렉산더 대왕의 동정(東征) 이후 헬레니즘 시대가 시작되었다. 하지만 이후 민주주의 정치 형태는 사라지게 되었다.

근대 민주주의 정치 제도는 17세기 후반 영국에서 시민 혁명을 통하여 발달하기 시작하였다. 르네상스와 종교 개혁을 통한 인간 존중의 정신, 자유주의 사상이 점차 확대되어 가면서 절대 왕권과 종교적 통치로

---

1) 오스트라키스모스(Ostrakismos)라고도 한다. 고대 그리스 민주정(民主政) 시대에 위험인물을 전 시민에 의한 비밀투표로 10년간 국외(國外)로 추방한 제도이다. 그러나 그 추방은 당사자의 명예나 시민권·재산권과는 상관 없이 시효(時效) 기간만 지나면 귀국할 수 있게 되어 있었다. 원래 참주(僭主)의 재현을 막기 위하여 실시한 것으로, 평민 지도자이며 장군인 페이시스트라토스(Peisistratos)가 참주가 되었을 때 클레이스테네스가 설치하여 기원전 487~485년에 처음으로 실시되었다. 이 제도는 아르고스(Argos)에서도 실시되었고, 시라쿠사에서도 똑같은 목적으로 엽편 추방(葉片追放)이 실시되었지만 가장 유명한 것은 아테네의 오스트라키스모스였다. 이 제도는 민주적 대개혁의 하나로 시작되었지만, 시대의 흐름에 따라 참주와는 관계도 없는 유력한 정치가를 추방하기 위한 정쟁(政爭)의 도구로 이용되었다. 페르시아전쟁에서 유명한 장군 아리스테이데스(Aristeides), 테미스토클레스(Themistokles), 키몬(Cimon) 등도 그 희생자가 되었다. 그러나 기원전 417년 히페르보로스(Hiperboros)를 마지막으로 이 제도는 사라졌다(네이버 백과사전).

상징되는 중세 암흑기는 막을 내리게 되었다. 개개인의 자연권 및 주권에 대한 인식이 확산되면서 근대 민주주의가 형성되어 갔다. 주로 인민의 권리에 중점을 둔 사회 구성의 원리와 사회에서 국가로 형성되어 가는 권력의 과정에 중점을 두고 있다. 자유방임주의 풍조가 만연하였고, 국가 개입은 최소가 되는 야경 국가의 특성을 보였다. 개개 시민들에게 주어진 자유권은 향상되었지만 시장 경제의 원리로 인하여 부자들에게는 더욱더 많은 부를 가질 수 있는 기회가 주어졌고, 노동자·농민·실업자 등의 사회적 약자들은 생존의 위기에 처해지게 되었다. 많은 인구로 인하여 민주주의 운영 형태는 간접민주주의 정치 형태를 띨 수밖에 없었으며, 사회적 소외 계층에게는 참정권이 제한되었고, 참정권은 소수에게만 부여되었다. 재산에 의한 사회적 차별이 당연시되었는데, 이것은 프랑스혁명이 왕정 타도를 주된 목적으로 하였지 민주주의 제도 도입에 있지 않았기에 이런 영향을 받았던 것으로 보인다. 이후 유럽에서 전개된 민주주의 형태에서도 모든 사람들에게 평등한 참정권이 주어진 것이 아니라 재산, 성별, 연령 등에서 제한적 요소가 있었다.

현대 민주주의는 학자마다 구분하는 시대 기준이 다르지만 대개 제1차, 2차 세계대전 이후의 시기를 말한다. 현대 민주주의는 영토가 넓고 인구 수가 많아 물리적 한계 때문에 직접 선거를 하기에는 무리가 있다. 대표 선출과 대표를 통한 간접 민주주의 방식이 제도화된 특징을 보인다. 그리고 투표를 통하여 대표자를 선출하는데, 직접·평등·보통·비밀 투표의 원리를 공표하여 이를 실천하려 하고 있다. 형식상으로는 모든 이들에게 참정권이 주어진 대중 민주주의 형태를 취한다. 하지만 선출되는 주민 대표자들의 사회적 배경을 보면 모든 계층을 대표하기보다는 국가별·시대별 사정에 따라 다르겠지만 그 사회의 경제적·권력적 상층부에 속하여 있는 경우가 많다. 이러한 불평등의 심화 현상이 현대 민주주의의 맹점이라 하겠다.

둘째, 자유주의 부분이다. 자유주의는 프랑스혁명 이후 근대 국가·근대 사회의 성립과 함께 등장하여 산업혁명의 물결 속에서 나폴레옹에 의하여 전 유럽으로 확산되어 나갔다. 자유주의 기본 사상은 개인의 자유를 국가가 침범할 수 없고, 개인의 자유를 보장하기 위하여 국가가 존재하며, 더 나아가 국가의 권력과 기능은 최소한이 되어야 하고 제한적이어야 한다는 논리를 가지고 있다. 천부인권설, 사회계약설, 개인주의 등을 기본으로 하고 있으며 절대주의 국가나 복지 국가와 대비되는 국가관을 가지고 있다. 19세기 중엽 밀(John Stuart Mill)은 『자유론』에서 사회적 자유(social liberty) 혹은 시민적 자유(civil liberty)를 제창하면서 사회와 개인 사이에 발생하는 대립과 긴장 관계를 통하여 자유의 문제를 다루고 있다. 이 자유주의 사조는 민주 정치와 의회 정치의 발달을 촉진시켜 나갔다. 18세기 말부터 1830년대에 걸쳐서, 자유주의는 선거권의 확대를 요구하는 사상과 결부되어 민주 정치를 한층 더 발전시키는 것처럼 보였다. 그러나 시민혁명은 상층 부르주아지가 주도한 혁명이었으므로 중산층 이하의 사람들에게는 선거권이 부여되지 않았다. 시민혁명의 과정 중에 비록 농민, 수공업자, 소수인 노동자들이 시민 계급의 지도 아래 절대 왕정을 무너뜨리는 데 지대한 역할을 하였다고 하더라도 그 성과는 결코 이들에게 돌아가지 않았다.

하지만 자본 중심의 이 자유주의는 현실의 답답함에서 벗어나고자 하는 낭만적 자유주의, 국가의 간섭과 구속을 거부하는 무정부주의자들이 지향하는 해방적 자유주의와 의미가 다르다.

셋째, '자유 민주주의' 부분이다. 상층 부르주아는 권력을 장악하자마자 이들을 다시 속박하려고 애를 썼다. 일정액 이상의 세금을 낼 수 있는 사람만 투표를 하고, 정치를 할 수 있도록 하였다. 이런 정치 제도 아래에서 상층 부르주아들은 '자유주의'의 명분 속에 자신들의 부(富)만 축적하려고 하였다. 상층 부르주아의 의도와는 다르게 노동자, 수공업자, 농민들 사이에는 '민주주의'의 이념이 급속하게 퍼져 나갔다. 이들이 주장하는 '민주주의'는 평등한 사회를 만들고, 정치 권력을 민중에게 되돌려 줄 것을 요구하는 것이었다. 선거권에서 배제된 노동자와 수공업자, 농민들은 정치적 권리인 정치적 자유는 태어나면서부터 지닌 권리, 즉 자연권이라고 고집하였으나, 상층 부르주아지들은 선거권은 '재산과 교양'이 있는 명망가에게만 한정되어야 한다며 '제한선거'를 주장하였다. 산업혁명이 가속화되면서 중산층과 노동자 계급의 수가 증대함에 따라 선거권 확대 요구는 계속하여 높아졌다. 이 때 벤담(Jeremy Bentham)이 인간은 동질·동등의 존재이므로 "최대 다수의 최대 행복"을 실현하는 것이 정치의 목적이라고 하는 공리(功利, utility)의 원리에 입각한 선거권 확대 요구를 지지하였다.[2)]

민중들의 이런 강력한 요구와 투쟁에 다급해진 상층 부르주아는 타협책을 만들어 냈다. 즉 우리가 서구 자본주의의 일반적 정치 형태로 알고 있는 '자유 민주주의'라는 개념이 바로 그것이다. 자유방임 사상에 의한 자유 시장 경제 원리를 옹호하는 상층 부르주아의 '자유주의'와 모든 인민들에게는 동등한 자연권이 천부적으로 주어져 있기에 동등한 가치로서 정치 과정에 참여하여야 한다는 노동자, 농민, 수공업자들이 주장하는 '민주주의'는 결코 융합될 수 없을 것 같은 이념이었지만, 상층 부르주아는 '대의제'라는 개념을 통하여 이를 융합시켰다.

그러나 '자유 민주주의'를 표방한 상층 부르주아는 겉으로는 '자유'와 '민주'의 이념을 동시에 추구하는 것처럼 보였지만, 실질적 내용으로는 민주주의를 다만 겉치레의 절차적 형식에 그치도록 하였다. 상층 부르주아는 '자유 민주주의'의 명분 아래 정치·경제·사회·문화적 지배권을 완전히 확립하면서 절차상의 민주주의조차 부르주아의 지배 권력을 강화하는 방향으로 활용하여 나갔다. 상층 부르주아는 권력 행사를 통하여 국가 사회 내의 완전한 지배를 실현하려 하였던 것이다.

---

2) 이 성과는 1832년 제1차 선거법 개정으로 실현되었다. 1867년에는 벤담의 제자 밀 등의 노력으로 제2차 선거법 개정이 실시되어 도시의 노동자 계급에게도 선거권이 부여되었다. 하지만 남녀 평등 보통선거가 실시된 것은 훨씬 뒤인 1928년이었다.

넷째, '신자유주의' 부분이다. 신자유주의(neo-liberalism)는 19세기의 고전적 자유주의가 진화한 형태이다. 대영제국과 다른 제국주의 국가들이 경쟁과 '자유 무역'이라는 이데올로기를 빌어 그들의 식민주의를 합리화하는 데 사용하였던 고전적 자유주의의 변형이다. 신자유주의자들은 범세계화의 흐름에 힘입어 한 국가를 넘어서 세계 수준에 적용되는 이데올로기를 지향한다. 신자유주의란 시장 원리 준수, 자유 경쟁 촉진, 정부 규제 철폐, 기업 구조 조정, 공공재 폐지 등을 주장한다.

신자유주의라는 개념은 1912년 미국의 대통령 선거에서 민주당 후보 윌슨(Thomas Woodrow Wilson)이 주장한 개념이기도 하지만 자유주의와 마찬가지로 한 사람의 사상가에 의하여 체계화된 것이 아니라, 하이에크(Friedrich A. von Hayek), 프리드먼(Milton Friedman) 등도 이런 사상을 주창하였다. 이들은 마르크스주의나 케인스(John M. Keynes)의 경제 정책을 국가에 의한 설계주의(constructionism)라 하여 배척하고, 시장 메커니즘(market mechanism)에 맡기는 자유로운 경제론을 주장하였다. 정부가 앞서서 독점적 대기업을 해체하고, 독점을 조장하는 부정한 경쟁을 적극적으로 억제하여 건전한 경쟁을 통하여 자유와 진보의 원천인 경제적 자유를 지켜 나가야 한다고 하였다.

신자유주의는 1930년대 독일에서 오이켄(Rudolf C. Eucken)에 의하여 이론적으로 발전하여 제2차 대전 후 구서독에서 사회적 시장경제론으로 발전된 경제 사상이기도 한다. 이후 1970년대 중반 이후 등장한 대처리즘(Thatcherism)과 1980년대의 레이거노믹스(Reaganomics)로 대표되는 신자유주의의 개념은 신보수주의의 색채를 가지고 시장 경제 원리에 입각하여 모든 사회·경제적 관계를 재편하여 경제적 이익의 극대화를 꾀하였다.

이러한 배경을 가진 신자유주의는 이를 추진하는 국가의 경제 발전, 물질적 풍요로움, 기술 혁신, 자원의 효율적 이용, 국제 거래량의 증대 등 경제 성장에 긍정적 효과를 가져다 주기도 하였지만 반면 무분별한 환경 파괴, 빈부 격차의 심화, 사회의 계층 간 갈등 유발, 사회적 범죄 증대 등 그 이념의 폐해도 심각하다.

다섯째, '자유주의 국가론'은 이러한 배경에서 출현하였다. 자유주의 국가론은 절대주의(절대군주제)에 반발하면서 당시 새롭게 출현한 부르주아 지배 계급의 이익을 정당화하고 지켜 주기 위한 국가 이데올로기이다. 이 국가관은 사회의 공공선(common good)을 달성하는 사회적 제도로서 국가를 상정하고 있는데, 이것은 사회계약론적인 관점에 근거한다. 상층 부르주아와의 입장에서는 국가의 간섭은 아무런 도움이 되지 못한다고 본다. 국가는 위협적인 괴물과 같은 것으로서 국가가 간섭을 심하게 하면 시장 경제의 작동에 전혀 도움이 되지 못한다. 따라서 국가의 권력은 최소화되고 축소되어야 한다. 제품 생산량과 가격의 결정, 사회의 균형, 호황과 불황의 리듬은 '가격 기제(price mechanism)'의 적용을 받아 '보이지 않는 손(invisible hand)'에 의하여 저절로 달성되기에 이 시장 메커니즘에 정부의 개입은 전혀 필요 없다. 다만 국가는 전쟁 억제와 공공 안녕 질서 유지라는 최소한의 역할을 담당하여야 하고, 나머지는 모두 시장 경제의 원리에 맡겨 두면 된다. 이것이 바로 19세기의 고전 경제학 및 자유방임적 정치 사상이다. 이 자유방임적 정치관은 적자생존의 원리, 사회적 진화론에 근거하고 있다. 자유주의 정부 형태는 각 나라의 개별적이며 특수한 사정, 즉 구지배 계급과 신흥 지배 계급 간의 힘의 역학 관계에 따라 민주공화제, 의원내각제, 입헌군주제, 대통령 중심제 등으로 다양하게 나타나지만 본질적으로는 부르주아가 국가 권력을 장악하여 지배 세력이 되는 국가 형태를 기본 골격으로 하고 있다.

개인의 천부적 인권인 자연권을 기초로 하는 자유주의는 그것 자체로는 역동적이면서 말 그대로 자유스러운(liberal) 이념이다. 부당한 억압과 간섭을 거부하는 자유주의적 이념은 부당한 권력으로 개인을 억압하였던 절대 왕권 체제를 타파하는 데 이념적으로나 현실적으로 결정적인 힘을 실어 주었다. 부르주아의 세력이 형성되어 절대 왕권과 투쟁시 노동자, 농민, 수공업자들의 지지도 필요하였기에 이들의 동참을 어느 정도 용인하는 입장이었다. 하지만 막상 상층 부르주아가 세력을 완전하게 구축하여 제국주의의 성향으로 옮겨갈 즈음에 노동자, 농민, 수공업자는 제품을 만들어 내는 생산 수단으로서의 가치는 있었지만 권력 과정에 함께 동참하여야 할 대상으로서의 의미를 상실하고 있었다. 오히려 이들의 요구와 단결과 투쟁이 성가신 내용으로 부각되었으며, 자본의 세력화 이후 모든 사람들의 참여를 통한 정치 체제로서의 진정한 민주주의는 서서히 퇴색하였다.

2. 다원주의 국가론(pluralism)

만약 자유주의 국가관에 아무런 문제가 없었다면 자유주의 국가관은 원형 그대로 오늘날까지 계속되어 왔을 것이다. 하지만 자본에 바탕을 둔 자유주의 국가관은 그 출발부터 다양한 문제점을 노출시키면서 진행되었다. 자유주의 국가론의 이러한 모순과 한계를 극복하기 위하여 여러 가지 시도가 있었는데, 그 과정에서 나타난 하나의 국가관이 다원주의 국가론이다. 이는 자유주의의 한 변형이라 할 수 있다.

1) 다원주의 국가론의 성립 배경

먼저 다원주의가 나타난 배경을 간략하게 살펴보기로 한다.

첫째, 자본을 중심으로 한 고전적 자유주의 국가관의 모순과 한계가 노출되었던 점이다. 가장 분명한 것은 예기치 않았던 공황의 발생이었다. 자유방임주의 고전 경제학의 핵심은 모든 것을 시장 메커니즘에 맡겨 두면 시장의 자기 규제에 의하여 아름다운 조화와 균형이 저절로 달성된다는 것이었는데, 자유주의 시장경제가 진행되는 과정 중에 그러한 순조로운 현상은 일어나지 않았다. 자유주의 시장 경제 원리의 믿음과는 달리 자본주의 초기부터 공황이 발생하여 사회적 고통이 발생되었다는 점이다. 즉 고전주의 경제학에서 말하는 시장의 자율 규제라는 믿음은 처음부터 환상적 기대였을 뿐이다.

자본을 중심으로 한 자유 시장 경제 원리는 영국에서 시작되어 다른 나라로 퍼져 나갔다. 물론 이 제도를 받아들이는 각국의 환경적 여건에 따라 자본주의의 특성이 다르게 나타났지만 일반적으로 공황과 실업, 과잉 자본과 과잉 생산의 문제가 대두되었다.

이런 측면에서 먼저 과잉 자본 문제를 살펴보기로 한다. 과잉 자본 문제 해결의 일반적 패턴은 선진 자본주의가 과잉 자본 문제를 해결하기 위하여 자국에서 생산된 여유 자본을 후진국으로 수출하거나, 군사적 침략을 감행하여 자국의 시장 경제의 모순과 문제점을 해결하려고 하는 점이다. 예컨대, 1808년 에스파니아 및 외국령 서인도제도가 영국에 개방되면서 남미 경제도 개방되었는데, 이 흐름을 포착하여 영국 자본은 과잉 투기를 시작하였다. 그 결과 1811년에 공황이 한 차례 있었다. 1822년 호황 때는 허구의 남미공화국 차관을 빌미로 한 영국에 불건전한 사기성 투기가 성행하였고, 은행이 이를 조장하면서 마침내 영국의 자본 궁핍 상황에서 결국 1825년에 또다시 공황을 맞게 되었다. 영국 경제는 1832년부터는 어느 정도 상승기에 접어들었지만 1836년에 또다시 공황에 직면하였고, 이것은 1842년까지 계속되었다. 과잉 자본은 또 철도나 금광 개발 등에 투기적으로 투입되기도 하였는데, 이것은 이후 과잉 생산의 공황으로 귀결된다. 하지만 자유 시장 경제 논리는 이러한 공황과 실업의 문제를 호황과 불황의 마찰 현상으로 불가피한 자본주의 시장 경제의 자연 현상으로 받아들였다.

다음으로 과잉 생산 문제이다. 1850년대에 들어서서는 자본주의 본래의 과잉 생산 공황이 생겼다. 이 때는 이미 국가 간의 무역 확대로 한 국가에서의 공황이 세계 공황으로 직결되는 양상을 보이고 있었다. 1857년에 미국에서 시작된 공황, 1866년 영국의 금 과잉 생산으로 인한 공황, 1973년 오스트리아의 농산물 과잉 생산에서 오는 농업인 몰락 공황 등이 과잉 생산에서 오는 공황 등이다. 이런 공황 등은 유럽을 중심으로 전 세계의 국가에 막대한 영향을 미치었다. 그리고 1870년대의 공황을 겪으면서 각국은 공황에 대응하기 위하여 자본을 독점으로 전환시켜 나갔다. 1873년대 불황 이후 독점을 형성·강화하기 위한 카르텔, 신디케이트, 트러스트, 콘체른 등 다양한 독점 조직의 형태들이 발전하게 된다. 이 시기를 기점으로 하여 세계 자본주의의 중심은 영국에서 미국과 독일로 이전되었고, 경공업 중심에서 중공업 중심으로 전환하였다. 그러면서 자본주의 국가 간의 새로운 대립과 투쟁이 시작되면서 제국주의 쟁탈전이 벌어졌다. 이후 제1차 세계대전의 발발, 1910년대의 깜짝 번영, 1929년의 경제 대공황, 제2차 세계대전, 미소 양극 체제의 황금기 및 1970년대 이후의 장기적인 불황, 1980년대의 호조, 2000년대의 장기 불황 등의 리듬으로 자본과 생산의 호황과 불황의 양상들이 전개되고 있다.

공황으로 말미암아 실업의 증가, 노동자의 소외, 저소득층의 비인간화, 일반 시민들의 삶의 질의 악화 및 고통의 가중 등 무수히 많은 사회·정치 문제들이 야기되었다. 이런 사회적 현상은 자유주의 국가가 표방하고 있는 자본주의의 존립 근간을 뒤흔드는 것이었다.

둘째, 노동 세력들이 점차 정치 세력화된 부분이다. 근대에 들어오면서 노동자들이 하나의 사회 계급으로 자리잡고서 정치 세력화를 도모하였다. 정치 세력화를 꾀하였던 대표적인 노동 운동 중 하나가 노동자 계층이 주체가 되어 활동한 영국의 민중운동인 차티스트운동(chartism, 1838~1848년)이다. 차티스트운동은 1832년 선거법 개정에서의 노동자 배제, 1830년대 중반에서의 불만 표출 및 선거권 획득을 위한 요구 증대, 1837년 초의 '인민헌장(People's Charter)' 작성, 1839년 2월(런던), 5월(버밍엄)의 통일대회, 6월의 120만 명 서명 청원서 하원 제출 및 부결, 9월의 해산, 1840년 맨체스터의 전국헌장협회 설립, 1842년 325만 명의 서명 청원서 제출, 버밍엄의 완전선거권동맹 조직, 청원서 의회 제출 등의 활동을 활발하게 전개하였지만 모두 거부되어 동맹은 깨어지고, 차티스트 지도 아래 북부에 펴졌던 파업운동도 무력에 의하여 진압되었다. 호니(George J. Horney)가 지도자가 되어 마르크스·엥겔스와 협력하여 1845년에 설립한 우애(友愛)민주주의협회를 기반으로 노동자 조직을 호소하였다. 1848년의 프랑스 2월혁명으로 전 유럽의 혁명적 분위기 속에서 세 번에 걸친 570만 명의 청원 서명을 모아, 4월 런던에서 대청원 시위운동을 시도하였다. 그러나 시위는 무력에 의하여 억제되고, 청원은 하원에 전달되었으나 역시 부결되었다. 그 후 지도자들의 체포·투옥이 계속되고 전국헌장협회를 중심으로 한 재건의 노력도 헛수고로 돌아가 1858년의 대회 후 소멸되었다. 이처럼 19세기 중엽부터 노동자들의 단결과 정치 세력화가 활발하게 전개되어 새로운 국가 이념에 대한 모색이 불가피하게 되었다.

셋째, 이런 사회적 분위기 속에서 사회 문제에 정부가 적극적으로 개입하지 않으면 안 될 상황이 무수하게 발현하였다. 예컨대 노동 조건 개선 요구, 노동자 계층의 주거 여건 및 사회 환경 문제, 공황 문제, 실업 문제 등은 문제의 본질상 국가가 적극적으로 나서서 해결하지 않으면 안 되는 상황이다. 종래의 자유주의 국가론에서 말하던 정부의 불개입이 아니라 정부가 적극적으로 이 문제를 해결하도록 하여야 할 성질의 문제들이었다.

넷째, 이런 시대 분위기 속에서 자유주의 국가론의 모순을 극복하기 위한 대안으로 국가주의적 방법과 다원주의적 방법이 대두되었다. 국가주의(statism)는 주로 후발 자본주의 국가에서 채택된 방법으로 앞선 선진 자본주의의 성장을 따라잡기 위하여 국가 지상주의를 내세우며 국내 유무형의 자원, 사상과 기술, 사회 관계 등을 총동원하는 것을 말한다. 국가주의는 국가의 기본 이념, 즉 국가 권력이나 국가 정책을 가장 최상위에 두고 국민들은 국가의 권력과 명령에 절대적으로 따라야 한다고 주장한다. 국가주의는 민족, 종교, 언어, 풍습, 문화 등의 공동체 의식에 바탕을 두고 있다. 국가주의의 내용을 더욱 강조하는 것이 국가지상주의 혹은 초국가주의(ultra-nationalism)인데, 이 관점은 국가에 대립된 개인 권리의 무시, 국가 체제를 통한 개인 존재 의의의 인정, 국가 전체를 위한 헌신과 희생을 감내하여야 하는 존재로서의 개인을 전제하고 있다. 레싱(G. E. Lessing)은 민족적 편견에 의한 국가주의를 반대하지만, 고비노(J. A. C. Gobineau)는 오히려 게르만 민족의 우수성을 주장하면서 국가주의를 찬성하고 있다. 이 국가주의는 근대 국가 형성에서 주요한 이데올로기 역할을 하였다. 이러한 국가주의에는 진보적 국가주의와 배타적 국가주의가 있다. 진보적 국가주의는 민주주의 및 국제주의에 연결되어 있으며, 배타적 국가주의는 전체주의(fascism)나 맹목적 애국주의(chauvinism)를 강요하는 경향이 강하다. 국가주의는 세계주의(cosmopolitanism)나 무정부주의(anarchism)에 대립적 입장이다.

다음으로 자유주의 국가론의 모순을 극복하려는 하나의 방법으로 다원주의가 있다. 다원주의는 선진 자본주의 사회에서 사회 내 모든 세력들을 하나의 정치 체제 안으로 흡입하는 것이다. 다원주의는 자본주의적 질서를 부정하지 않고 이 질서가 유지되는 조건 아래에서 피지배 세력·계급을 정치 세력의 실체로 인정하여 이들의 요구 조건을 수렴하고 정치 체제를 구축하여 정책 대안을 만들어 나간다는 것이다. 이 다원주의는 자유주의의 논리와 대립되지 않고, 자유주의의 이념을 추종하면서 사회 세력의 통합을 지향하고 있다. 따라서 다원주의는 자유주의의 적자로서의 성격을 지니고 있는 자유주의의 한 변형이라 할 수 있다.

2) 다원론에서의 집단

자유주의 국가론의 성격을 가진 다원적 자본주의 국가론은 국가를 경쟁 집단, 개인, 계급의 이익과 요구가 표출되고 타협되어, 불필요한 소란을 여과시켜 합의된 내용을 채택하는 정치 시장(political marketplace)

으로 본다. 하기에 다원론은 국가 사회 내의 다양한 집단 활동의 최대한 보장한다. 이 경우 국가는 국민공동체(계급, 계층, 집단)의 이해 조정자가 된다. 다원론적 국가 체제가 작동되기 위한 기본적인 전제로 권력의 분산, 다양한 이해 관계의 존립, 이해 관계 조정의 가능성, 대립적인 세력 간 타협 가능성이 상존해야 한다. 즉 여러 세력 간에 노동 세력(민중)과 일정한 관계 유지가 필수적이며 다양한 사회 계급, 계층, 특정 집단에게 권력을 나누어 줄 수 있어야 한다. 따라서 사회는 여러 집단, 즉 독점 자본가 집단(재벌), 중소 자본가, 관료 집단, 군부, 노동자 세력, 학생 집단 등으로 나눌 수 있고, 언제든 이들 세력 간의 타협과 조정이 가능하게 열려 있어야 하는 것이 필수적이다. 현재 존재하고 있는 자본주의 사회에서는 이러한 집단들 간에 다양한 이해 관계의 타협, 조정이 가능하고, 특히 노동자의 이익을 대변해 주는 정당의 전제뿐만 아니라 이들의 정권 장악 가능성도 인정하고 있고, 일반 민주주의 국가에서는 노동자들이 실질적으로 정권을 장악하기도 한다.

다원주의 국가론의 입장에서 보면, 국가는 집단(계층) 간의 공동 이익을 추구하는 제도이고, 사회 내 대립되는 세력들 간의 화해(평화)의 산물이므로 대립적 사회 세력의 가치 중립자로서 역할을 하여야 하며, 여러 집단 간의 대립이 타협과 화해로 귀결된 것이 국가의 제도 내용이고 정책이다.

다원론에서는 상호 대립적인 계급 개념 대신에 이익 단체, 압력 단체, 시민 단체, 공익 단체 등 집단의 개념을 도입하여 집단 간 타협과 조정을 전제하고 있다. 집단의 개념에는 다음과 같은 내용들이 포함되어 있다. 어떤 개인이든 조직화된 집단 하나 혹은 복수의 집단에 속하여 있다. 집단은 조직화가 잘 되어 있을수록 이익을 상대적으로 더 많이 확보한다. 이 때 말하는 조직화란 물질적 조건, 지배 이데올로기의 창출 능력까지 포함된다. 조직화가 덜 되어 있거나 조직화가 전혀 되어 있지 않은 집단은 그만큼 자기 이익을 대변할 수 있는 능력이 결여되어 이익 표출 및 이익 보장책 마련에서 소외될 가능성이 높다. 예컨대 1960년대 이후 우리 나라 근대화 정책의 경우 국가 지상주의 이념 아래 경제 성장을 위한 가공 제품 수출 중심의 개발 독재 정책을 채택한 이래 독점 자본가, 군부, 관료 집단 등은 다른 집단에 비하여 상대적으로 지나친 과잉 이익을 누렸던 반면에 노동자, 농민, 일반, 시민, 소비자, 장애인, 여성 단체들은 기본권에도 미치지 못하는 과소 이익을 받았던 점을 들 수 있다. 따라서 과잉 이익을 받는 세력과 싸우는 대항 세력 중 하나로 학생 단체가 있었는데 노동자, 농민의 이익을 대변하는 역할을 하기도 하였다. 그리고 현대인들은 각자 개체적 개인으로 살아가는 것처럼 보이지만 사실은 알게 모르게 특정 사회적 집단으로 귀속되고 그런 과정에서 소속한 집단의 이해 관계에 예민하게 반응하면서 스스로의 집단적 이데올로기에 젖게 된다. 그렇지만 이 때 개개인은 특정 집단의 이데올로기에만 매달리는 것이 아니라 그가 처한 상황에 따라 다른 이데올로기를 주장할 수도 있는 다소 가변적인 모습을 보일 수도 있다. 따라서 다양한 집단, 다양한 이데올로기를 수용하여야 하는 국가는 이 경우에 가치 중립적일 수밖에 없다. 이것이 집단에 대한 다원주의의 개념이다.

3) 다원론에서의 정당 개념

다원론에서는 국가 사회 내의 다양한 집단, 다양한 계층의 이익을 표출하고 그것을 구하기 위한 정당들이 출현할 수 있다고 가정한다. 이런 가정은 특정 정당이 국민 전체의 이익을 대변한다고 주장하는 국민 정당의 모습과는 대조적이다. 다원론에서는 사회의 모든 단체를 압력 단체, 이익 집단으로 보며 국가도 예외가 아닌 하나의 이익(압력) 단체로 본다. 다원론에서는 계급 정당이 생성되고 활동할 수 있는 전제로 권력 분산, 타협과 조정, 국가의 공정한 경기 운영자로서의 가치 중립 입장의 견지 등을 중요한 가치로 들고 있다.

하지만 우리 나라의 경우 계급 정당을 인정하지 않고 있다. 따라서 다원론의 개념으로 한국 사회를 설명하기에 어려운 점이 많다. 우리 나라의 정당은 다양한 계급, 계층을 대표하지 못하고 있는 실정이고 또 사실상 계급 정당의 창설도 불가능하다. 계급 정당 창설이 불가능한 이유로 전시(戰時)와 같은 남북 대치라는 적대적 관계, 이로 인한 반공 이데올로기의 용인, 국가보안법의 엄존, 일반 국민의 집단주의적 사고 등을 들 수 있다. 따라서 계급 정당의 출현은 아직까지 요원하다고 하겠다. 다원론에서는 국가가 다양한 집단과 단체들의 이해 관계의 갈등과 대립 과정에서 가치 중립적인 입장에 서서 공정한 경기 운영자의 역할을 하여야 하는데, 우리 나라는 진정한 의미에서 공정한 경기 운영자의 역할을 하지 못하고 있다.

4) 다원론에서의 정치 활동 개념

다원론에서는 가치의 사회적 배분에 관련된 모든 활동을 정치적 행동이라고 본다. 사회의 다양한 집단들이 저마다 자기 이익과 이념을 추구하기 위하여 다양한 정책 형성과 집행 과정에 참여하여 상호간 적응하여 나가는 과정을 말한다.

일반적으로 사회적 가치는 그 사회가 처하여 있는 생태, 경제, 사회, 문화 체계에 의하여 추상적으로 배분되어 있는 것으로 보지만 결국에는 현실적인 정치 과정을 통하여 저마다 처한 집단적 이익을 추구하여 나가지 않으면 안 된다. 따라서 다원론은 제도나 법률 구조를 정태적인 측면에서 파악하는 것이 아니라 다양한 집단들의 상호 관계에서 발생하는 정치 현상을 동태적으로 파악하고 있다. 다원론에서의 정치 과정에서 가장 중요한 집단은 시민 단체, 이익 단체라고 불리는 집단이다. 이들 상호간에는 자원을 획득하기 위한 경쟁 협력적인 관계는 형성되지만 계서적 관계는 발생하지 않는다. 이러한 다양한 이익 집단의 경쟁, 견제, 타협의 정치 과정을 통하여 국가의 정책이 결정된다. 이 정치적 과정에서 이익 집단은 자율적이고 자발적이며 경쟁적인 활동으로 적극적 개입을 하지만 국가 또는 정부는 정치 과정에서 수동적·보조적인 활동을 한다.

3. 조합주의 국가론(coporatism)

1) 조합주의 의의

조합주의 국가론은 다원주의 국가론의 한계를 인식하면서 나타난 다원론의 변형된 형태이다. 다원론은 다양한 집단 간의 타협과 조정을 통하여 만들어진 정책을 집행만 하는 기능으로서의 국가를 전제하고 있는데, 사실 다원론의 이런 전제는 현실성이 결여되어 있다. 오히려 정치 현실은 국내의 모든 사안들에 대하여 국가가 적극적으로 관여하면서 주도적인 역할을 하고 있는 실정이다. 이런 현상이 정치 현실인데도 국가가 수동적·보조적 입장에 서 있어야 한다는 다원론의 전제는 현실성을 결여한 것이다. 이런 반성에서 나온 것이 조합주의 국가론이다. 조합주의는 국가가 국내의 대부분의 정치 과정뿐만 아니라 국제적 관계에서도 실질적이고 주도적인 기능을 한다는 정치 현실에 초점을 두고 전개하는 이론이다. 19세기 산업혁명 이후 현대 사회는 어쩔 수 없이 자본을 중심으로 사회의 모든 양상들이 전개되는 모습을 보이고 있다. 자본의 측면에서 볼 때 공산주의나 사회주의 역시 자본주의의 한 변형일 따름이지 별개의 이념이 아니다.

자본주의 사회를 구성하는 다양한 집단 중에서 가장 핵심이 되는 집단이 자본 집단과 노동 집단이다. 왜냐 하면 사회 경제는 자본과 노동을 중심으로 하여 운영되기 때문이다. 자본과 노동은 절대 왕권을 타파할 때 잠시 동일한 방향을 지향하는 것처럼 보였지만 19세기 내내 자본과 노동은 본질적으로 상호 결합될 수 없는 것처럼 움직였다. 자본의 이윤 추구는 무자비하며 인정스러움이 없다. 반면 순수한 노동력 외에 달리 생존 수단이 없는 노동자의 입장에서는 노동력의 무자비한 착취에 저항하여야 한다. 자본과 노동의 등가 교환으로 타협안에 따라 노동력을 제공하지만 드러나는 결과는 자본가는 더욱 풍요로워지는 반면에 노동자는 더욱 가난해지고 소외되는 나락으로 떨어지는 것이었다. 상황이 이러하기 때문에 자본과 노동은 끝없는 대립 구도의 갈등을 만들어 나갈 수밖에 없다. 하지만 사회 전체 구성원의 입장에서는 이러한 대립과 갈등이 바람직하지도 않고 생산적이지도 않으며 또 자본가나 노동자 양측에 실질적인 혜택을 가져다 주지도 않는다. 여기에 적극적 중재자로서의 국가의 역할이 요청된다. 즉 국가, 노동 세력, 자본 세력의 세 집단이 모여서 그 사회의 핵심적인 경제·사회적 이해를 합의하고 이를 실천하기 위하여 합의를 도출하여 나가야 하는 것이다. 이것이 조합주의 국가관이다.

2) 사회적 조합주의 국가론(societal, liberal coporatism): 북구형 조합주의

국가는 자본가와 노동자 사이의 실질적 대등 관계를 유지하고 그것을 보장하여 주는 장치이다. 이 조합주의의 전제는 다원주의 입장에서 복수정당제, 자유권적 기본권, 공정한 선거 제도 등의 기본적인 민주적 정치 과정의 보장이었다. 나아가 노동자들의 이익을 대변해 주는 정당이 정권을 잡아 노동자의 실질적 평등을 보장하여 줄 수 있도록 하는 것이었다. 예컨대 1932년 이후 스웨덴 노동당 정부는 약 60년간 2세대에 걸쳐 집권을 한 것을 들 수 있다. 노사정(勞使政) 합의에 의한 사회적 합의를 도출하여 사회적 조합주의 국가를 건설하여 운영하였다.

노동자들에 대한 법률의 형식적 평등에서 생활의 실질적 평등을 보장하도록 하는 것이었다. 이러한 생활의 보장 부분은 누진정책 등을 통하여 이루어지는데, 고소득층의 희생이 전제되지 않으면 안 된다. 높은 수준의 평등 지수를 보장하고 노동자의 생활 보장과 미래에 대한 불안을 해소하여 나갈 경우에만 사회적 조합주의 국가가 가능하다.

3) 국가 조합주의 : 남미형 조합주의

국가 조합주의 또는 남미형 조합주의라고 불리는 이 조합주의는 독점 자본 세력과 국가가 연계하여 노동 세력을 통제하는 정치 체제를 지칭한다. 노동자의 입장에 서기보다는 국가 전체의 총량적 성장에 중점을 두고 있기 때문에 자본의 논리에 따르는 경향이 강하다. 국내 자본 상황이 좋지 않기 때문에 해외 자본(세계 자본가)과 연결하여 자본력을 확보하려는 정책을 취한다. 자본 중심 정책은 국가가 자본의 편에 서게 하고, 국가의 통제는 주로 노동 부문에 한정되어 있다. 국가와 노동 세력과의 관계는 폐쇄적이어서 노동자의 입장을 정책에 반영하기가 어렵다. 다만 정부 정책에 호응하는 어용 노조 또는 정부의 정책을 따르는 관제 노동 관계만 존속한다.

남미와 같은 이런 국가 상황은 오도넬(G. A. O'Donnell)에 의하면, 관료적 권위주의 정치 체제를 띠게 된다. 이 경우의 국가는 국가 조합주의를 구체적으로 표현한 정치 체제이다. 국내의 관료와 군부, 외세 종속적인 국내 자본가, 세계를 자본 시장으로 만들어 투기와 투자를 통하여 이윤을 획책하는 해외 자본가 3자가 결탁하여 동맹 관계를 형성한다. 이른바 3자동맹이다. 1960년대에서 1970년대 라틴아메리카의 지배적인 정치 체제 형태였다.

칠레의 사례를 보면 1970년 아옌데(Salvador Allende)는 좌익통일연합 후보로 출마하여 칠레 대통령에 당선되었다. 세계에서 최초로 선거를 통한 사회주의 국가의 탄생이었고, 아옌데의 집권 2년 남짓한 기간 동안 산업 시설의 35%와 경작지의 40%를 국유화하였다. 이런 과정에 경제적 위기, 정치적 혼란, 사회적 혼란, 이념적 혼란 등 무질서한 면도 없지 않았다. 이러한 혼란 와중에 아옌데 정권에 대한 일부 국민들의 불만을 수용하여 1973년 3월 칠레 국민들은 자신들의 국가 발전을 평가하는 국민 투표를 실시하였다. 이어 하원의원 전원과 상원의원 반수를 뽑는 선거에서 아옌데 정권은 43.4%의 지지를 얻으면서 의회에서 8석을 추가하였다. 선거에서 칠레 국민들의 뜻은 분명하였다. 그리고 1973년 9월 11일에는 아옌데에 대한 신임투표 계획 발표가 예정되어 있었다. 아옌데는 44%의 지지를 얻어 대통령에 당선된 인물로 재신임 투표에서도 재신임은 거의 틀림없을 것으로 관측되었다. 그러나 이 날 아침 미국의 지원을 받은 칠레의 육·해·공군과 경찰은 쿠데타를 일으켰다. 그들은 군사혁명위원회(군사평의회)를 만들고 의장에 피노체트(Augusto Pinochet) 육군 최고사령관을 선출하였다. 피노체트가 권력을 장악하자 국가 주도의 전형적 남미형 조합주의 국가 형태가 나타났다. 피노체트 정권의 주된 해외 자본은 미국 AT&T가 담당하였고, 관료 군부 해외 자본이 중심이 되어 칠레의 경제 정치를 이끌고 갔다.

이러한 1970~80년대 칠레의 개발 독재 상황에서 무수한 인권 탄압 사례들이 발생하였다. 이 과정에 프레스노(Juan Francisco Presno) 추기경 및 야권에서는 군사 정권에 맞서 민정 복귀 및 칠레 민주화 운동을 추진하였으며, 그 영향으로 1989년에 민주 기독교당의 에일윈(Partricio Aylwin) 대통령이 선출되어 민주주의를 되찾아 오늘날에 이르고 있다.

1960년대에서 1980년대 중반에 이르는 기간 동안 제3세계 국가들에서 군사 정권의 쿠데타가 빈번하게 발생한 것은 기존의 민간 정부 및 군사 정권이 세계 자본가, 특히 미국 중심의 제국주의적 이익을 추구하는 자본가들의 이익을 제대로 반영하지 못하기 때문에 미국의 지원을 받아서 발생된 것이었다.

이런 유형을 우리 나라 역사에서도 찾아볼 수 있다. 1970년대 유신 정권 때부터 1980년대 중반에 이르기까지 회사와 국가의 지시를 받는 어용 노조 지도자의 모습이 그것이다. 이 과정에서 노동 운동 귀족화 현상이 나타나기도 하였는데 이는 노사정 합의를 도출하였다는 형식을 도출하기 위하여 어용 노조의 대표를 옹립하는 데서 나타난 부작용이라 할 수 있겠다. 그러다가 1998년 1월 법적 근거는 없었지만 정치적 합의 기구로 노사정위원회를 출범시켰고, 이 해 6월 이를 대통령령으로 정식 발족하여 실질적인 노사정 협의를 도출하기 위하여 사회적 협의 기구로 운영하고 있지만 노동계의 불신으로 그 활동이 원래 의도하였던 방향으로 순조롭게 전개되지 않고 있는 실정이다.

4) 조합주의 국가론의 강점

조합주의 국가론은 국가 주도의 자본주의 후발 국가의 경제 발전, 사회 현상을 설명하는 데 유리하다. 조합주의 국가론은 특정 국가의 정치사회 현상을 설명할 때 사회 내의 다른 어떤 집단보다 국가(정부)가 주도적이고 능동적인 역할을 하고 있다는 것을 좀더 명료하게 밝혀 준다. 즉 다원론에서 분명하게 설명하지 못하는 국가의 기능과 역할을 조합주의 국가론에서는 좀더 동태적으로 설명할 수 있는 것이다.

또한 조합주의 국가론은 국가 주도의 복지 정책을 설명하는 데도 유리하다. 자본주의 사회의 모순을 극복하고 보완하기 위한 복지 정책에서도 국가가 주도적으로 정책을 추진하여 나가는 것이 훨씬 유리하고 효과적이라는 것을 현실적으로 설명할 수 있다.

사실 이윤을 추구하는 자본주의 초기에는 복지에 관한 사상이 부족하였다. 자본주의 국가에서의 복지 개념은 어디까지나 사후 조정적 의미로서의 복지 개념이지 사전적 배려 사항으로서의 복지 개념을 먼저 거론하지는 않는다. 즉 자본주의 사회의 모순을 보완하는 사후 조정적 의미로서 경쟁 사회에서 탈락한 사람에게 그 사회의 최소한 생활 수준을 보장하는 정도의 소극적 복지 개념이었지 모든 인간이 인간다운 생활을 영위하고 질 높은 삶을 살아가도록 해 준다는 의미에서의 적극적 복지 개념은 아니었다. 하지만 자본주의 사회의 모순이 극심하게 드러나면서 자유·평등 못지않게, 복지와 인권 등이 매우 중요한 개념으로 대두되었다.

복지 정책에 관한 자본주의 관점을 초기 산업 사회의 관점과 후기 산업 사회의 관점으로 나누어 볼 수 있다. 초기 산업 사회는 기본 원리가 무한 경쟁, 적자 생존이다. 이런 무한 경쟁 사회 속에서 풍요로운 부자가 되는 것도 자기의 능력이고, 가난하고 빈곤하게 사는 것도 자신의 책임이다. 더군다나 산업 사회 초기의 '빈민법' 등에서는 가난한 자의 행동을 범죄로 보기도 하였다. 그러나 후기 산업 사회에 접어들고 국가가 국가 모든 구성원의 삶을 책임져야 한다는 국가책임론이 대두되면서 산업 사회를 구성하고 있는 구성원 전체에 대한 균형잡힌 시선을 가져야만 하였고 이 과정에서 복지와 인권의 문제가 저절로 대두되었다. 복지와 인권 부문에서는 무엇보다 강한 자, 가진 계층의 책임과 희생이 뒷받침되지 않으면 안 된다. 힘과 권력, 사회적 부와 기회를 가진 기득권층이 그런 것을 갖지 못한 열악한 계층을 보호하여야 할 사회적 책임을 지니고 있다는 견해가 설득력을 갖게 되었다. 왜냐 하면 그 사회 체제에서 가장 많은 기회와 이익을 향유하고 있는 사람들이 그들이기 때문이다. 체제가 위기에 봉착하면 그 체제를 옹호하고 지키기 위하여 기득권층은 가장 먼저 나서서 자기를 희생하여야 한다. 이것이 노블레스 오블리제(noblesse oblige: 기득권층의 도덕적 의무감)이다. 선진 자본주의 사회에서는 이런 것들이 대체로 잘 지켜지고 있기 때문에 기득권층이 비난받기보다는 사회 구성원 대중으로부터 존경받기도 한다.

하지만 우리 나라 기득권층은 사회적 책무를 수행하는 데 인색할 뿐만 아니라 오히려 이용의 수준을 넘어서 악용하기조차 하고 있다. 정경유착, 기회 독점, 거액 탈세, 이중 국적, 병역 기피 등 사회 정의의 측면에서 보면 바람직하지 못한 사회악에 해당되는 행동들을 당연한 것처럼 하여 왔기에 사회의 존경을 받지 못하고 있는 실정이다. 우리 나라의 부자들과 권력자들이 존경받지 못하는 것은 그러한 부를 축적하고 그러한 권력을 갖기 위하여 기울인 그들의 능력과 노력에 사회적 용서와 인정을 내재시킨 합의된 정당성이 결여되어 있을 뿐만 아니라 그들의 부의 사용과 권력의 행사가 오히려 사회 구성원들의 마음을 짓밟는 경우가 많았기 때문이다. 이런 사회 실태 속에서 소외되고 가난한 자들을 위한 복지 정책은 국가가 주도하여 추진해 나가야 하는 것이 훨씬 바람직하고, 예산 확보, 인력 확보, 관련 기술의 추출 등 여러 면에서 훨씬 효과적이다.

우리 나라가 복지 정책에 더욱 많은 관심을 기울여야 하는 것은 그 당위성 때문만 아니라 정체 경제 체제의 현실 측면에서도 그러하다. 미국 등 서구 자본주의 사회 제도를 도입하여야 하는 것이 국제 정치 역학상 불가피하다면 가능한 자본주의 사회의 모순과 병폐를 줄여 나가면서 궁극적으로 그러한 모순과 병리 현상들이 발생하지 않도록 하면서 우리의 토양과 문화에 맞추어 운용하는 지혜를 이끌어 내고, 나아가 국민적 합의를 도출해 내야 한다. 그러한 시도의 하나가 복지 정책이다. 자본주의 사회의 사후 모순을 보완하는 소극적 의미에서의 복지가 아니라 인간다운 삶을 보장해 주는 의미에서의 사전적·적극적 복지 정책을 마련하는 것이다. 복지의 기능이 반드시 민중들에게만 이득이 있는 것은 아니다. 이것은 체제 유지에도 도움이 되고 기득권층에게도 유리하다. 복지 정책이 잘 마련됨으로써 사회 세력 간 특히 노동과 자본 세력 간 계급 투쟁에 소요되는 기회 비용, 실질 비용, 적대 감정 등 유·무형의 비생산적 소모를 완화시킬 수 있고, 대공황 등 자본 축적 위기에 봉착하였을 때 이를 해소시키는 중요한 기능을 할 수도 있다.

제4절 마르크스주의 국가 이론

1 역사적 배경

봉건 제도에서는 봉건 영주가 최고의 권력을 지니고 있었고, 왕은 실권이 없었으며, 민족 국가의 개념도 없었다. 오로지 생산 수산인 토지를 장악한 봉건 영주의 힘만이 절대적이었다. 이런 권력 구도에 변화를 준

것이 14세기 이후 화폐 경제의 발달이다. 화폐 경제의 발달로 도시 상인들은 원격지 무역으로써 자본을 축적하여 토지에 뿌리를 둔 봉건 영주로부터 독립하여 자기 세력을 키워 나갔다. 여기에 자극을 받아 농민들도 봉건 영주의 착취에 대항하여 투쟁을 하였다. 도시민들은 봉건 영주의 편을 들지 않으면서도 농민들을 돕지도 않았다.

하지만 농민들의 독립과 세력 성장은 상인들의 독립과는 별개로 봉건 영주들의 실질적 세력 약화로 이어지기에 봉건 영주들은 성장하는 농민 세력을 억압하려는 목적으로 봉건 영주끼리 담합하여 왕을 상징적인 존재에서 절대적인 힘을 갖는 권력자로 만들었다. 왕을 절대적 권력자로 만드는 일에는 봉건 영주뿐만 아니라 상인들도 합세하였다. 왕을 절대적 권력자로 만드는 일에는 봉건 영주와 상인들의 뜻이 같았지만 저마다 추구하는 바는 달랐다. 봉건 영주의 입장에서는 당시 유일한 생산 수단, 즉 부와 권력의 축적 수단이 토지와 노동력이었는데, 토지와 노동력을 자기 것으로 만들려는 농민들의 움직임은 곧 영주의 권력과 부가 사라지는 것이므로 이에 대항하기 위하여 봉건 영주는 영주 혼자의 힘보다는 영주들의 담합된 힘을 필요로 하였다. 하기에 담합된 힘의 상징과 실질적 권력이 왕에게 주어졌다. 즉 거대하게 된 왕의 실질적 권력으로 농민들을 억압하고 통제하려 하였다.

반면 상인들의 겨우는 봉건 영주와는 다른 이유로 왕을 절대적 권력자로 만들 필요가 있었다. 봉건 영주의 힘이 상인들에게 미치지 못하도록 하는 것과 안전한 부의 축적 목적이었다. 이러한 목적을 달성하기 위해서는 상인들을 지켜 줄 수 있는 거대한 보호막이 필요하였고, 이 보호막을 만들기 위한 거대 자본이 필요하였으며, 자본 확보를 위해서는 독점권, 국토 통일성, 통행세 없는 자유 왕래, 자유 거래 등의 통일된 제도적 장치가 필요하였다. 이런 제도적 장치의 정점에 왕이 있었다.

왕의 입장에서는 봉건 영주들을 후원하여 줌으로써 봉건 영주가 왕의 세력을 이용하여 농민 세력의 성장을 막음과 동시에 영주들의 충성들을 담보로 하여 더 거대한 권력 구도를 형성할 수 있었다. 상인들과의 관계를 보면 무엇보다 왕권 유지에 필요한 자본 마련이 비교적 쉬웠고, 상인 세력을 통한 영주들의 세력을 견제할 수 있었으며, 상인들로부터 국토 전반적인 상황에 대한 정보를 수집할 수 있어서 통치력을 확보하는 데 아주 적합하였다.

이런 차원에서 왕은 영주들의 후원과 상인들의 관계에서 절대적 힘을 구축하여 나갈 수 있었다. 15~16세기 동안 왕의 권력은 아주 절대적인 것이 되어서 당시 프랑스의 왕 루이 14세는 "짐이 곧 국가다"라고 말할 정도였다. 이율 배반적으로 절대 왕정은 사라지는 봉건 영주 세력과 자라나는 반봉건 세력인 상인 간의 힘의 균형 관계에서 형성되었던 것이다.

절대 왕정은 봉건 영주 군대와 상인 자본을 바탕으로 힘차게 출발하였다. 절대 왕정은 군대 유지, 관료 운용, 호화로운 왕궁 생활을 유지하는 데 엄청난 돈을 필요로 하였으며 이 돈을 마련하는 것은 상인들의 몫이었다. 국내의 금·은(金·銀) 확보에 한계를 느끼면서 상인들은 해외 식민지 개척으로 눈을 돌렸고, 왕은 군대의 힘으로 이를 보장하였다. 금은 중심의 국부 목표는 자연 국가의 산업 정책을 중농주의에서 중상주의로 전환되게 하였다. 이런 전환기에서 상인 자본은 절대 왕정의 보호막 속에서 식민지 지배를 전제로 하여 급속하게 축적되어 갔다. 절대 왕정의 중상주의 정책은 모직물 수출을 강화하게 되는데 이것이 엔클로저(Encloser) 운동으로 연결되어 임금 노동자를 생기게 만들었다. 이 상업 자본이 농업 자본으로 투자되면서 농민층은 심각하게 분열되었고, 소생산자들에게 투입되면서 이후 자본주의 핵심인 산업 자본으로 구축되었다.

하지만 절대 왕정은 원시적 자본 축적 과정에 절대적인 역할을 하였으나, 결국 스스로 만든 산업 자본에 의하여 철저하게 붕괴된다. 그것이 바로 시민혁명이다. 산업 자본가들은 반봉건 혁명을 추진하면서 나아가 부패와 사치의 절대 왕정을 타도하는 투쟁을 전개하였다. 즉 산업 자본가는 스스로의 성장 배경인 절대 왕정을 무너뜨리면서 스스로 그 자리에 앉게 되었다.

영국에서는 청교도혁명과 명예혁명을 통하여 중상주의 지주였던 절대 왕정을 붕괴시키고, 시민 계급이 영국 의회를 장악하면서 급성장하여 나갔다. 절대 왕정의 붕괴와 함께 오로지 상인들만을 위한 각종 규제가 사라져 버리자 시민 계급은 자유 무역의 기치 아래 자기들의 부를 축적하여 나갔다. 시민 계급은 자기 부를 축적하여 스스로의 기회를 창출하는 자율 계급이 되었는데 이들이 바로 부르주아 계급으로 성장하여 나갔다. 미국과 유럽 각국에서도 영국을 본받아 시민혁명은 불꽃처럼 퍼져 나갔다. 프랑스혁명에서 국왕은 단두대의 이슬로 사라졌고, 프랑스군이 독일의 봉건 영주를 분쇄한 여파로 독일에서 시민 계층이 나타났다.

이런 권력의 변화 과정 중에 산업혁명이 발발하여 자본주의는 더욱 성장할 수 있었다. 산업혁명은 면직업에서 비조적 변화를 일으켰다. '제니(Jenny) 방적기' 발명을 통한 생산력 증대는 국민 경제의 모든 체제를 뿌리째 흔들어 버렸다. 제니 방적기를 도입한 소생산자와 그렇지 않은 생산자 간의 생산 소득 격차가 엄청나게 발생하여 한쪽은 산업 자본가로 성장하고, 경쟁에서 밀려난 다른 한쪽은 산업 노동자로 전락하게 되는 소생산자 계층의 양극화 현상이 나타났다.

이후 1790년대에 와트(James Watt)의 증기기관을 이용한 '뮬 방적기'가 만들어져 노동자를 대량 고용하는 대규모 공장 제도가 출현하였고, 이것이 인구의 집중을 불러일으키는 도시화의 원인이 되었으며, 다양한 사회 문제의 집합인 도시 문제를 야기시켰다. 상층 부르주아, 소(小)부르주아, 도시 빈민, 노동자, 영세 농민, 소(小)수공업자, 소상공인 등 다양한 사회 계층이 발생하였고, 이들 간의 사회적 갈등도 증폭되었으며, 국가는 누구 편인가? 국가는 국민을 위하여 무엇을 하여야 하는가? 국가에게 주어진 권능은 무엇이며 무엇을 위하여 존재하는가? 하는 등 국가 기능에 대한 재인식의 문제 의식이 제기되는 시대이기도 하였다.

2. 마르크스주의의 사상적 배경

마르크스주의의 사상적·논리적 기초는 19세기 독일의 고전 철학에서는 헤겔(Georg W. F. Hegel), 포이에르바흐(Ludwig F. Feurebach) 등이 주장하는 변증법적 유물론과 사적 유물론(史的唯物論), 영국의 고전 경제학 중에서도 스미스(Adam Smith)의 고전 경제 논리, 리카도 등이 주장한 노동가치설, 프랑스 계몽사상의 영향 및 생시몽(Claude H. Saint-Simon)·푸리에(François M. C. Fourier) 등의 프랑스 사회주의·공산주의 사상 등이다. 이를 비판적으로 계승·발전·통일시킴으로써 그의 사상은 형성된 것으로 보인다. 레닌(Vladimir I. Lenin)은 이를 '마르크스주의의 세 가지 원천'이라고 명명하였다. 또한 고대의 유물론 철학, 홉스·로크·루소 등의 근대 시민 사상, 다윈(Charles Darwin)의 진화론을 포함한 자연과학의 성과, 정치학의 계급 투쟁론 등도 마르크스주의의 사상 형성과 전개에 큰 역할을 하였다. 엥겔스는 생시몽, 오언(Robert Owen), 푸리에 등의 '공상적 사회주의'에 대비하여 근대 여러 과학 분야에서 이끌어 낸 마르크스의 사회주의 사상을 '과학적 사회주의'라 하였다.

그리고 마르크스 자신의 사상 과정을 초기, 중기, 후기로 나누어 살펴볼 수 있다. 초기는 주로 사회 현상 파악에서 나온 이념 확립의 성격이 강하다. 헤겔 좌파에 속하는 급진적 민주주의자의 관점을 나타낸『경제학·철학초고(草稿)』(1844), 유물사관을 확립한 엥겔스 공동 저술의『독일 이데올로기』(1845~46) 등의 저술 활동이 초기에 속한다. 중기는 현실 세계에서의 실천과 반성의 성격이 강하다. 1848년의『공산당선언』, 1848년 이후 혁명의 패배·성찰을 거쳐 정치경제학을 비판하는『경제학비판요강』(1857~58) 작성에 힘을 기울인 시기를 말한다. 후기는 1864년 9월 28일 영국 런던의 세인트 마틴 홀(Saint Martin Hall)에서 제1

인터내셔널(국제노동자협회)을 창립하고, 『자본론』 제1권의 간행(1867), 제1 인터내셔널의 지도자로서의 파리 코뮌 경험(1875), 『프랑스의 내란』(1871) 및 『고타강령(綱領) 비판』, 『자술리치(V. I. Sassulich)에게 보내는 편지』 등을 집필, 『자본론』 제2권 이후를 들 수 있다.

3. 마르크스 사상의 내용

첫째, 마르크스는 인간 해방을 지향한다. 초기 마르크스는 그리스도교적인 보편주의와 프로이센 국가의 환상적 공공성을 인간의 유적(類的) 본질의 소외 형태라고 생각하고, 인간의 공동성 회복을 위해서는 사적 이해 대립을 가져오는 사적 소유를 폐지해야만 한다고 하였다. 역사 발전의 주체를 현실적 개개인으로 간주하고 인간 생존의 제1조건인 생산에 착안하였다. 생산 활동 속에서 이루어지는 인간과 자연, 인간과 인간의 사회적 교류 방법에 관점을 둔 사적 유물론을 완성하였다. 정신과 의식이라는 형이상학적 개념과 물질의 향유와 소비를 통하여 생존하여야 한다는 형이하학적 개념은 서로 본질적으로 상충하며, 이 내적 모순이 변화와 발전을 일으켜 나가는데, 이 과정에서 물질이 정신의 작용에 일단 우선한다는 변증법적 유물론을 전개하였다.

둘째, 유물사관(唯物史觀) 또는 사적 유물론이다. 자연과 사회 안에 있는 모든 만물은 끊임없이 운동·변화한다고 보는 것이 변증법이다. 이것을 인간 사회에 적용함으로써 인간 사회의 역사적 발전을 일반적 법칙으로 설명하려는 것이 유물사관이다. 물질적 생산 양식이 사회적·정치적·정신적인 생활 과정을 규정한다. 즉 인간의 의식이 그들의 존재를 규정하는 것이 아니라, 반대로 그들의 사회적 존재가 그들의 의식을 규정한다. 물질 생산력이 일정한 발전 단계에 이르면, 지속되어 온 현존의 생산 관계, 이른바 소유 관계와 모순 상태에 빠져 경제 구조의 변화를 초래한다. 이러한 경제 구조 변화에 따라 상부 구조도 변화된다.

역사적으로 보면 원시 공동체, 농업 계층화, 봉건 영주제, 근대 부르주아적 생산 양식으로 전개되어 왔고, 종국에는 공산주의 사회가 달성된다는 관점이다.

셋째, 부르주아지와 프롤레타리아트의 발견, 그리고 계급 투쟁이다. 자본주의는 생산 수단으로서 자본을 소유한 부르주아지와, 상품으로서의 노동력 판매만이 유일한 생존 수단인 프롤레타리아트로 구분되는데, 양자는 본질적으로 모순 대립적 투쟁 관계에 놓여 있다. 마르크스는 계급 투쟁론에 의하여 자본주의 사회 내부에서 사회주의·공산주의로 변혁하는 프롤레타리아트의 역사적 사명을 발견하고 노동자 계급 정당 결성의 의의를 말하였다. 노동자 계급은 폭력 혁명을 일으켜 자본주의를 전복할 것과, 자본주의가 전복되면 과도기적으로 프롤레타리아트 독재를 실시하여 사적(私的) 생산 수단을 사회화(국유화)하여 궁극적으로 부르주아 계급을 소멸시킨다. 나아가 생산력을 고도로 발전시켜 풍요로운 사회 속에서 계급도 없고, 계급적 억압 기구로서의 국가도 없는 자유와 평등이 완전히 실현되고 물질적으로 풍부한 공산주의 사회를 실현할 것을 목표로 하고 있다.

넷째, 잉여가치설이다. 자본주의 사회의 본질은 상품 생산과 유통 구조이다. 본질적인 노동력조차도 하나의 상품에 불과하다. 생산 과정에서 자본가가 구매한 노동력 상품은 자본의 통제하에서 제품 생산에 투입된다. 생산된 제품은 소비자에게 시장 가격으로 판매되고 시장 가격에는 자본가가 추구하는 이윤이 포함되어 있다. 이 이윤을 쪼개어 가져 가는 사람들은 산업 자본가(산업 이윤), 상업 자본가(상업 이윤), 대부 자본가(이자), 지주(지대) 등인데, 본질적으로는 노동력이 투입되어 생성된 가치들이다. 하지만 노동자는 자기가 판매한 노동력 가치 이상으로 초과 가치를 생산하여 이윤의 형식으로 자본가들에게 제공하는데, 이 초과 부분을 잉여 가치라 한다. 즉 잉여 가치는 투하 자본의 가치를 웃도는 자기 증식(自己增殖)된 가치로서 이윤으로 전환되어 기업자 이득·이자·

지대(地代)의 명목으로 분할되어 배분되는 것이다. 마르크스의 『자본론』은 잉여가치론의 바탕 위에서 자본주의 사회를 분석한 것이다.

다섯째, 사회주의와 공산주의이다. 자본가들의 잉여 가치 착취에 반대하는 노동자 계급 투쟁은 궁극적으로 생산 수단의 공동 소유를 기반으로 하는 공산주의 사회를 목표로 한다. 그러나 사회주의 혁명이 일어나는 즉시 공산주의가 실현되는 것이 아니고, 그 과도기적 정치 형태가 나타난다. 이 과도기적 형태가 프롤레타리아 독재 국가이다. '자본주의 사회에서 갓 태어난 공산주의'의 제1 단계에서도 자본주의 사회의 흔적이 남는데, 레닌은 이 제1 단계를 사회주의 단계라고 하였다. 러시아혁명 이후 생겨난 사회주의 국가에 대해서는, 이것이 마르크스가 구상한 공산주의로 나아가는 발전 단계 중 어느 단계에 있는지를 둘러싸고 논쟁이 계속되었다.

4. 마르크스와 레닌의 국가론

1) 마르크스의 국가론

사회 구조나 사회 의식은 그 사회의 경제적·물질적 조건에서 생성된다. 국가도 마찬가지이다. 국가가 사회를 형성하는 것이 아니라 사회가 국가를 형성한다. 국가는 역사적·사회적 조건에 따라 그 성격이 규정되고 그 위상이 정립된다. 국가는 인간 정신의 보편적인 발달이나 인간의 의지의 집합체에서 발현된 숭고한 의지와 의미로서 형성되는 것이 아니라 구체적이고 직접적인 물질의 생산 관계에서 출현되는 것이기 때문이다. 물질과 물질이 가공된 제품의 생산 관계에 바탕을 둔 국가는 그 사회의 공공선(common good)을 달성하기 위하여 엄숙하게 존재하는 것이 아니라, 다만 그 사회 생산 양식에 내재된 고유한 계급 구조의 정치적 표현체일 따름이다. 그렇기 때문에 자본주의 국가는 생산 수단을 장악한 부르주아지에 의하여 지배되는 계급 사회일 뿐이고, 국가라는 사회적 제도 또한 절대적 의미로 완성되어 있는 지상의 무엇이 아니라 다만 지배 계급이 그들의 이익을 확보하고 유지하기 위하여 피지배 계급을 억압하고 착취하고 통제하는 데 반드시 필요한 필수적 수단일 따름이다.

그 사회의 지배 계급이란 그 사회의 주요한 물질적 생산 수단, 정신적 지배 수단을 소유하고 마음대로 활용할 수 있는 강한 집단을 말한다. 실제적 상황이 이러하기에 국가, 또는 국가 기구는 국가 사회 내의 제반 정치 집단, 계급 집단 간의 계급 투쟁에 초월하여 초연해 있는 절대적 가치 중립적 존재가 아니라 지배 계급의 이해 관계를 대변하기 위하여 국내의 계급 투쟁 속에 깊숙이 개입되어 있는 이해 당사자이다. 즉 국가는 그 사회 내 지배 계급의 도구이자 수단일 따름이다. 이러한 관점에 대하여 몇 가지 논의가 제기된다.

첫째, 국가가 지배 계급의 이익을 위하여 다른 계급을 억압하는 것이 국가 역할의 본질이라면, 국가는 과연 어느 수준까지 부르주아지의 대변자 역할을 하며, 수단과 도구로서의 기능을 하고 있는가에 대한 논의이다. 여기에 두 가지 견해가 있다. 하나는 공산당 선언의 "국가는 부르주아지의 정치위원회에 불과하다"고 하는 데서 알 수 있듯이 국가는 지배 계급의 단순한 도구·수단에 불과하다는 것이 있고, 다른 하나는 상대적으로 뭔가 자율성을 가지고 있다고 보는 네오 마르크스주의자의 입장이 있다. 국가의 억압 기제가 절대적인 것인지, 상대적인 것인지에 대한 것이 논의의 핵심이다.

둘째, 지배 계급이 권력을 장악하여 그들의 국가 기구 속에 들어가게 될 때, 또는 지배 계급이 아닌 자가 국가의 주요 기구 속으로 들어갈 때 이 때 국가의 성격은 어떠하겠는가 하는 문제이다. 이 때도 마찬가지로 국가는 지배 계급의 도구에 불과한 것인가에 대한 논의이다. 하나는 국가 기구의 최상급 계층(대통령, 수상, 국회의원, 장관, 차관, 법관, 판사, 검사, 기타 고위 공직자, 교수 등)에 속한 이들은 비록 그 출신 성분에서 다소의 차이가 난다고 할지라도 그들은 주로 그 시민 사회를 지배하고 있던 동일한 계급에 소속되었던 사람들이기에 지배 계급의 이념이나 행태에서 크게 벗어나지 않는다. 왜냐 하면 그들 각자의 사회적 배경은 비록 다르다 할지라도 그들이 받은 교육 내용 및 가치 의식은 동일한 것이기 때문이다. 따라서 성분이 어떠하든 국가 기구는 그 사회 지배 계급의 이익을 대변하는 수단에서 벗어날 수 없다. 다른 하나는 비록 국가 기구가 상대적 자율성을 가질 수 있다고 하더라도 자본주의 국가는 그 자체의 속성과 역량을 확대·달성하여야 하기 때문에 결국 드러나는 결과는 지배 계급을 위한 것으로밖에 되지 않는다. 어떤 형태로든 국가를 전복시켜 혁명적 근본 변화가 발생하지 않는 한 국가 기구는 지배 계급의 대변자이자 지배 계급 이익 확장 수단에서 벗어날 수 없다.

2) 레닌의 국가론

레닌은 혁명가이며 정치가이다. 레닌에 비하면, 마르크스는 구체적 정치를 하지 않은 단순한 사상가로서의 모습이 더 강하다. 레닌은 자본주의에서 공산주의로 이행하여 나가는 과정 중의 국가 즉 사회주의 국가 체제에 큰 관심을 두었다. 공산주의로 가기 위한 혁명의 전략적 차원으로 중간 단계인 사회주의 이행에 많은 관심을 두었던 것이다. 또한 혁명 과정에서의 부르주아지 국가의 역할을 분석하였다. 그리고 레닌은 1917년 러시아혁명이라는 독특한 실천적 맥락 속에서 자신의 사상을 실천하려 하였다. 예컨대 계급 투쟁 개념을 실천적으로 확대할 필요가 있음을 절감하고 권력 장악과 권력 유지를 별개의 개념으로 구분하면서 1871년 3월 집권하여 72일 만에 붕괴된 파리 코뮌의 전철을 밟지 않기 위하여 노동자 권력이 탄탄한 대중적 기반을 조직하여 나가야 한다고 강조하였다.

1919년 3월 크레믈린 제3인터내셔널(공산주의 인터내셔널) 창건시 레닌이 기초한 '부르주아 민주주의와 프롤레타리아 독재에 관한 테제'에서 프롤레타리아 독재를 일반 독재와 동일시하여 비난하는 것을 단호하게 배격하고 정통적 마르크스주의 입장에서의 프롤레타리아 독재를 분명하게 천명하였다.

레닌은 국가가 지배 계급의 관리 기관으로서 국가 사회 내의 계급 간 갈등을 화해시키려고 노력하지만 본질적으로 계급 간 화해는 성립되지 않는다고 하였다. 레닌은 또한 "국가는 폐지되는 것이 아니라 소멸된다"는 엥겔스의 국가소멸론 수용하였다. 사회주의 혁명을 이룬 후에 '생산 과정에 대한 명령'으로 국가는 전체 사회의 이름으로 생산 수단을 장악하여야 한다고 하였다. 레닌의 국가 이론은『국가와 혁명』『국가론 노트』등에 잘 나타나 있는데 마르크스에 비하여 풍부한 내용이 많다. 그리고 레닌은 권력의 속성을 정확하게 꿰뚫고 있었다. 유사 이래 그 어느 지배 세력도 자기의 권력을 스스로 내어 준 적이 없다. 하기에 억압받는 계급의 진정한 해방을 위해서는 폭력 혁명의 과정을 거치고, 권력의 강압을 통하여 대중 계급을 소외시키는 '국가 권력 기구'를 파괴하지 않고서는 불가능하다고 하였다. 또 레닌은 혁명 정권에 대한 부르주아지의 저항과 반동이 거세어지는 것을 충분히 예견하였다. 만약 특권적 지위의 근절을 통하여 계급으로서의 부르주아를 소멸시키려고 한다면 그들이 아주 강력하게 저항할 것이다. 하기에 부르주아의 저항을 강제적으로 제거하거나 통제하기 위해서는 힘 있는 노동자 독재 국가가 반드시 필요하다. 즉 프롤레타리아 독재 국가가 반드시 요망되는 것이다.

레닌은 부르주아 독재에서 프롤레타리아 독재(중국의 경우 인민민주주의 단계)의 중간 단계를 거쳐 무계급 사회로 진행되는 중간 과정에 소비에트 국가가 존재한다고 보았다. 대내외적 도전과 경제적 위기를 극복하기 위하여 당 중심의 국가 권력을 행사하여야 한다고 하였다. 이런 논리에 따라 소비에트로부터 권력을 이양받고, 적군(赤軍)으로부터도 지원을 받아서 볼셰비키당 중앙위원회에 모든 권력을 집중시켰다. 이른바 당은 대중을 이끌고 노동자들은 당의 지도와 명령을 따라야 한다는 전위당(前衛黨) 이론을 실천하였던 것이다. 하지만 레닌, 트로츠키(Leon Trotskii) 등이 주장하는 중앙집권주의는 룩셈부르크(Rosa Luxemburg)[3] 로부터 비난을 받았다. 그녀는 모든 노동자의 참여를 통한 계급 독재를 요구하였다.

5. 네오 마르크스 사상(neo-Marxism)

1) 마르크스 사상에 대한 무관심 및 연구 부족 배경

사회주의, 공산주의 개념은 자본주의 발달에 따르는 착취 현상, 빈익빈 부익부 현상, 공황 등의 모순에서 탄생되었다. 하지만 1950년대까지는 마르크스주의의 국가론이 활발하게 제기되지 못하였다. 몇 가지 이유를 살펴보면 다음과 같다.

첫째, 마르크스 국가관은 대항 이데올로기적 성격이 너무나 강하기 때문이다. 1950년대까지 국제 사회에서는 자유, 민주, 경제 성장, 전후 복구 등이 자유 진영의 지배적인 이데올로기였던 반면에 마르크스는 이에 대한 대항 이데올로기의 성격이 강력하였다. 대항 이데올로기로서의 마르크스 저서들이 출판 금지되는 것은 당연한 추세였다. 마르크스의 저서들로서 『헤겔법철학 비판』(『공간』 1927년, 『독자의 손』 1970년), 『독일 이데올로기』(1932년), 『경제철학 초고』(1932년 발견), 『*Grundrisse* (자본론의 초고』, 1959년 『유포』, 1973년 영역) 등이 있었다.

둘째, 러시아혁명 이후 국제 정치적 상황이 마르크스주의자들에게 호의적이지 못하였다. 러시아혁명 이후 러시아, 중국, 기타 사회주의를 표

3) 룩셈부르크(Rosa Luxemburg 1870-1919)는 유태인 출신으로 폴란드의 국제 사회주의 운동의 지도자로 활동하였으며, 1919년 우익 군인에 살해될 때까지 독일 공산당의 설립에 힘썼던 여류 혁명가이다. 1917년 감옥에서 풀려난 그녀는 리프크네히트(Karl Liebknecht)와 함께 독일 공산당의 전신인 스파르타쿠스단을 조직하고 쿠데타를 통하여 사회주의혁명을 이루고자 하였으나 1919년 독일 우익 장교들로 구성된 보수파들에 의하여 살해되었다.

방하는 국가들에서 벌어지고 있는 살인, 숙청, 혼란, 파괴, 혼란스러운 양상들은 비사회주의 국가들로 하여금 마르크스 사상에 혐오를 갖게 만들었다. 그러한 시대 상황 속에서 대부분의 사람들은 마르크스를 몰랐거나 마르크스 사상의 일부만을 이해하였다. 예컨대 포퍼(Karl Popper)는 『열린 사회와 그 적들』이라는 그의 저서에서 마르크스의 사상을 최악의 전체주의를 낳게 한 정신적 비조라고 혹평하였고, 자유민주주의 사회를 우리가 바랄 수 있는 가장 이상적인 사회라고 하면서, 이상 사회(理想社會, utopia)를 단숨에 실현하려는 시도는 필연적으로 폭력―공정성을 상실한 공권력이나 법질서를 무시하는 시민행동 또한 폭력이다―을 동반하게 되며, 결국 폭력은 문제의 해결보다는 새로운 혼란과 갈등만 야기한다고 하였다. 터커(R. Tucker)는 마르크스 사상을 인간의 자유 의지를 파괴하고자 하였던 편협된 유물론자라고 혹평하였다.

셋째, 스탈린(Iosif V. Stalin)이 레닌의 정통 후계자라는 오해이다. 1917년 10월 레닌의 의하여 주도된 러시아혁명은 인류 최초로 성공한 사회주의 혁명이었다. 10월혁명을 성공시킨 레닌의 국가 이론과 혁명 이론이 마르크스주의의 정통적 교범으로 정립되어 이후 대개의 사람들은 사회주의 공산주의 사상을 마르크스-레닌 사상으로 불리게 되었다. 그리고 스탈린은 마르크스-레닌 사상을 이어받은 정통적 적자(嫡子)라고 생각하는 경향이 일반적이다. 보통 레닌과 스탈린의 관계에서 스탈린을 레닌 및 볼셰비키당의 합법적 상속자라고 생각하고 있다. 특히 소련의 지배 세력(당, 관료 집단)과 자본주의 이데올로그들은 비록 각각 다른 이유에서 그렇게 하려 하지만 스탈린을 레닌의 정통적 후계자로 인정하고 싶어하고 그렇게 보고 있고 그렇게 말하고 있다. 이런 풍토가 바로 레닌과 스탈린은 동일하다는 오해를 고착시켰다.

사실 레닌이 일으킨 10월혁명은 사회주의 관점에서 보면 대단히 성공적인 것이었다. 하지만 좀더 엄격하게 말하자면 레닌 사후에 등장한 스탈린 체제는 정치적 구호는 사회주의였지만 사실 자본주의 생산 양식을 철저하게 모방하여 관료에의 권력 집중과 국가 중심주의 계획경제 방식으로 강력하게 밀고 나간 스탈린주의적 부르주아일 따름이다. 레닌이 일으킨 10월혁명에는 노동자 민주주의 권력, 농민에 대한 수탈 폐지, 민족적 억압의 철폐, 남녀 평등 등 괄목할 만한 사회주의 성과가 있었지만 1923년 중병으로 죽음을 바라보는 레닌은 도저히 그러한 성과들을 체계적으로 또 지속적으로 추진하여 나갈 여력이 없었다. 이런 와중에 노동자 계급 권력 구축은 요원해지고 대신 관료 집단 권력이 서서히 대두되면서 나중에 러시아 관료제의 확대로 이어졌다. 스탈린은 거대한 관료제에 의지하여 피의 숙청을 감행하면서 중앙집권적 국가 성장을 도모하여 나갔다. 스탈린 관료 집단은 노동자 농민들의 국가 건설이라는 정치 슬로건을 거대하게 내세웠지만 정작 노동자 농민들은 그 자리에 없었다.

1917년 10월혁명 이후 내전으로 파괴당한 다급한 상황을 극복하기 위하여 내키지는 않지만 제한된 범위 내에서 자유 시장 경제 체제를 일시적으로 허용하는 자본주의 생산 양식 체제인 신경제 정책(NEP: New Economic Policy)을 1921년부터 제1차 5개년계획이 시작되는 1928년까지 실시하였다. 그 결과 노동자 인민 대다수의 생활 수준은 완만하게 향상되었다. 하지만 혁명 정신에 위배되는 소자본가들, '네프맨(NEP man)', 소상인들과 부농인 쿨락들의 영향력도 커졌다. 그들은 담합을 통하여 곡물 가격을 상승시키려고 하였다. 스탈린은 곡물 강제 징발제, 토지 집산화 등의 정책을 통하여 강제 계획경제를 추진하였다. 스탈린의 관료 집단은 소련 경제가 선진 자본주의 국가들보다 50~100년 뒤져 있다고 보고 의욕적으로 이를 10년 안에 따라잡으려 하였다. 경제 성장을 급속하게 이룩하기 위해서는 국가 중심의 강력한 경제 정책을 펼칠 필요가 있었다.

하지만 자본주의 생산 양식의 경제 성장 정책을 답습하는 스탈린 관료집단 권력 체제 아래에서 노동자와 농민은 저절로 소외될 수밖에 없었다. 국가 주도의 착취 결과로 노동자, 농민들의 생활 여건은 극심하게 악화되었다. 레닌에게는 노동자, 농민이 주체이고 관료제가 서비스 집단이었다면, 스탈린에게는 중앙집권적 관료 집단이 주체이고 노동자, 농민들은 생산 수단에 불과한 것이었다. 레닌과 스탈린 간의 이런 이념적 현실적 차이가 현격하게 있음에도 불구하고 스탈린의 정치 공작에 의하여 러시아 내부에서나 외부에서 스탈린은 레닌의 정통 후계자로 인식되었던 것이다. 그리하여 반공산주의자들에게는 스탈린의 피의 숙청은 곧 레닌의 폭력 혁명의 본래 모습이라는 등식이 각인되었다. 그 결과 반자본주의 기치를 내세우는 공산주의 혁명에는 결국 공산당 관료 중심의 지배 세력이 권력을 장악하려는 권력 투쟁의 목적 외에 다른 숭고한 이념이 존재하지 않고, 러시아혁명은 역사의 오류이며, 공산주의는 집단적 전체주의로 귀결되어 개개인의 인격, 인권, 존엄성, 자유, 자율을 추구하고 있는 자유민주주의 세계와 구별되고 따라서 필연적으로 공산주의 혁명은 파멸할 수밖에 없다는 논거를 제공하는 빌미가 되었다. 이런 인식 때문에 서구 사회에서는 마르크스, 엥겔스, 레닌의 사상이 제대로 인정받지 못하였고 1950년대까지 연구도 활발하게 이루어지지 않았으며, 사회주의와 공산주의에 대한 혐오 의식까지 생겼다. 1950년 2월 미국에 불어닥친 공산주의자 침투 유언비어의 매카시 선풍(McCarthyism)도 이런 공산주의에 대한 서방 세계의 인식을 잘 반영한 것이라 하겠다.

넷째, 당시까지 자유방임주의적 고전학파의 영향, 부르주아의 활동이 중심이 된 시대 상황으로 말미암아 국가의 역할이 크지 않았기 때문에 국가에 대한 단일한 논문, 책, 논고들이 그렇게 많지 않았다. 그러한 연구물들은 마르크스 자신도 갖고 있지 않았는데, 마르크스주의 관점에서 쓴 국가 이론은 마르크스 자신이 쓴 것이라기보다는 마르크스의 관점으로 후대의 마르크스주의자들이 만들어 낸 창작물일 가능성이 많다. 국가에 관한 연구물이 많지 않은 이유는 사실 1930년대까지 자본주의 발전의 추진 주체는 국가 기구라기보다는 사적 영역(private sector)이었고, 따라서 국가의 기능이 중시되지 않은 풍조 때문이었다. 경제 계획에 대한 국가의 관심과 역할은 위의 스탈린의 계획 경제와 루스벨트(Franklin D. Roosevelt)의 뉴딜 정책 이후 강조되었으며, 이후 국가의 기능에 관한 관심이 증폭되었다고 볼 수 있다. 이후 국가에 관한 논의가 단편적으로 언급되었다. 예컨대 헤겔의 비판적 국가 논의, 루이 나폴레옹의 독재를 논하는 부뤼메르 18일, 1887년의 파리 코뮌에 관한 글 등이 그것이다. 하지만 국가에 관한 본격적 조망은 엥겔스의 후기 저작과 레닌의 『국가와 혁명』(1917)에서부터이다.

그러나 무엇보다 마르크스주의의 관점에서 국가 연구가 본격적으로 시작한 것은 1950년대 이후부터인 것으로 보인다. 마르크스 사상이 국가 연구의 주요 주제로 등장하게 된 배경은 다음과 같다. 즉 사회, 경제의 일상 및 국가 주요 정책에 국가 기구 및 정부 등 공공 부문이 일상적으로 개입하고 그 영향력이 지대하게 증대되었으며, 스탈린주의가 막을 내리기 시작하였다. 또 냉전 체제가 와해되면서 평화 공존이 조성되고, 서구 공산당 안에 지적 자유의 분위기가 형성되었으며, 소련으로부터 독립된 유로 코뮤니즘이 등장하고, 미국에서 매카시 선풍이 완화되면서 마르크스에 대한 탄압이 완화되었다. 이런 이유들 때문에 1950년대부터 국가 연구에서 마르크스 시각이 본격적으로 개입되어 국가 이론이 분석되기 하였다.

2) 네오 마르크스주의자의 국가 이론

서구의 지적·정치 문화의 영향으로 네오 마르크스주의자들은 국가의 상대적 자율성을 강조하고 있다. 여기에 속하는 이론가들은 그람시, 알튀세르, 폴란차스, 밀리밴드 등이다.

(2) 연 원

첫째, 네오 마르크스주의의 등장 배경은 일당 독재를 강하게 거부하는 서구의 역사적 배경을 들 수 있다. 서구의 정치·역사적 문화의 전통은 근본적으로 개인주의적 시민 문화를 바탕에 깔고 있다. 이러한 근본적인 인간관 때문에 노동자들의 단결을 강조하는 정통적 마르크스-레닌의 이론으로서 서구 사회의 본질을 정확하게 설명하기 어렵다. 따라서 마르크스-레닌의 이론을 서구 사회에 맞게 변형시켜야 할 필요가 있었다. 이런 관점에서 이들은 마르크스 사상의 인본주의(휴머니즘)의 측면을 강조하면서 이론을 전개시켜 나갔다.

둘째, 그들은 정통파 마르크스주의가 현실 사회를 설명하는 데 부적절한 측면이 있다는 것을 인식하였다. 정통파 마르크스주의는 모든 것을 권력의 상충 구조로 공식화(formalism)하고 있기에 아주 경직되어 있다. 이는 기계화된 화석화된 관점이고, 환원론적 관점이라 하지 않을 수 없다. 따라서 마르크스주의의 인본주의적 정신을 살리면서 서구 사회를 정확하게 해석할 수 있는 새로운 마르크스주의를 모색하여야 할 필요성을 느끼지 않을 수 없다.

셋째, 파시스트의 등장을 가져온 이탈리아의 경험이다. 반노동자 정당인 파시스트당(국가노동자당)이 노동 대중의 지지를 받아 등장한 점이다. 노동자의 이익을 대변해 주는 정치 조직체가 공산당이며 노동자 중심의 이념 형성화가 공산주의임에도 불구하고 이탈리아에서는 아주 역설적인 사례가 발생하였다. 즉 노동 대중들이 자신의 이익을 가장 잘 보장해 주는 공산당을 거부하고 자본주의와 친화력을 가지고 있는 파시스트당의 편을 들었던 것이다. 도대체 그 이유가 무엇인가 여기에 관심이 모아졌다.

넷째, 이런 관심을 바탕으로 하여 노동 대중들이 헤게모니를 장악하기 위한 군사 전략인 진지전과 기동전의 개념을 도입하였다. 먼저 자본주의 국가의 지배 양상을 정확하게 살펴보아야 한다. 선진 자본주의 국가에서는 시민 의식에 의하여 시민 사회가 발달한 사회이다. 이 사회는 억압적인 국가 장치들을 통해서만 지배되는 사회가 아니다. 이 사회의 토대인 시민 사회의 영역은 아주 다양하고 그 구축 영역도 크다. 국가도 그 토대 위에 구축되어 있는 단지 작은 한 부분에 불과하다. 그리고 이 사회는 국가의 억압적 기구뿐만 아니라 이데올로기를 통하여 지배하는 사회이기도 하다. 이 사회 속에서는 지금까지는 가장 덜 이념적이라고 가정하여 왔던 프롤레타리아까지도 정치와 이념에 포함되어 있다. 그렇기 때문에 국가의 총체적인 정치 권력과 이념을 장악하지 않고서 단지 억압적 국가 기구인 군대, 경찰, 관료, 그리고 생산 수단인 산업 기반과 자본만 장악하여 혁명을 추진하여 나간다는 것은 아무런 효과가 없다. 상황이 이럼에도 불구하고 대개의 혁명가들은 정통적 마르크스-레닌의 투쟁 방식에 집착하고 있다. 이런 방식은 실패를 스스로 자초하는 것이다. 이런 방식은 동양의 전제주의 국가나 개발도상 국가에서는 더 유용하게 적용될지는 모르나 서구 사회에서는 맞지 않다. 따라서 이런 사회구조를 개선하려는 목적을 가진 혁명 정당은 단순히 노동자들의 단결과 투쟁만을 강조하는 기동전의 방식에서 벗어나야 한다. 다양한 진지를 구축하여 다양한 전선에 투입시켜 자본주의 지배 이데올로기에 전방위로 대항할 수 있는 헤게모니 획득 진지전을 모색하지 않으면 안 된다. 다양한 진지 구축을 통한 헤게모니 쟁탈전을 실천하지 않는다면 이제 더 이상 대중의 정치화를 기대할 수 없다. 이러한 상황들을 그람시는 인식하여 설명하였다.

다섯째, 반스탈린주의 운동 즉 스탈린 격하 운동이다. 스탈린 치하의 소련이 가장 이상적인 노동자 국가가 되어야 하는데 현실은 그렇게 되지 않았다. 이런 측면을 중시하면서 프랑크푸르트 학파는 휴머니즘에 초점을 맞추었다. 프랑크푸르트대학의 하버마스(Jürgen Habermas) 등은 마르크스·레닌의 휴머니즘적 측면을 수용하였지만 스탈린의 독재적·전체주의적인 측면을 버렸다. 그들은 마르크스주의의 변용을 통하여 서구의 시민 정치 문화에 걸맞은 국가 개념을 구성하였다. 이를 상대적 자율성(relative autonomy)이라 할 수 있다.

(2) 내 용

네오 마르크스주의는 서구 사회의 역사적 배경 속에서 마르크스 사상을 기본적으로 관철시키면서 서구 사회 현상을 설명하고 있다. 우리 나라의 경우 정통 마르크스주의에 대한 금기 풍토 속에서 우회적으로 들어온 측면이 강하다.

첫째, 자본주의 국가는 본질적으로 자본가 계급의 지배가 관철되고 있다. 국가가 계급 지배를 반영하는 한 국가는 그 기능상 한계를 가지고 있다. 국가의 통치 외양은 공공 권위(공권력)을 갖고 공공선을 달성하는 공적 위탁자의 모습을 가지고 있다. 그러나 공공선이라 표현되는 것은 국가의 공식적인 언명(목표)에 불과한 것이며 진정한 것은 아니다. 그런 구호는 단지 이데올로기(허위 의식)에 불과하다.

둘째, 국가가 사회에 개입할 때 일정한 한계는 분명히 있다. 그러나 국가 기구와 경제 부문의 지배 계급이 오로지 하나의 단일체(단일 기제)로 되어 있다는 정통 마르크스주의 가정은 서구 사회의 현실에 비추어 볼 때 잘못된 것이다.

셋째, 정통적 마르크스-레닌 이론에서는 정치를 경제의 종속 변수로 보았지만, 네오 마르크스에서는 정치를 경제와 같은 동일선상에 두고 상호 독립 변수로 본다.

넷째, 정당화의 문제이다. 행정 국가화된 현대 사회에서의 여러 현상을 두고 볼 때 국가는 가장 중요한 역할을 하고 있다. 이 국가를 '사회의 중립적인 관리자'로서 인식하여 분석할 때 국가의 계급적 성격이 가장 효과적으로 은폐된다. 근대 민주주의 국가가 그 이전의 국가 체제에 비하여 뛰어난 것은 정당화의 능력이 뛰어나기 때문이다.

(3) 공 헌

네오 마르크스주의의 이론적 공헌도는 다음과 같다.

첫째, 정치와 경제로 분리해서 연구하는 것은 불가능하지만 단일체로 해석해서도 안 된다는 인식을 갖게 하였다. 정통적 마르크스-레닌주의자들이 정치와 경제를 지나치게 단순화시켜서 해석하였던 부분을 극복한 점이다. 국가 사회 내의 다양한 시민 사회 존재 가능성을 인식하였다.

둘째, 국가 개입의 한계를 지적하였다. 제3세계에서의 국가 중심의 성격을 비판하였고, 특정 지도자의 역할을 지나치게 강조하고 있는 부분에 대해서도 비판을 가하였다.

셋째, 마르크스의 정신을 관철시키면서 사회 역사적 배경의 차이를 상대적 자율성 개념으로 정립하여 조화시킨 점을 들 수 있다.

제5절 그람시의 헤게모니적 국가이론

1. 의 의

그람시(Antonio Gramsci, 1891-1937)는 가난한 가정에서 태어나 토리노대학에 재학하던 중에 이탈리아 사회당에 입당하였다. 1921년에 이탈리아 공산당을 창립하여 코민테른에서 지도하게 되었다. 1926년에는 파시스트 당국에 체포되어 죽기 직전까지 감옥 생활을 계속하였다. 그람시는 다음과 같은 과정을 거치면서 헤게모니적 국가 이론을 전개시켜 나갔다.

첫째, 정통 마르크스주의 이론의 한계를 목격하였다. 그람시는 1920~30년대 토리노의 노동 운동과 같은 이탈리아의 사회 운동의 체험을 통하여 나름대로의 독창적인 마르크스 이론을 주장하였다. 1920년 이후 밀라노・토리노 등에서 노동자들이 공장을 점거하고 생산을 관리하게 되자 무솔리니(Benito Mussolini)는 이런 사회 상황에 반감을 가진 소시민과 농민들의 세력을 끌어들여 파시스트당(黨)의 세력을 펼쳐 나갔다. 1929년 정국 혼란을 틈타 각지의 파시스트에 의한 '로마 진군(進軍)'

이라는 형식으로 무혈 쿠데타에 성공한 무솔리니 정권이 탄생하였다. 그렇지만 좌익 세력은 분열되어 유효한 반격을 하지 못했으며, 인민당은 무솔리니 정권 탄생 시에는 파시스트당과 연립내각을 구성하였으나 나중에 무솔리니가 이를 비합법화시켰다. 이러한 이탈리아의 개인적 경험을 바탕으로 그람시는 마르크스주의의 결정론적 해석과 크로체(Benedetto Croce)의 관념 철학에 반대하였다. 그람시는 변증법적 유물론과 사적 유물론의 통일을 주장하였고, 마르크스주의 철학의 약점이었던 상부 구조의 이론을 발전시켰다. 자본주의가 발달한 시민 사회에서 사회혁명이 일어나는 조건으로 프롤레타리아트의 지도성(헤게모니)의 논리와 그 실천적 기구(당)의 역할에 대하여 자기 이론을 전개하였다.

둘째, 공장평의회운동의 경험과 실패를 목격하였다. 공장평의회운동은 이탈리아 사회주의 운동의 구체적인 표현체이다. 공장평의회는 노동조합과 마찬가지로 노동자들이 종사하는 서로 분리된 작업에 따라 조직된다. 각 작업장(section) 부분마다 노동자들은 작업조(crew)로 나뉘고, 각 작업조는 (직무에 따라 나누어진) 하나의 작업 단위(직장, work unit)를 구성한다. 그러나 노동조합이 개인들에 기반하고 있는 데 반하여, 평의회는 산업 과정의 규율 속에 실현되어 있는, 직업 전반의 유기적이고 구체적인 단위에 기반을 둔다. 이런 이탈리아형의 권력 통합형의 정치 기구인 공장평의회를 이탈리아 북부에 적용하여 보았지만 실패하였다.

이러한 실패의 사례는 가장 성공적인 혁명이었다고 일컬어지는 1917년 볼셰비키 혁명에서도 찾아볼 수 있다. 혁명 이후 모든 권력을 소비에트로 집중시켰다. 기존 국가 권력을 대체하면서 모든 국가 권력을 이곳에 집중하여 노동자, 농민, 병사로 구성된 권력 통합형 정치 체제를 만들었지만 그 뒤 당과 통합함에 따라 여러 가지 문제들이 발생하였다. 러시아도 그 당시로서는 변방이자 주변국의 위상에 불과하였으며, 이것은 마르크스가 예견한 것과 일치되지 않는 상황이었다. 그리고 1917년 레닌에 의한 볼셰비키 혁명이 일어나면 이것에 자극을 받아 서구 자본주의 국가들에서도 연쇄적 혁명이 일어날 것을 예상하였지만 전혀 일어나지 않거나 일어났어도 실패하고 말았다.

셋째, 그람시는 프롤레타리아의 계급 의식과 혁명 의식에 관심을 가졌지만 그들에게는 그러한 의식이 없었음을 알게 되었다. 지금까지 사회주의자들은 노동자는 당연히 노동자의 계급 의식을 가지고 있다고 생각해 왔지만 그람시는 그렇게 보지 않게 되었다. 이탈리아 노동자들은 자기들의 권리를 보호해 주는 사회주의에 냉담하고, 오히려 파시스트를 옹호하거나 부르주아 운동에 적극적으로 참여하고 있는 현실을 직시하였다.

넷째, 현실의 부르주아 체제는 단순히 지배적 생산 수단만 장악하고 있는 것이 아니라, 지배 계급이 자신의 이익·지배 구조의 정당화를 유지하기 위하여 피지배 계급으로부터 능동적으로 동의와 적극적 지지를 받아 내는 일련의 노력을 하고 있고 또 성공하고 있는 사례들을 발견하게 되었다. 지배 계급이 도덕적·윤리적·지적인 헤게모니를 통하여 피지배 계급이 그 체제에 자발적으로 참여하도록 만들어 내는 활동을 하여 왔다. 노동자들이 지배 체제에 자발적으로 순응하게 하고, 그들이 적극적인 주도권을 행사하도록 하여 자본주의 체제의 정당성을 확보하는 노력을 배가하여 나간 반면 정통 마르크스주의자들은 계급 의식에 의한 계급의 단결과 투쟁만을 주장하였다.

다섯째, 자본주의 사회의 지배 계급은 지배 전략으로 수동적 혁명을 수용하고 있다. 자본주의 사회는 자본주의 질서의 본질적인 것은 제외하고 점진적인 개혁을 끝없이 추진하여 나간다. 자본주의의 근본적 지배 체제를 와해시키지 않는 범위 안에서 모든 개혁적 조처를 허용하고 수용한다. 노동 운동도 경제주의적 노동조합 단위의 투쟁에 한정하여 용인한다. 따라서 이러한 개혁은 반체제의 사회 개혁은 아니다. 일반적으로 이런 수동적 혁명조차도 높은 탄력성을 가진 체제에서만 가능하다.

여섯째, 단순한 경제적 위기, 정치적 위기가 있다고 해서 바로 사회혁명으로 이어지지 않는다. 지배 계급은 평생에 걸친 이데올로기 교육으로 모든 인민들을 동질적인 가치 규범을 갖도록 하기에 항구적인 혁명의식을 모색하지 않으면 안 된다. 자본주의의 지배 이데올로기를 변경시킨다는 것은 그만큼 어렵기 때문이다. 사회주의 혁명을 위한 최소한의 필요 조건은 경제적·사회적 위기 이외에 주민의 의식 전환이 필요하다.

2. 헤게모니론의 변혁적 전개

혁명의 성공은 결국 피지배 계급(노동자 계급)이 어떻게 지배 계급의 헤게모니를 극복하느냐 하는 것이 핵심이다.

첫째, 지배 계급의 헤게모니 위기가 발생되어야 한다. 비록 지배 계급이 지배 이데올로기 교육을 통하여 지적 세뇌에 성공하였다 하더라도 반민중적 수탈 구조가 지속되고 민중들의 의식이 스스로 고양되면 지배 계급의 헤게모니 위기가 생겨나게 된다. 그리고 경제적 위기가 조성되고 지배 계급 정당화의 본질이 설득력을 잃게 될 때도 헤게모니 위기가 발생한다. 즉 지배 계급이 적절한 경제적 수단에 의한 민중의 관리가 불가능할 때 수많은 헤게모니 위기가 발생하게 되고, 제3세계의 여러 국가들에서는 항상적인 지배 이데올로기·헤게모니 위기가 발생하고 있다.

둘째, 군사전략의 기본 개념인 기동전과 진지전의 개념을 도입한 것이다. 위기가 발생하였다고 하여 곧바로 부르주아 국가가 붕괴되는 것은 아니다. 다만 부르주아 국가가 부분적으로 와해될 따름이다. 왜냐 하면 국민들은 계속 지배 이데올로기의 영향력을 받고 있기 때문이다. 그러나 점차 시간이 지나면서 급격하게 부르주아 체제 전체가 붕괴된다. 예컨대 볼셰비키 혁명의 과정을 살펴보면 이러한 특징이 나타난다. 즉 사람이 혁명을 일으키는 것이 아니라 사회 위기가 혁명을 일으키는 것이다. 또 부르주아 체제는 특히 국가와 시민 사회로 나뉜다. 국가의 각 영역에서 시민 사회(토대)에서 구축되어 있기 때문에 단순히 국가 기구를 장악(국지전, 즉 기동전)한다고 하여 굳건한 시민 사회(토대) 위에 구축된 부르주아 체제를 와해시킬 수 없다. 하기에 시민 사회가 단단할 때는 장기적이고 전면적인 진지전의 구축이 요청된다. 피지배 계급에 의한 새로운 역사적 블록을 형성하여야 한다. 즉 서구 사회는 지배 세력의 헤게모니가 너무나 강하기 때문에 각각의 영역에서 대항 헤게모니를 관철시키는 것이 필요하다. 이것이 혁명 성공의 최소한의 요건이다. 따라서 참호를 공격하는 지구전·전면적 포위 공세를 위한 진지전이 필요하다. 참호전과 기동전이란 특정 권력 변동을 목적으로 국지적·단기적·집중적으로 공격하는 것이다.

셋째, 지배 계급의 지배 이데올로기에 대항하는 피지배 계급의 대항 헤게모니를 구축하는 기구와 프롤레타리아 정당이라는 독자적인 기구가 필요하다. 이는 피지배 계급의 사령부 역할을 하는 대항 헤게모니를 창출하는 독자적 기구이다. 이것이 바로 전위당 이론이다. 제3세계 국가에서 노동자당을 탄압하는 이유는 지배 계급이 철저하게 반대하기 때문이다. 사회주의 국가는 일당 독재 또는 노동자의 주도권을 인정하여 당이 국가보다 우월하기에 지배 계급이 국가 기구를 장악하였다 하더라도 노동자당의 영향을 더 강하게 받을 수 있기 때문이다. 따라서 진지전의 전략에서 가장 결정적인 조건은 긴밀한 계급적 기반을 갖는 정치적 정당이 존립할 수 있느냐 없느냐 하는 것이 관건이다.

3. 혁명적 지식인의 역할

혁명의 성공을 위해서는 지식인의 '자기 헌신'이 필요하다. 지식인은 그 사회 지배 세력의 헤게모니에 대항하는 대항 헤게모니를 정립하는 수행자의 역할을 하여야 하고, 지배 이데올로기가 가지고 있는 약탈적 성격·수탈적 성격을 폭로해 내어야 한다. 피지배 계급이 지배 계급화하기 위해서는 새로운 이데올로기의 개발과 무장이 필요한데 피지배 계급은 이에 대한 기초 지식이 부족하다. 이런 역할을 지식인이 맡아야 한다. 지식인은 초계급적·중간자적 입장에 머물려고 하는 직업적인 지식인의 위상을 거부하여야 한다. 지식인은 철학적 지식인, 즉 프롤레타리아의 실천적 지식인이 되어야 한다. 지식인들이 대항 헤게모니로써 지배 헤게모니를 차단하지 못하면 영원히 프롤레타리아 세계, 민중의 세계는 도래하지 못한다. 그렇기 때문에 혁명적 지식인은 새로운 이데올로기로 무장하여야 한다. 그들은 프롤레타리아적 출신, 새로운 세계관, 생활 양식, 사고 방식, 사상 체계로 무장되어 있어야 이러한 지식의 산출이 가능하다.

제 6 절 마르크스주의에 대한 평가

마르크스와 엥겔스는 그들이 살았던 그 시대까지 자기들이 받아들이고 습득할 수 있었던 서구 인류사의 다양한 지적 유산을 비판적으로 해석하고 당시의 시대 상황을 분석하면서 공산주의 사상을 창출하였다. 그들의 사상과 실천 방법을 추종하며 따르는 실천가와 사상가들을 공산주의자 또는 사회주의자라고 한다. 또 그들의 이론에 따라 새로운 공산사회를 구축하기 위하여 투쟁의 험로를 마다하고 정치 권력을 장악하려는 사람들을 혁명가 또는 투사라고 한다. 그리하여 실제로 가난하고 빼앗기고 소외된 자들에 대한 안타까운 열정과 그들을 위한 실천적 투쟁 활동은 많은 사람들에게 감동과 교훈을 주고 그들의 사상에 매료되게 만들었다. 그리고 또 그들이 제시한 인류 이상주의에 대한 열망은 21세기인 지금도 많은 지적인 사람들에게 끊임없이 매력적인 영감을 부어주고 있다. 하지만 세상에 존재하였던 모든 인간적인 것들이 완전한 것이 하나도 없었던 바와 같이 마르크스주의 사상과 실천 또한 흠 없이 완전한 것은 아니다. 여기서는 부족하지만 마르크스주의에 대한 평가를 곁들이고자 한다.

먼저 마르크스주의 사상의 매력을 들 수 있다.

첫째, 마르크스 사상의 매력은 무엇보다 소외된 자들에 대한 사랑과 휴머니즘이다. 모든 인간은 동등한 존재 의미와 가치를 인정받으며, 누구나 누리는 물질적 풍요로움을 차별 없이 공유하여야 한다는 범인간적 애정이다. 모든 인간들에 대한 가치 의식과 소외된 사람들에 대한 애정을 단순히 구호나 정치적 제스처로서가 아니라 실제로 이 지상 국가에서 구현하여야 하고 또 역사적 필연성으로 그렇게 될 수 있다는 나름대로의 신념이 마르크스 이론의 장점이다.

둘째, 그러한 세계를 구현하기 위하여 실천적 행동강령으로 조직화하고 단결하여 추진하여 나가도록 하는 행동력과 실천성이다. 그러한 이념을 구현하기 위하여 구체적인 삶과 생활 여건, 일자리 문제, 근무 여건, 인간다운 사회적 위상 등을 깊이 있게 통찰하고 실천하기 위한 행동노선을 설정하였다는 점이다. 자본과 노동, 생산과 소외, 국가 권력과 억압, 지배 계급과 일반 대중의 대립적 모순을 간파하여 이에 대한 분석과 해결 방안을 나름대로는 실천적으로 모색하였다는 점이다. 그런 점에서 마르크스주의자들은 이상을 추구하는 현실주의자이다.

셋째, 사회의 동인(動因)으로서의 자본과 노동의 문제에 대하여 끝없이 추구하고 정립하려는 노력을 게을리하지 않았던 점이다.

넷째, 이들의 투쟁적 활동이 있음으로 하여 국가는 자본가에게 휘둘리기보다는 소외된 인간, 기회 박탈과 상실의 문제, 공간, 환경, 인권, 복지 등에 가일층 관심을 갖도록 하는 계기가 되고 있다는 점이다.

그럼에도 불구하고 마르크스주의에 대한 몇 가지 의구심들을 지적하지 않을 수 없다.

첫째, 과연 계급 없는 공산주의 사회 구현이 과연 가능한 것인지에 대한 의구심이다. 과연 노동자들의 세계가 구현되어 인류 사회에 지배와 피지배의 구별이 없는 계급 없는 이상 사회가 도래할 것인가에 대한 의구심이다. 이 부분은 미헬스(Robert Michels)가 냉소적으로 지적한 바와 같이 오히려 '과두제의 철칙(寡頭制의 鐵則, ion law of oligarchy)' 현상이 반드시 나타나지 않겠는가 하는 점이다. 노동자의 사회라는 화려한 구호 아래 시도되었던 사회주의 국가들의 새로운 권력 구축과 세습화 현상, 그 아래 새롭게 나타난 피지배 계급인 인민 대중, 그들의 열악한 삶, 또한 개별 산업 조직체에서 종종 발견할 수 있는 노동조합 지도부의 노동 귀족화 현상 등의 사례들을 볼 때 계급 없는 공산주의 사회 실현이 과연 가능하겠는가 하는 점이다. 이러한 현상들은 단지 투쟁 과정에서 나타날 수 있는 마찰적 오류일 따름이지 사상적으로 근본적인 결함은 없다는 확신에 찬 어조를 과연 믿을 수 있는 것인지 하는 점이다.

둘째, 마르크스주의자가 통렬하게 비판하는 바와 같이 지금 진행중인 자본 중심의 사회 또는 자본가들의 횡포가 반성과 수정 없이 무한정 지속될 수 있을 것인가 하는 문제이다. 마르크스주의자는 개체적 명멸(明滅)을 일반화시켜 자본과 노동이라는 이분법을 설정하여 대립각을 세우고 여기에 투쟁적 요소를 가미한다. 하지만 실제로는 모든 것이 동일한 묶음은 아니다. 자본가도 영원히 자본가가 아니며 노동자도 영원히 노동자가 아니다. 자본가도 영원히 자기 자본의 소유자 입장에서 자기 자본을 무한적 향유하지 못한다. 자본가들에게도 자본 손실의 끝없는 위기가 상존한다. 그리고 자본의 소유와 경영의 분리로 모든 이들이 자본가의 입장에서 자기 재화를 관리하는 시스템으로 바뀌고 있는 추세이다. 따라서 노동자 역시 기회를 잡아 부르주아의 입장이 되기도 한다. 자본과 노동의 개체는 이렇게 상황에 따라 뒤바뀌는데 이런 개별적 사례를 일반화시켜 자본가와 노동자로 분리하여 대립각을 세우는 것에는 무리가 있다고 본다. 물론 그들의 주장하는 자본과 노동의 문제는 이런 개별적 사례가 아니라 그 어느 누구가 자본의 주인이 되든, 그 어느 누구의 소유 및 위상이 어떠하든 간에 자본은 자본의 특성으로 작용하고 있기에 노동의 현실 문제에서 이러한 개별적 사례는 중요하지 않은 것이라 주장할 수도 있다. 하지만 개체의 중요성이 전제하지 않는 자본, 개체의 삶이 전제되지 않는 노동의 일반화는 또 다른 전체주의 오류로 변질될 가능성이 높다.

셋째, 역사의 동인은 자본과 노동의 변증법적 대립에서만 발생하는 것은 아니다. 과학 기술의 발달, 정보화, 문화적 요소, 개인의 개성과 아이디어 등 역사를 움직이게 하는 요인들은 다양하고 그 작용력도 예측 가능하지 않은 부분들이 너무 많다. 생산은 꼭 노동력으로만 이루어지는 것이기보다는 과학적 기술에 힘입는 바도 크다. 이 부분에서 발생하는 노동의 소외 현상, 노동 상품력 외에는 달리 생존 방법이 없는 상황에 대하여는 별도의 논의가 있어야 한다. 역사의 대립적 변화 양상을 자본과 노동의 이분법으로만 설명할 수는 없다.

넷째, 혁명은 꼭 마르크스 사상을 통해서만 일어나는 것은 아니다. 불합리한 억압과 사회적 모순이 극심해지면 그 반작용으로서의 혁명은 반드시 발발하게 되어 있다. 이러한 사례들은 동서고금을 막론하고 무수히 많다. 물론 산업혁명 이전의 억압 기제에서 나타나는 혁명과 산업혁명 이후의 노동혁명 간에는 많은 차이가 있다. 하지만 사회적 모순의 폭발로 혁명이 발생한다는 또는 그런 조건을 조성하여 혁명을 불러일으켜야 한다는 조건의 상정에는 그렇게 커다란 차이가 없다. 하기에 꼭 마르크스 이념에 입각한 혁명 세력의 규합을 통하여 폭력적 혁명을 이끌어 나가야 한다는 논리에는 무리가 있다고 본다. 꼭 일어날 혁명은 마르크스가 있건 없건 발생하게 되어 있다.

다섯째, 투쟁 의식 밑바닥에 깔린 분노와 증오의 감정이다. 마르크스주의는 노동자들이 자기 노동 가치에 대한 이익을 제대로 수혜하지 못한다는 불합리한 현실에 대한 분노와 노동자들에 대한 애정으로부터 그 사상의 논리가 출발된다. 하지만 마르크스의 소외 문제는 오늘날 더 높은 도덕론자들이 주장하는 사회적 무능력자 및 소외에 대한 애정과 배려와는 지향성 측면에서는 같지만 출발점은 다르다. 노동자의 투쟁은 노동의 대가를 제대로 획득하지 못하고 있는 불합리한 현실에 바탕을 둔 증오에서 출발하는 경향이 강하다. 노동자들의 다양한 투쟁 양상에서 나타나는 현상은 모든 인류에게 감동을 줄 수 있는 숭고한 종교적 사랑에 더 큰 가치를 둔 모습이 아니라 노동의 대가를 제대로 받지 못하고 있는 노동 동지들의 교환 원리 파괴에 대한 억울함에 더욱 집착하고 있는 것처럼 보인다. 이런 분노와 증오에서 출발한 인간의 행동은 폭발적인 응결력과 투쟁력을 분출시킬 수 있을는지는 모르나 인간성 순화와 숭고한 사회를 지향하는 보편적 인류의 염원과는 거리가 멀다. 따라서 일반 서민들이 벌어들일 수 있는 소득의 몇 배를 받는 노동자들이 더 많이 갖기 위하여 투쟁하는 노동 투쟁 현실에서 일반 서민들이 노동자들에 대하여 느끼는 상대적 박탈감, 허탈감, 비애와 분노는 더욱 극심하다. 이들의 투쟁은 일반 대중들과 함께하기보다는 이기적일 따름이다.

여섯째, 정통 마르크스주의자라고 지칭하는 투쟁론자들은 그들이 제기한 문제 외의 다른 문제에 대하여 논의를 닫아버리는 경향이 강하다. 당면 과제와 문제에 대한 포괄적 이해와 이에 대한 통합적 처방을 모색하기보다는 자본과 노동, 지배와 대항, 사용자와 노동자 등 이분법적 단결에 의한 투쟁 의식을 더 강조하는 경향 때문에 투쟁 과정에서 공존의 길을 모색하는 데 소홀할 수가 있다. 동지적 투쟁 의식은 자기의 견해와 다르거나 또는 증오의 대상이 되는 모든 사상과 제도, 사람과 집단들에 대하여 적대적 증오심으로 타파하려는 의지가 강하기에 그 사상이 가진 이념적 매력, 이상(理想)적 세계관을 충분히 지니고 있음에도 불구하고 많은 사람들의 참여를 얻지 못하고 있는 것으로 보인다. 특히 이런 경향은 진정한 마르크스주의자이기보다는 마르크스주의자임을 칭하기 좋아하는 투쟁가들에게서 더욱 쉽게 발견할 수 있다.

일곱째, 마르크스주의자들은 온전한 정책 대안에 대해서도 그들의 견해와 다르면 모두 자본주의의 아류 또는 과학성이 결여된 것이라고 배제하는 경향이 강하다. 그리하여 그들에게는 동지냐 적이냐의 이분법만 적용될 따름이지 다 함께 더불어 문제를 해결하여 나가려는 포용적 통합 의식이 부족한 것으로 보인다. 물론 이러한 경향은 이윤 극대화를 꾀하는 무자비한 자본주의의 역사적 경험들에서 연유된 피해 의식의 발로이기에 그들만을 탓할 수는 없다. 결국 자본주의 사회 문제의 모든 원인은 자본주의의 모순에 있다고 할 것이다. 마르크스의 사상은 바로 무자비한 자본주의 현실에 대한 비판에서 출발하고 있기 때문이다.

따라서 이 사상 안에는 부드러운 곡선이라 할 수 있는 동양적 통합의 사유가 결여되어 있다. 마르크스 사상은 날카로운 직선의 예각을 세우며 돌진하는 실천적 성격이 강하다. 음양의 어우러짐보다는 변증법적 정반합(正反合)의 투쟁과 변화에 치중한다. 마르크스주의는 이윤이 되면, 또는 이윤 추구에 장애가 되면, 국가 권력의 힘, 특히 총칼로 무자비한 학살도 서슴지 않는 당시 자본주의의 잔인함에 대항하여 단결하여 투쟁하지 않을 수는 없는 현실을 충분히 반영한 사상이라 할 수 있다. 하지만 격렬한 투쟁은 19세기 유럽의 경제 사회 현실에서 연유되었던 점들을 고려하여 보면 이해되지 않는 바는 아니나 21세기의 변화된 사회 양상 속에서 새로운 운동 양상을 모색하여야 할 것이다. 지식 정보 세계화가 자본주의의 음모인지, 아니면 저절로 나타난 과학 기술의 부산물인지는 분명하지 않지만, 어떻든 세계의 모든 것들, 정치 제도나 이데올로기까지도 평균적 기준을 지향하는 이 시대에서 이 사상이 얼마만큼 지속적인 가치를 발휘할지는 아직 미지수이다.

제 4 장
국가의 변화

제 1 절 내재적 모순 / 178
제 2 절 외부의 영향 / 182
제 3 절 기술의 변화 / 184

제 4 장

국가의 변화

모든 사물은 운동하고 변화한다. 인간 사회, 시대 정신, 국가 기구, 우주, 자연 등 이 세상에 존재하는 모든 것들은 지금도 끝없이 변화하고 있다. 변화(變化)란 현재 상태의 변경(變更)과 분화(分化)를 의미한다. 변경이 축소, 수렴, 내실, 정리, 결과의 현상으로 축소 정리되는 것이라면, 분화는 팽창, 성장, 확산의 양상으로 전개되는 확대 지향을 말한다. 이 변경과 분화의 반복적 리듬, 즉 율려(律呂)가 변화의 본질이다. 변화의 내용으로 발전(發展, development)과 퇴행(退行, retrogression)이 있다. 발전이 현재 상태보다 바람직한 방향으로 변화되어 진행되는 것을 말한다면, 퇴행은 현재 상태보다 못한 쪽으로 진행되는 것을 말한다. 퇴행보다 발전이 바람직하다.

국가 사회 안에서도 변화가 일어나지 않는 경우는 없다. 역사상 산업, 사상, 이념, 제도, 기획, 정책은 언제나 변화의 과정 중에 있었지 정체되어 있었던 적은 단 한번도 없었다. 현재도 여러 국가 사회 안에서는 예측하였든 하지 않았든 다양한 변화들이 항상 발생하고 있다. 문제는 이렇게 발생하는 다양한 변화가 현재보다 더 나은 사회, 더 바람직한 국가로 발전할 수 있는 계기가 될 수도 있고, 더 못한 쪽으로 진행되는 퇴행의 요인이 될 수도 있다는 점이다. 따라서 변화의 시점(pivot)에서 퇴행하지 않고 발전하기 위해서는 국가 책임자의 현명한 선택과 의사 결정이 요구된다고 하겠다.

국가의 변화 요인은 무수히 다양하여 하나하나 설명할 수는 없지만 여기서는 크게 세 가지 측면에서 살펴보기로 한다. 첫째, 내재적 모순, 둘째, 외부의 자극과 영향, 셋째, 기술과 산업 변화이다. 이 변화 요인은 경우에 따라 따로따로 분리되어 작용하는 사례도 있지만 일반적으로는 복합적으로 한꺼번에 작용하고 있다. 여기서는 이 세 가지 차원에서 국가 변화의 요인을 간략하게 살펴보기로 하다.

제1절 내재적 모순

내재적 모순은 사물의 내부에서 본래적으로 작용하고 있는 작용, 반작용의 상대성 원리를 말한다. 팽창과 축소, 구심력과 원심력, 성장과 억제 등 상호 대립되어 충돌하는 일견 모순처럼 보이는 자연 현상을 사회 현상에 적용하여 설명하면서 내재적 모순이라는 용어로 사용한다. 국가 사회의 내부에서 작용하고 있는 권력과 소외, 지배자와 피지배자, 상위 계급과 하위 계급, 유산자와 무산자, 보수와 진보, 개발과 보전 등 대립적 상대성을 지칭할 때 주로 쓰이는 용어이다. 이런 작용과 반작용의 사회 변화 양상을 헤겔과 마르크스는 그리스의 변증법으로, 동양의 사유가(思惟家)들은 음양의 개념으로 설명하려 하였다.

먼저 그리스의 변증법적 논리의 개념이다. 변증법은 기하학적 논리에서 발달한 사유 체계이다. 현재 위치와 측정 지점과 별자리의 3측 관계 거리 판단 기법에서 발달한 논리적 사유 방식이 변증법이다.

정(正, thesis)+반(反, antithesis)

합(合, synthesis)=정(正, thesis)+반(反, antithesis)

새로운 합(合, synthesis)=정(正,thesis)+반(反,antithesis)
2차적 새로운 합(合, synthesis)

정(正, thesis)과 반(反, antithesis) 사이에는 아무런 내포 관계가 없다. 여기와 저쪽은 공간적 거리가 놓여 있듯이 정과 반은 다른 개념이다. 정과 반이 합쳐지기 위해서는 정이 반의 방향으로 가든지, 반이 정의 방향으로 오든지 아니면 제3의 지점에서 마주쳐야 한다. 정이 반을 오도록 움직이게 하는 힘, 반이 정을 오도록 움직이게 하는 힘, 이 힘들의 충돌이 투쟁이고, 충돌의 모습이 투쟁 양상이다. 그리고 투쟁의 타협점이 바로 합(合, synthesis)의 지점이다.

[그림 4-1] 변증법 다이어그램

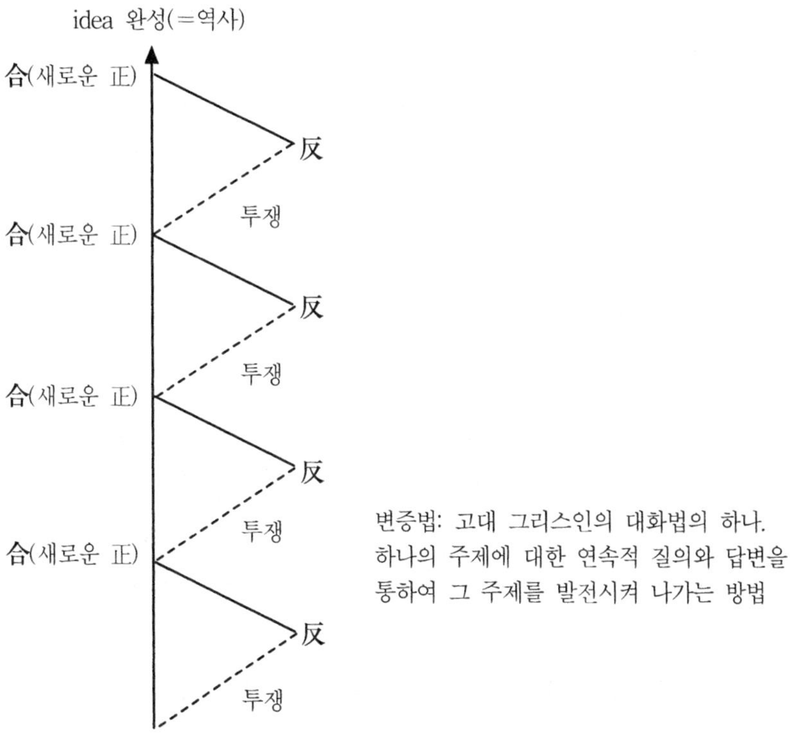

출처: 바라다트(1984: 269)의 [그림 6-4] 재인용.

이런 사유 방식의 전제에 어떤 내용을 두느냐에 따라 유물론과 유심론으로 나뉜다. 유물론(唯物論)은 논의의 전제인 정(正, thesis)에 색(色), 현상계, 물질, 경제적 · 사회적 상황, 계급적 조건을 두고 이를 중심으로 논리와 사유를 전개하는 것이라면, 유심론(唯心論)은 논의의 전제인 정(正, thesis)에 공(空), 신(神), 규범(規範), 마음, 가치, 이상, 공동체사회 등 여러 조건을 중심으로 논리와 사유를 전개하는 방식이다.

국가나 국제 사회 안의 모든 정치 · 경제 · 사회의 모든 양상들은 이런 정반합의 모순율로서 전개된다고 보는 관점이 변증법이고, 그 가장 기본적인 전제에 물질(생산과 이익)이 놓여 있다고 보는 것이 유물론적 변증법이다.

다음으로, 동양의 음양(陰陽)의 대립적 상대성 개념이다.

음양은 원래 자연 상태를 묘사하는 말이었다. 음은 강의 남쪽, 산의 북쪽을 가리킨다. 해가 남쪽에 떠 있다고 가정할 때 강의 남쪽은 강물이 강둑에 가려 햇볕이 쪼이지 않는 부분이고, 산의 북쪽 역시 햇빛이 들지 않는 곳이다. 양은 아침 태양 아래 깃발이 나부끼는 형상을 나타내는 말이다. 이 음양이 철학적 의미로 비약된 것은 노자(老子) 이후이다. 노자는 "만물은 음을 지고 양을 안는다(萬物負陰而抱陽)"라고 하면서 음양을 자연 현상을 설명하는 데에서 철학적 사변(思辨)으로 변환시켜 사용하고 있다(노자, 1976: 209). 즉 춘추전국 이후부터 음양을 자연계의 외적 관찰보다 자연계 내의 움직임과 작용력을 설명하기 위한 개념으로 사용하기 시작하였다. 순수한 힘, 뻗어 나가는 것, 잡스러운 것의 배제를 양의 작용으로, 그리고 받아들이는 것, 덕성스러운 것, 포용하는 것, 잡(雜)을 엉기게 하여 물질로 만드는 힘을 음의 작용으로 표현하려 하였다.

요약컨대, 음양 변화의 핵심은 음 속에 양이 있고 양 속에 음이 있다는 것이다. 이 점이 변증법적 관점과 다른 점이다. 변증법은 객체적으로 서로 분리되어 있다고 가정하지만, 음양은 주체적으로 서로 뒤엉켜 있다고 보는 관점이다. 변증법은 물리적 공간의 개념으로 합쳐질 수 없다는

[그림 4-2] 음양의 다이어그램

전제하에 물리적 공간 이동의 요인으로 힘을 전제로 하지만, 음양은 서로 동일한 질료들이 시간적 차이에 따라 그 모습을 다르게 나타내기에 시간적 흐름, 즉 세월의 변화를 주요 전제로 한다. 음이 강하게 작용하여 극성을 부리는 동지(冬至)에 미세하지만 분명하게 양이 생겨나고(一陽始生), 양이 강력하게 작용하여 극성을 부리는 하지(夏至)에 미약한 모습이기는 하지만 뚜렷하게 양이 생겨난다(一陰始生)는 관념이 그것이다. 절대 권력 내부에 이미 그 절대 권력을 변화시키는 요인이 싹트고 있고, 개인의 미미한 아이디어와 사상 속에 거대한 새로운 세계가 태동하고 있다.

요약하자면, 변증법의 논리이든 음양의 개념이든 두 개의 관점이 모두 대립적 상대성을 전제하고 있다는 점이다. 이 대립적 상대성의 작용력이 곧 변화를 일으키는 요인이다. 이런 상대적 개념은 각각의 분야에서 다양한 용어로 불리고 있다. 예컨대 작용과 반작용, 원심력과 구심력, 대칭과 비대칭, 플러스(+)와 마이너스(-), 호황과 불황, 성장과 침제, 축적과 분배, 권력과 소외, 중앙과 지방, 시간과 공간, 팽창과 수축, 미세와 극대, 배(胚)의 이분법적 분화, 진동의 상하 진폭 등의 상대적 개념들이 그것이다.

다만 변증법적 대립은 상대 관계에 있는 것을 부정하여 말살하는 전제로서 전개된다면 음양의 대립은 상대적인 것이 없으면 나도 존재할 수 없다는 상호 긍정과 통합을 전제로 한 작용이다.

국가의 변화는 국가 내부의 이 대립적 상대성의 작용으로 일어난다. 대립적 상대성의 작용이 적대적 모순의 성격을 가질 수도 있고, 비적대적 모순의 성격일 수도 있다. 다양한 왕조의 흥망성쇠(興亡盛衰), 로마제국의 붕괴, 봉건 영주의 출현, 농민 저항, 상인 계급의 출현, 절대 왕권의 대두, 프랑스혁명, 산업혁명, 자유방임적 시장 경제 논리, 노동자 계급의 출현, 사회주의·공산주의 사상, 세계대전 발발, 제3세계, 빈곤과 가난의 사회적 혼란, 전체주의 절대 권력 출현, 새로운 제국주의 출현, 세계적 계급화, 정보화의 기회와 위기 등 다양한 국가 사회의 현상들에서 대립적 상대성의 원리들을 찾아낼 수 있다.

제2절 외부의 영향

외부의 영향은 국가 외부에서 국내에 미치는 영향력을 말하는데, 국가 내부의 상황과 국가 외부의 상황이 교류·충돌하는 외적 모순의 한 형태이다. 외적 모순이란 사물의 외부에서 작용하고 있는 작용, 반작용의 원리를 말한다. 외적 모순은 "모든 사물은 상호 관계를 맺고 있다"는 전제에서 출현된다. 국가의 외부에서 국가 내부에 압력으로 작용하고 있는 대립적 상대성이다. 어떤 사물이든 어떤 국가이든 외적 존재의 관계와 무관하게 독립적으로 존재할 수는 없다. 외적 존재와의 관계에서 어떤 사물이나 국가의 위상이 정립되기도 한다. 하지만 외적 요인이 국가에 영향을 미치는 영향력은 어디까지나 부차적인 것이지 본질적은 것은 아니다. 외적 모순은 내적 모순이 격렬하게 작용하고 난 다음에 더 크게 영향력을 미칠 수 있다. 외적 모순의 현상으로 전쟁, 기술 이전, 자본 유입, 인구 이동, 문화 교류, 지식 전달 등의 여러 국제 교류 관계의 현상을 지적할 수 있다. 역사상 우리 나라에 영향을 미친 외적 모순의 한 사례로 임진왜란과 일제 강점을 들 수 있다. 이 두 사건은 우리 나라 역사상 외세에 의한 굴욕적 사건 중 대표적인 두 사건이다. 이 두 사건은 모두 우리 나라의 변화에 지대한 영향을 미쳤다. 하지만 이 두 사건은 모두 일본 단독으로 일으킬 수 있는 성질의 것은 아니었다고 본다. 도요토미 히데요시(豊臣秀吉)가 권력을 장악하여 일본 내부의 통일을 기하여 힘을 축적하고 있을 때 우리는 당파 정치로 내적 혼란에 빠져 있었고, 일본이 메이지유신(明治維新) 이후 국제 기준의 산업 기반을 착실하게 다져 나가고 있을 때 우리는 낡은 이념에 집착하면서 부패한 관료들이 농민들을 착취하는 행태에 골몰하여 농민 저항이 극심하였다. 즉 일본의 침략과 식민 상태를 몰고온 것은 일본의 야욕도 있었지만 좀더 근본적인 원인은 우리들의 내부적 모순에 있었다. 내적 모순이 외부 모순을 불러일으키는 원인이 되었던 것이다. 만약 우리가 내부적으로 단결되고 강력한 힘을 구축하고 있었다면 이러한 외부적 침략이 가능하였을까 하는 역사적 가정을 하여 본다.

하지만 국가에 미치는 외부 세계의 영향력이 본격화되면서 국제 교류가 보편적 현상으로 된 것은 산업혁명 이후이다. 특히 자본은 출발부터 국가 간의 관계에 바탕을 둔 세계적 성격을 보여 왔다. 자본의 형성과 발달은 민족 국가에서 전개되지만, 국가라는 공간에서 생산된 상품은 그 제조 초기 과정부터 세계 시장을 목표로 하고 있다. 자본과 자본 축적을 목표로 하는 상품은 처음부터 세계적이며 세계 시장을 전제로 하고 있다. 세계 시장 형성은 바로 자본의 국제화이며, 자본의 국제화는 자본이 빈약한 저개발국이나 후진국을 1차 자본국의 주변국 내지 식민지 상태로 전락시키고 자본 중심의 제국화를 초래한다. 주변국 내지 식민 상태로 전락한 국가들은 외국 자본의 흐름에 따라 상품 판매지 및 원료 공급지로서의 위상 외에 국제 사회에서 달리 영향력을 행사할 기회를 갖지 못하게 될 가능성이 아주 높다. 세계 시장에서 자본의 이러한 모순적 관계가 객별 국가에서 외부적 모순으로 작동하여 국가로 하여금 외부 자본 시장에 반응하도록 하고 이것이 국가의 변화를 일으키는 한 요인이 된다. 나아가 자본 중심의 국제 질서 구축(예: WTO)에서 다양한 국제기구와 조약들은 개별 국가들로 하여금 국제 자본 질서에서 벗어나지 못하도록 하고 있다.

이 자본주의에 대항하여 나타난 노동 중심의 이념이 바로 공산주의와 사회주의이다. 자본의 세계적 흐름에 대항하여 노동 운동의 세계화도 자본의 국제화에 대한 반작용으로 전개되었다. 마르크스-엥겔스의 공산당선언에서 시작된 공산주의 운동은 제1인터내셔널을 기치로 제4인터내셔널로 이어지고, 레닌 혁명에서 동구 유럽의 사회주의 국가의 생성과 몰락의 변천 과정을 드라마틱하게 보여 주었다.

세계 시장에서의 자본과 노동, 성장과 분배, 개발과 보존이라는 대립적 모순은 개별 국가에 그대로 영향력을 미친다.

제3절 기술의 변화

과학 기술의 발달에 따른 산업 기반의 변화가 국가 변화에 지대한 영향을 미친다. 산업혁명 이전의 기술이 팔과 다리의 연장이라는 도구로서의 기술이라면 산업혁명 이후의 기술은 기계에 지식과 기술을 첨가하여 응용하는 의식적인 기술이다. 도구적 기술은 인간이 주체적으로 사용과 중단을 자의적으로 판단하여 사용할 수 있는 기술이지만, 의식적 기술은 기계의 프로그램과 기계의 절차에 따라서 인간이 대응하여야 하기 때문에 기계를 사용하는 인간이 자의적으로 판단하여 기계 사용을 중단하거나 변경할 수 없다. 기계가 동작을 시작하면 인간은 기계의 작동에 적응하여야 한다. 즉 도구와 인간의 관계에서는 인간이 주체가 되지만 기계와 인간의 관계에서는 인간이 주체가 되지 못한다. 이런 현상은 과학 기술의 혁신이 급진적으로 되면 될수록 더욱 심화되어 기계 기술에 대한 인간의 종속화 현상이 나타난다. 지식과 기술이 융합되어 고도의 기능을 가진 기계일수록 그 연계 관계가 광범위하고 복잡하여 기계에 대한 인간의 소외 현상은 더욱 증폭된다. 나아가 이러한 기계의 연계 관계가 국가 간 연결고리로 엮어져 국제화되면 기계 중심의 국가 블록이 형성된다. 기계 기술 중심의 이런 국제 관계에 자본과 산업이 반드시 연계되는데 이럴 경우 개별 국가는 타의든 자의든 기계 구조 및 상품의 가치에 동조하지 않을 수 없고 블록 단위로 작동하게 된다. 이런 작동의 단계에서 개별 국가는 연계된 기계 기술과 산업의 변화에 따라 변화하지 않을 수 없다. 동시에 기술과 산업의 진전에 따라 나타나는 다양한 사회 문제들에 대한 정부 기능과 역할도 똑같이 변하게 된다. 즉 기술 발달은 산업 변화를 촉진하고 사회 변화와 국가 변동을 초래하는 것이다.

슘페터(Joseph A. Schumpeter)는 한 지역의 경제가 발전하려면 먼저 생산 기술의 혁신이 있어야 하고, 기술 혁신을 주도하는 기업가의 경영적 지도력이 필요하다고 하였다. 기업가는 창조적 파괴 과정의 리더로서, 신제품의 발명과 개발, 새로운 생산의 방법 도입, 신기술 개발, 신시장 개척, 신원료·부품의 새로운 공급, 신산업에서의 새로운 조직 형성 등으로 경제에 충격을 주어 변동을 가져오는 역할을 한다고 하였다.

이런 변동을 통하여 국가 사회의 변화가 초래되는데, 여기에 능동적인 국가와 수동적인 국가가 있다. 능동적인 국가는 발생하는 사회 문제를 정확하게 예측하고 여기에 대응하는 기획적 성격이 강한 국가라고 한다면, 수동적 국가는 발생한 사회 문제를 해결하기 위하여 대응하는 정책적 성격이 강한 국가이다.

제 5 장
주요 쟁점

제 1 절 지배와 복종 / 189
제 2 절 보수와 진보 / 192
제 3 절 성장과 분배 / 204
제 4 절 개발과 보전 / 210
제 5 절 혁명과 쿠데타 / 213
제 6 절 국가 간 합종연횡 / 217

제 5 장

주요 쟁점

국가는 현실에 바탕을 두고 있다. 국가가 추구하는 이상은 현실에 있는 것이지 하늘에 있지 않다. 종교주의자들이 추구하는 해탈이나 하늘나라는 개인적 차원이지 국가적 차원이 아니다. 국가는 현실적인 힘, 권력, 재화, 자본, 기술, 지식, 정보 등의 질료(質料)들로써 현실 세계를 어떤 모습으로 만들어 나가려고 한다. 다음에 소개하는 쟁점들은 이런 전제를 내포하고 있다.

제 1 절 지배와 복종

모든 인간 관계는 대등한 관계에서 이루어져야 한다는 것을 원칙으로 삼지만 현실은 그렇지 않다. 현실은 개인 간의 작용력 차이가 엄존하고, 이로 인한 불평등 관계가 형성되며, 이것이 지배와 복종의 관계로 전이되는 것이 일상적이기 때문이다. 이러한 불평등한 관계는 개인의 관계에서뿐만 아니라 개인과 집단, 집단과 집단, 개인과 국가, 집단과 국가, 국가와 국가와의 관계에서도 발생한다.

에치오니(Amitai Etzioni)는 지배(assist)하고 저항(resist)하는 모든 행동의 바탕에는 물리적 · 물질적 · 상징적 보상과 박탈 요인이 작용하고 있다고 하면서, 권력의 원천으로 세 가지 유형을 제시하고 있다. 예컨대 물리력에 근거한 강압적 권력(군사력), 물질 향유에 근거한 공리적 권력(경제 활동 부분), 상징적 개념에 바탕을 둔 설득적 권력(선전) 등이 그것이다(Etzioni, 1968: 357). 에치오니의 관점으로 보면 국가는 이 세 가지 권력을 모두 막강하게 보유하고 있는 최고, 최대의 권력 집단이다. 그 때문에 국가 내에서의 개인이나 집단이 국가 조직에 저항한다는 것은 거의 불가능하다. 국가는 그 권력을 장악한 개인, 집단 계급의 의지대로 그 권력을 자의적으로 행사할 수 있는 기회를 개인이나 집단에 비하여 월등하게 많이 가지고 있다. 여기에 개인과 국가 간의 권력의 불평등 관계가 형성된다.

또 베버(Max Weber)는 지배를 "일정한 명령에 대하여 어느 특정한 인간 집단이 복종할 수 있는 가능성"이라고 하였다. 이것은 지배자의 힘의 크기와 가능성에 초점을 두는 것이 아니라, 피지배자의 복종, 순응, 정당성 인정에 더 중점을 두는 견해이다. 권력자가 권력을 행사하는 측면보다는 피지배자가 행사되는 권력 자체를 수긍하고 수용하는 복종의 개념에 더 무게를 두고 있다. 이 말은 지배·복종 관계의 지배 방식이 의식적 수준 이상으로 행해지기도 하며, 우리가 생각하는 범위 이상으로 지배 관계가 관철되고 있음을 나타내는 것이기도 하다. 우리말로 "알아서 기어 주는" 복종 관계가 피지배자에 의하여 저절로 형성되어, 권력자인 지배자가 갖고 있거나 행사하려고 하는 정당한 권력 이상의 현실적 권력 관계가 만들어진다는 것이다.

베버는 이러 관점에서 지배·복종 관계를 세 가지 차원에서 설명하고 있다. 전통적 지배, 카리스마적 지배, 합법적 지배 방식이 그것이다. 첫째, 전통적 지배는 전통적 권위들에 대한 믿음을 바탕으로 과거로부터 용인되어 온 관습의 지배를 말한다. 둘째, 카리스마적 지배는 영웅적 개인에 대한 믿음을 근거로 구성되는 지배라고 할 수 있다. 따라서 추종자들은 카리스마적 지배자의 권위에 절대적으로 따르기 때문에 그의 말이 곧 진리요 법인 경우가 많다. 셋째, 합리적 지배는 법과 같은 종류의 합법성에 대한 믿음이 바탕이 되는 비인격적인 질서로서의 법률적 지배를 말한다.

라스웰(Harold Lasswell)은 "권력이란 한 사람이 다른 사람의 행동을 지배하고 결정할 수 있는 능력"이라 하였고, 다알(Robert Dahl)은 "강제력으로 타인을 복종시키는 능력, 즉 개인이나 집단이 소유하는 가치를 박탈하거나 박탈하겠다고 위협함으로써 타인의 행동 양식을 통제할 수 있는 능력"이라 하였다. 프리드리히(Carl J. Friedrich)는 "지배자와 피지배자가 어떤 공동 목표의 달성을 위해 일부는 강제에 의하여, 일부는 동의에 의하여 결합된 인간 관계"라고 보았다.

지배・복종 관계는 이러한 내용을 가진 권력을 바탕으로 하여 나타나는 현상이다. 물론 지배・복종 관계를 일으키는 요인으로 권력(power) 외에 영향력(influence), 권위(authority) 등도 있다. 영향력과 권위가 피지배자의 수용 정도에 의존하는 경향이 강하다면, 권력은 지배자 또는 명령자가 가진 권력 자원의 크기와 자의적 힘이 더욱 많이 작용한다는 점에서 약간 차이가 있다.

이런 특성을 지닌 권력에 대하여 언제나 제기되는 논의는 권력의 정당성 문제, 권력 행사의 정도와 수준의 문제, 나아가 권력 자체의 문제들이다. 개인과 개인 관계에서 야기되는 권력 크기뿐만 아니라 국가의 이념과 의지를 구현하기 위하여 행사되는 공권력 자체에 대한 의심과 비판과 옹호의 소리들이 있었다. 권력과 그 행사에 대한 논의는 인간이 사회 생활과 조직 활동을 영위하게 되는 한 언제까지나 동일한 내용으로 끊임없이 제기될 것이다.

왕권신수설로 대표되는 고대 왕들이 가진 권력, 봉건 영주가 행사하였던 힘, 절대 왕권이 가졌던 무소불위의 절대권, 프랑스혁명 이후 부르주아들이 가졌던 상대적 자유권, 대의제 이후 정착된 대표권 또는 대리권, 행정 국가 이후 등장한 국가의 공권력 등 이러한 권력들에 대한 정당성

여부는 사회계약설 제기 이후 끊임없이 논의되고 있는 문제들이다. "악법도 법이다"며 법집행의 존엄성 설파하며 몸으로 법 실천의 정신을 보여준 소크라테스(Socrates) 이후 국가에 의한 공권력 행사는 꼭 정당하고 올바른 것만은 아니었다. 국민들에게 자애롭고 든든한 수호자의 역할을 하여야 할 국가가 오히려 잔인한 권력자의 모습으로 국민들을 탄압하는 사례들이 항상 있어 왔기에 국가의 권력 행사인 공권력 자체에 대한 비판적 논의들이 각 시대마다 끊임없이 제기되고 있는 것이다.

어떻든 조직 사회 내부에서는 원천적 관리력에 의한 지배·복종 관계가 발생할 수밖에 없다. 지배자의 위치, 관리자의 입장에 서게 되면 관리의 효율화를 위하여 관리 권력(management power)이 생기게 되는데, 이렇게 발생한 권력에 대한 고도의 자기 통제(self control) 및 비판, 저항이 없으면, 실질적 권력 행사에서 이것이 권력 부패로 연결될 가능성이 높다. 정당한 권력에 대해서는 순응하고 복종하는 자기 절제의 미덕을 보여야 하지만 정당하지 못한 권력 행사에 대해서는 저항하는 용기가 필요하다. 그 권력 자체가 정당한가, 권력 행사의 수준이 올바른가 하는 것을 꿰뚫어보는 비판적 정신과 저항하는 실천성이 요구된다.

제2절 보수와 진보

국가를 보수와 진보의 양 날개를 달고 날아가는 새에 비유하는 경향이 많다. 보수나 진보라는 말은 현실을 파악하는 하나의 개념이다. 현실적 실체는 '현실 속의 사람'이다. 현실이라는 말은 인간의 몸에 관련된 모든 것들이다. 건강한 몸, 좋은 삶, 물질적 풍요, 행복한 가정, 평온한 인간 관계, 이를 조장해 주는 산업 여건, 법률, 제도, 정책 등이 현실에 관련된 용어들이다. 스스로 자유로워지려는 것, 해방감, 만족감, 자아 의식, 해탈, 사랑, 넉넉한 마음, 편안한 정서, 평온과 평화 등은 사람의 생각, 정신 세계에 관련된 개념들이다. 이 현실과 정신을 어떤 관점으로 바라보고, 어떻게 규정하느냐 하는 것이 보수와 진보의 개념이 나타나는 출발점이다. 보수는 현재 상태를 그대로 인정하고 변하지 않기는 바라는 마음이다. 이 현실이 불만스러워서 변화를 추구하는 것이 진보이고 반동이다. 진보는 지금까지 경험해 보지 못한 새로운 세계를 추구하는 변화의 양상이라면 반동은 과거의 좋은 경험 쪽으로 되돌아가고 싶은 변화의 모습이다. 이 현실을 뒷받침해 주고 있는 지금의 제도를 그대로 두어야 한다는 생각이 보수라고 한다면, 이 제도는 불합리하고 불편한 것이기 때문에 바꾸어야 한다는 생각이 진보와 반동이다. 보수주의자들의 진보주의를 사회 안정의 기틀을 깨뜨린다고 비판하고, 진보주의자들을 보수주의를 사회 발전의 저해 요인이라고 배격한다. 문제는 서로 잘되고자 하는 보수와 진보의 갈등 대립이 심화되어 공동체 기반을 상실시켜 버리는 데에 있다.

이처럼 현실을 제도 중심으로 파악하는 것이 제도 연구의 주제들이다. 그리고 대부분의 정치 활동은 이 제도의 변화에 관련되어 있다. 그런 변화의 내용이 개선(改善)인지 개악(改惡)인지는 별개의 문제이다. 그리고 이런 현실 제도의 사상과 이념, 법질서와 제도의 내용이 인간의 순수성을 억압하고 인간의 참모습을 일그러지게 하는 요인들이기에 이런 현실 국가를 해체하여 인간 해방을 추구하여야 한다고 주장하는 것이 무정부주의자들이다. 반면 제도와 무관하면서 인간성 해방을 추구하는 영역이 있다. 바로 문화·예술의 영역이다. 현실 제도의 억압 기제로부터 벗어나 문화·예술의 차원에서 무한한 정신 세계의 행복감과 존재 의식을 추구하는 자들이 해체론자들이다. [그림 5-1]은 이런 전제하에서 구성한 것이다.

여기서는 보수와 진보의 문제를 [그림 5-1]로써 설명하려고 한다. 모든 출발은 현실의 상태이다. 이를 현상이라고 본다. 현상은 본질적으로 정지되어 것으로 가정한다. 즉 변모하지 않으려는 현상 유지가 그 본질

[그림 5-1] 인간과 제도의 다이어그램

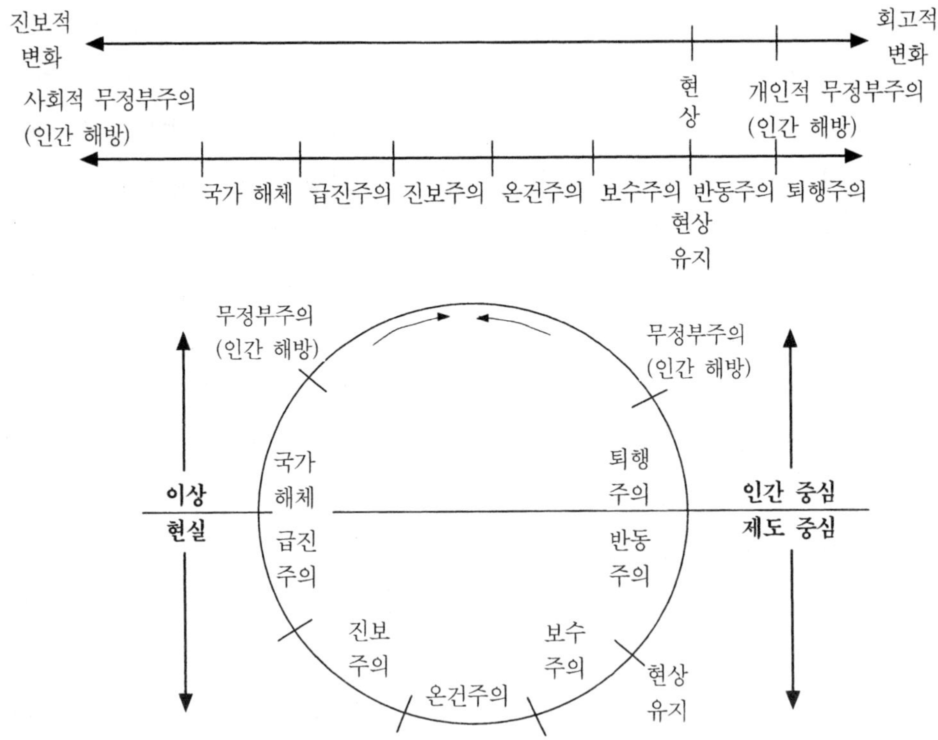

출처: 바라다트(1984: 65)의 [그림 2-2, 9]를 다시 그림.

이라고 본다. 그러나 이 정지된 현상은 시간의 변화에 따라 모습을 달리한다. 변화의 방향과 내용을 다음과 같은 다양한 개념으로 분류하여 설명하고 있다.

1. 보수주의

보수주의(保守主義, conservatism)란 급격한 변화를 피하고 현 체제를 유지하려는 사상이나 태도이다. 과거로부터 현재까지 이어져 온 사회의 오랜 습관·제도·방법들을 소중히 여겨 그대로 지키려는 성향을 말한다. 보수주의를 기질적 보수주의, 상황적 보수주의, 역사적 보수주의로 나누어 볼 수 있다.

기질적 보수주의는 인간의 심성과 태도에 초점을 두고 바라보는 것인데, 과거로부터 물려받은 일생을 살아오면서 체득된 익숙한 삶의 유형에 애착과 집착을 느끼고, 익숙하지 않은 새로운 분위기에 대하여 두려움과 우려와 더불어 심지어 적대적 불신감을 가지며, 적개심을 표현하면서 저항하려는 보수적 행태를 말한다. 현재의 제도를 유지하고자 하는 입장인데 대부분 현실 제도로부터 많은 기회와 조건을 획득하여 갖춘 사람, 즉 기득권 계층에서 많이 발견할 수 있다. 연령의 고하에 관계 없이 현실적으로 자기가 소유하고 있는 재화와 기회를 박탈당하지 않고 지키려 하는 성향이 강하다. 대개의 중간 계층에 속한 보통의 사람들은 신데렐라의 환상을 가지고 이들 기득권자들에게 가까이 접근하거나, 또는 극단적으로 이들의 기득권 내용에 대하여 감정적으로 비난하기도 한다. 현실적 보수주의자들은 사람들의 이러한 심리적 약점을 잘 이용한다. 또 나이가 들면 새로운 낯선 환경에 적응하여 나가기가 쉽지 않아서 은연중에 보수주의가 되기 쉬우며, 전통적·고답적·인습적인 태도를 보인다.

상황적 보수주의는 일종의 기득권 계층이지만 지적이면서 진보적인 사고를 하는 보수주의자들에게서 많이 발견할 수 있는 행태이다. 사고와 표현은 상당히 진보적이지만 실제로 투표하는 행태는 보수 정당에 투표한다. 역사적 보수주의는 계몽 사상에서 주창하는 합리주의, 프랑스 혁명에 대항하여 나타난 철학 사조로 신, 귀족, 왕의 권위와 존재를 지향하는 보수주의이다.

또 보수주의를 심리적 보수주의와 정치적 보수주의로 구분하여 살펴볼 수도 있다.

세실(Hugh R. H. Cecil)은 자연적 보수주의와 정치적 보수주의로 구분하여 말하였다. 자연적 보수주의는 인간의 특정한 심리 태도를 지칭하는 것이었고 소문자(小文字)로 표기하였다. 정치적 보수주의는 특정한 사상 조류를 설명할 때 사용하면서 대문자(大文字)로 표기하였다. 만하임(Karl Mannheim)은 심리적 보수주의를 '전통주의'라 하였으며, 사상적인 것을 '보수주의'라 불렀다. 실제로 정치적 진보주의자가 사생활 영역에서는 보수적 행동을 취한다거나, 정치적 보수주의자가 사생활 영역에서는 진보적 태도를 취하는 사람들을 볼 수 있다. 즉, 어떤 개인의 심리적 태도는 반드시 그의 정치적 이데올로기와 일치하는 것은 아니다. 이런 견해를 바탕으로 보수와 진보를 <표 5-1>과 같이 나누어 살펴볼 수 있다.

〈표 5-1〉 보수와 진보의 차원

<table>
<tr><th colspan="2" rowspan="2"></th><th colspan="2">정치적 측면</th></tr>
<tr><th>보수</th><th>진보</th></tr>
<tr><th rowspan="2">심리적 측면</th><th>보수</th><td>I 진정한 보수</td><td>III 정치적 진보
심리(잠재)적 보수
(진보 정당에 투표함)</td></tr>
<tr><th>진보</th><td>II 정치적 보수
심리(잠재)적 진보
(보수 정당에 투표함)</td><td>IV 진정한 진보</td></tr>
</table>

(1) 보수주의자: 미지(未知)의 것을 두려워하고 변화를 싫어하여 자기가 익숙한 것에 집착하는 심리 상태로 일상 생활과 정치 행태에서도 그대로 표출된다. 일종의 기질적 보수주의도 여기에 해당된다.

(2) 정치적 보수: 심리적으로는 진보주의적 경향이 강하지만 정치적 투표 행태는 보수주의적이다. 진보적 표현을 즐겨 사용하지만 투표 현장에서는 현실적으로 보수 정당에 투표한다. 앞서 말한 상황적 보수주의가 여기에 속한다.

(3) 정치적 진보: 심리적으로는 보수주의적 경향이 강하지만 정치적 투표 행태는 진보주의적이다. 보수적 표현을 즐겨 사용하지만 현실적으

로 진보 정당에 투표한다.

(4) 진보주의자: 현재의 상태, 상황, 제도, 정책, 권력 구조, 사회 관계 등 현실적 여건을 극히 싫어하고 변화를 추구하며 새로운 세계를 열망한다. 이런 심리 상태는 일상 생활과 정치 행태에서도 그대로 표출된다.

2. 온건주의

보수주의와 진보주의 사이에 놓여 있으며, 온건주의(穩健主義, moderates)라는 용어는 1792년 프랑스 국민의회의 의장석에서 볼 때 왼쪽에 급진파(자코뱅 당), 중앙에 중간파, 오른쪽에 온건파(지롱드 당)가 자리를 잡은 데서 유래하였다. 제도 개선, 정치 구조 개선, 사회 구조 변화 등에 대하여 행동이나 사상·언론 따위가 과격하지 않고 온건한 방법을 취하는 주의를 말한다. 정치·외교 분야에서 자주 등장되는 개념이다. 온건파, 비둘기파, 주화파(主和派) 등으로 불리기도 한다. 하지만 온건주의는 보수주의, 온건주의, 점진적 진보주의의 범위를 얼마만큼 설정하느냐에 따라 성격이 달라진다.

3. 진보주의

진보주의(進步主義, progressivism)는 사회의 오랜 습관·제도·방법들을 변화하는 사회에 맞도록 새로운 모습으로 바꾸려는 성향을 말한다. 과거로부터 현재까지 이어져 온 사회적 모순을 점진적으로 새롭게 바꾸어 나가려고 하는 것이다. 대부분 현실 제도로부터 억압·착취당하였거나 기회를 박탈당한 사람, 즉 소외 계층에서 진보주의 성향을 많이 발견할 수 있다. 진보적인 태도는 새로운 것들에 대한 호기심과 이를 습득하려는 열정과 충동감이 강한 젊은이들에게서 많이 발견할 수 있는데, 진취적이고 개방적이며, 실험적인 태도를 보이면서 시행착오와 실패를 두려워하지 않는다. 이들의 실험을 두려워하지 않는 시행착오적 정책으로 인하여 발생한 자원 낭비적 요소와 정책의 혼선이 국민들에게는 혼란으로 비친다.

4. 급진주의

현재의 사회 질서나 정치 체제 등을 급격히 변화시키려는 사상이다. 감정적·도의적 색채로 인하여 과격한 행동이 나타난다. 이런 모습 때문에 마르크스주의자는 급진주의(急進主義, radicalism)를 소(小)부르주아 봉기주의(蜂起主義)라 하여 자신들의 입장과 구별하고 있다.

역사적으로는 벤담(Jeremy Bentham) 일파가 18세기 말부터 1830년대까지 영국 선거법과 의회 제도를 급진적으로 개혁하여야 한다고 주장한 이래 급진주의라고 불리었다. 1797년 폭스(C. J. Fox)가 '급진적 개혁(radical reform)'을 제창한 후부터 일반화하였으나 그 내용은 상대적이며, 시대에 따라 변질되어 왔다. 미국에서는 진보주의가 급진주의로 일컬어졌으며, 프랑스에서는 급진사회당 같은 소(小)부르주아적 개량주의를 급진주의라 부르며, 러시아혁명 후로는 볼셰비즘을 특별히 급진주의라고 부르는 등 국가와 시대에 따라 큰 차이가 있다.

5. 반동주의

반동(反動, reaction)이라는 말은 작용에 대한 반작용을 표시하는 역학상 용어이다. 정치 사회학의 입장에서는 '진보'라는 작용에 대한 반작용인 '정치적 반동'이라는 의미로 사용된다. 이 용어는 프랑스혁명 후인 1795년 처음 사용되었고, 반동파(反動派)라는 말은 1796년 사용되기 시작하였다. 1797년 콩스탕(H. B. Constant)의 『정치적 반동론』이라는 책이 간행되었다. 반혁명이 급격하며 비일상적(非日常的)이라면, 반동은 완만하며 일상적인 것이고, 반혁명보다 넓은 개념이라고 할 수 있다. 하지만 반동주의는 급진주의에 대립되는 개념으로 과거로 돌아가려는 반동력을 더 지칭한다.

반동주의에서 그 진전된 것이 퇴행주의이다. 퇴행주의로는 시대의 흐름을 의도적으로 외면하면서 과거 회귀적 복고에 집착하는 원시적 퇴행주의나 급변하는 현실로부터 과거의 사상으로 도망가는 은둔적 도피주의 등이 있다.

또 퇴행주의의 한 형태로 전통주의나 정통주의를 들 수 있다. 전통주의는 이성적 개인을 추상(抽象)적 허구로 돌려버리고, 현실적 인간으로서 일정한 시대의 일정한 민족, 국민을 상정한다. 개인 중심주의 부정, 사회 질서 중시, 역사 의식 고양, 중세 및 그리스도교 교리의 동경 등이 전통주의의 주류를 이룬다. 만하임은 보수주의와 구별되는 것으로서 교회와 교황으로 돌아가자는 흐름을 반혁명적 전통주의라고 하였다. 정통주의는 프랑스혁명 이후의 모든 변화 성과를 이단 또는 이상 사태로 단정하고 전 유럽이 앙시앵 레짐(ancien régime: 舊制度)으로 되돌아가야 한다는 주장이다. 이 결과로 프랑스와 에스파냐에 부르봉 왕가가 다시 들어서고, 독일 제영방(諸領邦), 스위스도 옛 상태로 돌아갔다. 이 정통주의는 독일 메테르니히(Klemens W. L. von Metternich) 체제의 자유주의 운동 억압에 활용되었다. 프랑스에서는 오를레앙(Oreans) 파(派)에 대한 루이 14세(Louis XIV) 직계를 지지하는 당파를 가리키는 말이다.

6. 무정부주의

무정부주의(無政府主義, anarchism)라고 번역되는 아나키즘(anarchism)은 권력 또는 정부나 통치의 부재(不在)를 뜻하는 고대 그리스어 'an archos'에서 유래한다. 무정부주의라는 용어는 다양한 의미로 사용되었다.

첫째, 이 용어는 영국 청교도혁명에서의 수평파(水平派, Levellers)나 프랑스혁명기의 앙라제(Enrages: 전투적 급진파)를 비난하는 경멸적인 의미로 사용되었다.

둘째, 라옹탕(Louis Armand de Lahontan)이 국가 없는 사회란 뜻으로도 사용하였다. 인디언의 생활을 기술한 그의 저서 『*Nouveaux Voyages dans l'Amerique Septentrionale*』(1703)에서 사용한 말이다.

셋째, 무정부주의는 국가와 법 또는 감옥・사제(司祭)・재산 등이 없는 사회를 지칭하는 것으로 사용하고 있다. 일상적으로 혼란・무질서 등을 의미하는 말로 사용되기도 한다.

사실 무정부주의는 개인의 자유를 최상의 가치로 내세우고 개인의 자유를 억압하는 모든 억압적인 정치 조직・권력・사회적 권위를 부정하는 철학 사상 및 사회 운동이다. 이 무정부주의 운동에 이론적 기초를 제공한 사람은 프루동(Pierre Joseph Proudhon)이었다. 1848년 2월혁명 무렵 『소유란 무엇인가?』에서 돌연 "나는 무정부주의자이다"라고 선언하여 프루동은 무정부주의를 긍정적으로 수용한 최초의 인물이 되었다. 바쿠닌(Mikhail A. Bakunin)도 무정부주의자임을 자처하였다. 바쿠닌은 혁명가로 전향한 러시아 귀족인데 일찍이 슬라브 각국의 민족주의 운동을 지지해 오다가 1840년대에 프루동 사상을 받아들였다. 1868년 인터내셔널에 참여할 즈음에는 최초의 무정부주의 조직인 '사회민주주의 동맹'을 결성하고 이탈리아・스페인・스위스, 그리고 론 계곡에서 대단한 영향력을 행사하였으며 프루동주의를 수정해 자신의 집산주의 이론을 창출해 냈다.

아나키즘의 사상을 지향하는 사람들을 무정부주의자 즉 아나키스트라고 하는데, 몇 가지 유형으로 살펴볼 수 있다. 먼저 고전적 아나키스트로 중앙 집권주의에 반대하여 저항하는 사람들인데, 프루동, 슈티르네르(Max Striner)가 있다. 현대의 분권론자 지방자치론자들도 여기에 속하는 부류라고 할 수 있다.

둘째, 도발적 아나키스트에 마르크스(Karl Marx)와 니체(Friedrich W. Nietzsche)가 있다. 하지만 마르크스는 결코 이상주의자가 아니다. 마르크스는 오로지 상품 중심의 시장 경제 현실 세계에 바탕을 둔 국가 질서의 허위 의식과 국가 이데올로기의 허상 뒤에 감추어진 진리 내지 원리를 찾아내려 하였다. 니체는 개인주의적 사조를 지니고 있다. 니체는 진리 그 자체가 근대를 속박하고 있는 하나의 우상, 환상이라고 하면서 이에 통렬한 비판을 가하였다.

셋째, 현대 사회에서의 아나키스트로 푸코(Michell Foucault), 촘스키(Noam Chomsky) 등을 들 수 있다.

넷째, 비폭력 아나키스트의 유형으로 톨스토이의 평화주의, 간디의 비폭력 저항 등을 넣을 수 있다.

기타 아나키스트 범주에 넣을 수 있는 것으로 마르크스주의자인 마르쿠제(Herbert Marcuse), 벤야민(Walter Benjamin), 아도르노(Theodore W. Adorno), 프랑크푸르트 학파 등을 들 수 있다.

또한 유토피아를 지향하는 현대의 많은 지식인들 사이에서도 무정부주의적 경향을 강하게 발견할 수 있다.

그리고 공산주의와 자본주의 아나키즘의 특성은 다소 차이가 있다. 전통적 공산주의자가 국가 권력을 장악하여 사회주의 국가를 건설하려는 목표를 가지고 있다면, 공산주의적 아나키즘은 국가 질서 자체를 거부한다. 자본주의 사회에서 개인적 아나키스트들을 발견할 수 있는데, 소외당하고 고통당하는 타인과는 별개로 개인이 향유하고 누리는 기회와 부의 소비에 근본적 가치를 두는 극단적 우익 보수주의자들이 여기에 해당한다. 공산주의 추종자가 빨간색이고, 허무주의자가 회색이라면, 아나키즘은 검정색이다. 이 아나키즘 원칙들이 국지적으로 구현되어 성공한 사례는 1936~1939년 스페인 내전에서 발견할 수 있는 자주 관리의 형태이다.

아나키즘이 무정부주의라고 번역되고 있으나 실은 개인에 대한 억압을 거부하고 개인의 자유를 추구하는 모든 경향을 지칭하는 말이다. 버나드 쇼(Bernard Show)는 "국가는 잔인한 힘으로 가난한 자의 것을 도둑질하고, 그들을 노예로 몰고 가는 거대한 기계"라고 혹평하기도 하였다. 인간 존재의 의미는 소외로부터 벗어나고 계급 착취로부터의 해방되어 스스로 건강하고 자유롭고 풍요로운 삶을 살아가는 것을 근본으로 삼고 있는데 국가 기구가 이러한 개인의 바람을 도와 주지는 않고 오히려 억압적으로 인간을 더욱 예속시켜 존재감을 상실하게 만드는 현상이 지속적으로 강해지고 있어 쇼가 이렇게 비꼬았다. 이 아나키즘은 자유지상주의적 사회주의 이념에 바탕을 둔 새로운 사회 질서를 열망하고, 그러한 세계를 이 지상 세계에서 구현할 수 있다는 믿음을 가지고 있다.

이런 세계를 구현하기 위하여 아나키즘이 사용하는 사회 운동의 실천적 방법은 탈중앙, 탈관료제, 탈자본주의, 폭력 거부, 국가 권력(=구조화되고 조직화된 폭력) 거부, 반란, 불복종, 대중 동원 행동, 강요된 권위에 대한 불복종, 저항 운동 등이다. 아나키스트들은 개인적 성향으로 성적 억압으로부터의 해방, 지배 계급으로부터의 해방, 머릿속 굴레로부터의 해방, 현실과 타협 않는 비판적인 눈을 지향한다. 아나키즘의 관점은 특정 국가에 얽매이지 않는 보편적 세계주의를 지향하지만 신자유주의가 주장하는 세계화와는 근본적으로 다르다. 아나키스트 운동은 러다이트(Luddite, 1811~1817, 노팅엄, 랭커셔, 체셔, 요크셔 등에서 일어난 기계 파괴운동)와도 다르다.

19세기부터 시작된 아나키즘 사조가 20세기 후반부터 더욱 거세지고 있는 까닭은 신자유주의를 기치로 내세우며 온 세계를 자본과 상품의 시장터로 만들고 있는 미국 중심의 세계화에 대한 강력한 반발 때문이다. 즉 국가나 세계가 사람이 살아가야 하는 삶의 터전이 아니라 자원화되고 상품화되어 사고 팔리는 장사꾼의 세계만 진실된 세상이라고 생각하는 총칼을 든 시중 잡배들의 시장터로 변모하여 가는 현실에 대한 저항 의식에서 연유된 것이다.

하지만 아나키즘의 세계관은 현실 세계에서는 도저히 이룰 수 없는 극단적 유토피아적 이상주의에 불과하며 정치 권력의 냉혹한 현실 앞에서 너무 철없이 순진하다는 비판을 받고 있기도 하다. 특히 자본과 시장경제 메커니즘의 현실적 힘을 직시하고 있는 신자유주의자들은 "사람들은 지배하지도 지배받지도 않으면서, 사람은 각자 스스로의 자유, 존엄성, 창조성에 근거하여 자기 미래, 자기 운명을 자기가 창조하여 나가야 한다"는 아나키스트들의 신념을 아주 냉소적으로 조롱하고 있다.

아나키즘 전 단계의 국가 해체 개념은 기존의 국가 제도와 틀을 해체하여 새로운 틀을 모색하여 나가가야 하는 중간 단계로서의 해체 활동을 지칭하고 있으나 개념이 불명확하다. 다만 비교적 일관되게 설명되고 있는 바는 기존 제도의 해체 현상이다.

7. 우리 나라에서의 보수와 진보

우리 나라에서는 1988년 노태우 정권의 제6공화국 등장 이후 보수와 진보라는 용어가 자주 등장하였다. 그리고 1990년 1월 보수대연합론의 기치 아래 민정·민주·공화당 3당이 통합 형태로 합당하여 거대 여당 민자당이 출현하였다. 1992년 14대 국회총선 전에 보수 야당인 신민당과 민주당이 합당하여 통합 야당 민주당이 창당되었다. 우리의 역사상 진보 정당이 출현할 수 있는 사회적 배경이 충분하였음에도 불구하고, 진정한 의미에서의 보수가 아니라 다만 집권을 위한 정치 수단으로서의 보수정당만 난립하였다. 정치 세력을 가진 이런 정당들의 이합 집산 때문에 진보 정당은 현실 정치권에 뿌리를 내릴 수 없었으며, 비제도권에서 사회 운동을 위한 의식화 운동과 노조 결성 투쟁 등에 전념할 수밖에 없었다.

이런 와중에 2004년 4월 15일 총선시 보수당 한나라당 121석, 약간의 진보 열린우리당 152당, 진보주의 민주노동당 10석이 출현하였다. 그나마 2005년 10월 26일 실시된 국회의원 재선거 이후의 의석 수는, 열우당 144, 한나라 127 열린우리당 144석, 한나라당 123석 , 민주당 11석, 민주노동당 9석, 자민련 3석, 무소속 5석으로 오히려 1석이 줄어들었다.

한편 2005년 11월에는 노무현 정권을 실패한 좌파(left) 정권으로 규정한 보수 세력을 주창하는 집단들이 규합하여 뉴 라이트(new right) 운동을 선언하고 있다. 우리 나라의 정치 성향으로 볼 때 당분간 진보정당이 집권하는 것은 어려울 것으로 예측된다.

제 3 절 성장과 분배

경제 정책에서 주요한 쟁점 중의 하나가 성장 우선이냐 분배 우선이냐이다. 발전론자들은 성장 우선의 경제 정책을 주장하고, 복지론자들은 분배 중심의 경제 정책을 주장한다. 하지만 장기적으로 보았을 때 성장과 분배는 서로 높은 상관 관계를 보이고 있다. 지난 반세기 동안 개발도상국의 여러 사례를 보았을 때, 일반적으로 성장이 좋았던 나라가 분배 역시 개선되는 양상을 보이고 있으며 그 반대의 경우도 마찬가지이다. 이러한 장기적 상관 관계를 두고, 성장론자들과 분배론자들은 저마다 자신의 관점에서 유리하게 해석하고 있다. 즉, 성장과 분배 양자 사이의 높은 상관 관계를 어느 한쪽에 의하여 다른 한쪽이 발생하였다는 인과 관계로 해석하고 있다. 성장이 잘 되어서 분배가 개선된다는 쪽과 분배가 개선되었기에 고성장을 이룰 수 있었다고 해석하는 쪽으로 나뉘게 된다.

1. 선성장 후분배

이 논리의 기본 관점은 먼저 경제 성장을 이루고 난 다음에 복지 정책과 분배 문제를 고려하여야 한다는 것이다. 경제 성장을 하기 이전에 획일적으로 분배 정책을 하게 되면 개인의 이기적 동기에 의하여 유발될 수 있는 창의성과 성취 동기가 저해되어 국민 경제 발전 역량을 충분하게 발휘할 수 없어서 경제 성장이 더디게 나타날 수 있다. 하지만 만약 경제 성장을 먼저 한다면 분배 문제는 고소득 계층으로부터 저소득 계층으로 소득이 확산되면서 저절로 해소되는 것으로 본다.

생산 요소(자본 · 노동 · 토지 등)에 대한 수익률(자본수익률 · 임금 · 지대 등)은 그 요소의 상대적 희소성에 따라 결정된다. 이런 측면에서 보면 경제 성장을 위한 정책의 초기 단계에서는 성장 정책에 필요한 만큼 자본이 넉넉하지 않기 때문에 자연히 자본수익률이 높아져서 돈을 가지고 있는 소수 자본가가 더 많은 돈을 벌게 된다. 하지만 경제 성장의 결과 자본 축적이 이루어지기 시작하면 자본수익률은 점차 하락하여 가는 반면, 노동증가율이 자본증가율을 초과하지 않는 이상 자본 축적과 함께 노동 단위당 자본 비율은 저절로 높아지게 된다. 이런 연계 관계로 인하여 노동의 희소성과 한계생산성은 증가하고 노동에 대한 임금도 상승하게 된다. 이와같이 임금 소득이 증가하여 가는 한편, 근로자들이 자기 임금 소득의 일부를 저축하게 되면 자본 소유도 자본가에게만 국한되지 않고 근로자 계층도 작은 규모의 자본가 그룹이 된다. 이러한 인과 작용이 확대되어 이들도 자본 수익을 얻게 됨에 따라 사회의 전반적인 소득 분배가 이루어지고 분배 정의가 실현된다는 논리이다.

선성장론자들은 분배 정책이 경제 성장을 저해할 수 있는 다양한 논거들을 제기하고 있다.

첫째, 사중 손실(deadweight loss)[1]과 구축 효과[2]를 둘 수 있다. 만약 정부가 복지 재원 조달을 위하여 한계 세율을 높인다면 사중 손실로

1) 사중 손실이란 정부 등의 시장외적 개입에 의하여 경제 주체 그 누구에게도 이익(잉여: surplus)이 돌아가지 못하고 고스란히 사라져 버리는 비효율을 나타내는 용어이다.

2) 구축 효과는 정부 지출의 증가가 이자율에 영향을 미쳐 민간 투자가 감소하여 승수 효과가 축소되는 현상을 나타내는 용어이다.

인하여 경제 성장이 둔화될 가능성이 높다. 그리고 세율을 인상하면 공급자 측면에서의 경제 주체들이 경제 활동에 참여하지 않으려 한다. 근로소득 세율을 높이면 근로 의욕이 떨어져서 일하기 싫어하여 노동 공급이 줄어들고, 높은 법인세율은 투자 의욕을 감소시켜 투자 수요와 자본 축적을 어렵게 한다. 다른 하나는 구축 효과이다. 만약 정부가 재정 지출을 증가하면 국가 자원 가운데 민간이 사용할 수 있는 자원이 줄어들고 그 영향으로 민간 투자와 민간 소비가 감소되는 효과가 나타난다. 특히 소득 분배 문제를 개선하기 위하여 복지 지출을 확대하면 이런 성격의 지출은 대부분 민간 소비 및 정부 소비의 형태로 나타나고 지출로 인한 투자의 생산성을 기대하기는 어렵다. 비록 정부 투자를 증가시킨다 하더라도 그 효율성은 민간 투자에 미치지 못할 가능성이 높다.

둘째, 복지 의존성이 생겨난다. 저소득층에 대하여 무제한 지속적인 공적 부조 제도를 실시하면 저소득층은 일을 하여 자기 처지를 개선하려고 노력하기보다는 복지 제도에 안주하여 복지 혜택만으로 생계를 유지하려 할 것이다. 과도한 실업급여, 질병급여 등은 근로 의욕을 감퇴시키고, 조기 노령연금은 조기 퇴직을 유도한다. 이로 인하여 노동 공급이 줄어들게 되면 경제 전체의 성장 잠재력이 위축된다.

셋째, 분배 정책과 여타 정책 간의 목표가 혼선되는 현상이다. 분배 정책이 반드시 공적 부조 제도나 사회보험 제도만을 통하여 추진되는 것은 아니다. 여타의 다른 많은 복지 정책들도 명목적으로 서로 다른 정책 목표를 내세우고 있지만 사실은 동일한 특정 집단에 대한 소득 이전을 목표로 하는 경우가 많다. 농어민이나 중소기업 등 소위 '경제적 약자'에 대한 지원이 하나의 예인데, 이들 정책의 명목적 목표는 농업생산성 증대나 기술 개발 및 고용 창출 등의 목표를 내세우지만 실상은 다분히 정치적인 의도에서 농민과 중소기업가들에게 소득을 이전시키려는 실질적 목표를 가지고 있는 경우가 많다. 이처럼 명목적 목표와 실질적 목표가 다를 경우에는 정책 목표를 구현하기 위한 수단을 선택하는 데 경제적 합리성이 저해될 가능성이 높다. 예컨대 농업생산성 증대를 위하여 경지 정리 사업을 추진한다고 할 경우 이미 과잉 상태에 있는 농산물의 수급(需給) 부조화가 더욱 심화되어 농산물 생산 과잉 상태가 되어 결과적으로 농민들이 손해를 보는 반면 실질적인 혜택은 경지 정리를 담당한 토목 회사에 돌아가는 경우가 많다.

2. 선분배 후성장

이 논리의 기본 관점은 경제 성장의 원동력을 오래도록 유지하기 위해서는 고른 분배가 우선되어야 한다는 것이다. 경제 발전 과정에서 소득 불평등으로 인한 불만을 분배 개선을 통하여 해소하지 못하면 경제 불안을 야기시켜 경제 성장의 원동력이 상실된다. 경제 발전에 기여한 만큼 정당한 보상을 받지 못하면 국민 대다수인 근로 계층이 노동 의욕을 상실하게 되어 결국 경제 성장을 저해하게 된다. 이를 해소하기 위하여 분배를 우선하여 근로 계층의 노동 의욕을 유발시킴으로써 경제 성장의 원동력을 증가시킨다.

선분배론자들은 선분배 정책이 경제 성장을 촉진할 수 있는 요인으로 다음과 같은 논거들을 들고 있다.

첫째, 자본 시장의 실패를 교정할 수 있다는 것이다. 빈곤층은 가난하기 때문에 자기 노동력을 향상시킬 수 있는 돈이 없다. 그래서 고소득을 올릴 수 있는 업종에 종사할 수 있는 기회가 근본적으로 상실되어 있다. 하지만 이럴 경우 소득 재분배 정책을 통해 빈곤층에 교육 및 훈련 기회를 제공함으로써 인적 능력 향상에 대한 자본 투자를 촉진한다면, 빈곤층이 빈곤에서 탈출하는 일이 더욱 쉬워져 사회 전체적으로 소득 분배가 향상되는 효과가 나타난다. 또한 이러한 인적 자본 투자가 없었더라면 능력 부족으로 고부가가치의 경제 활동에 참여할 수 없었던 사람들이 이러한 투자로 인하여 경제 활동에 참여할 수 있게 됨에 따라 경제 전체적으로 생산성이 향상되어 성장이 촉진된다.

둘째, 사회 통합력의 제고이다. 사회 통합력은 경제 성장을 촉진하는 데 필요한 매우 중요한 요소 중 하나이다. 예컨대 정태적인 소득 분포의 불평등도가 클 뿐 아니라 동태적으로도 소득 계층간 이동 가능성이 작은 경우, 즉 넉시(Ragnar Nurkse)가 설명한 바와 같이 '빈곤의 대물림, 빈곤의 악순환'이 보편화될 경우, 빈곤층은 더 나은 미래를 위하여 자신의 능력을 계발하거나 저축을 통하여 자본을 축적할 의욕을 상실하고 만다. 이러한 사회 현상은 그 자체가 경제 성장을 가로막는 요인이며, 더 나아가 이에서 연유된 계층간 불화와 반목이 심화된다. 만약 사회 불안이 지속적으로 유발되고 법질서가 와해된다면 경제 성장은 결정적인 타격을 입게 된다. 따라서 장기적·안정적 경제 성장을 담보하기 위해서는 부(富)가 일부 계층에 집중되어 대물림되지 않고, 경제적 신분 상승 가능성이 대다수의 국민들에게 열려 있는 상태를 유지할 필요가 있다. 이를 위한 선분배 정책이 매우 필요한 것이다.

3. 영국병과 독일병

1) 영국: 영국병을 치유한 대처리즘이 정책 기조로 정착

영국 경제는 19세기 산업혁명 이후 확보한 광범위한 식민지 시장과 금융 자본의 수출에 힘입어 오랜 기간 동안 부를 축적하였다. 제2차 세계대전 이후에 영국 정부는 복지 국가와 완전 고용을 추구하였다. 하지만 1950~60년대에 미국·독일·일본이 부상하면서 영국의 산업 경쟁력은 상대적으로 약화되고, 탈산업화가 진행되면서 1970년대 말 영국병 악화로 외환 위기를 경험하게 되었다. 집권 노동당의 노동자 중심 정책을 추구하면서 여기에서 연유된 재정 적자 확대, 빈번한 파업, 과도한 임금 인상 등이 계속되어 그 결과로 외환 위기가 초래되어 1976년 12월 IMF에 구제 금융을 신청하였다. 1974~79년 노동당 정부가 추진하였던

노・사・정 사회 계약이 실패로 돌아갔으며 전국적인 규모로 노사 분규가 확산되었다.

1980년대 초 대처(Margaret Thatcher) 수상이 영국병 치유를 위한 대대적인 개혁을 단행하였다. 1979년 취임한 대처 총리는 시장 경제 원리를 강조하고, '작고 효율적인 정부'를 지향하여 강도 높은 구조 개혁을 추진하여 나갔다. 노동 개혁, 공기업 민영화, 규제 완화, 외국인 투자 유치, 금융 개혁(빅뱅) 등이 주된 내용이었다. 대처 정부는 노조를 영국병의 근원으로 인식하여 파업에 정면 대응하였고, 1979~90년 동안 5개 노동법을 개정하여 노조를 무력화시켰다. 영국 경제는 80년대 중반 이후부터 회복되기 시작하여 1980년대 중반부터는 4~5% 성장을 지속하였다. 대처 정부의 노동 개혁은 생산성 향상, 노동 쟁의 감소, 임금 안정으로 이어졌고, 매년 1,000건이 넘던 파업 건수가 급격히 감소하였으며, 노동 시장의 유연성이 크게 개선되었다. 이로 인하여 기업 환경이 개선되어 외자 유치도 큰 폭으로 증가하였다.

2) 독일: 통일 후유증과 시스템의 경직성으로 고전

제2차 세계대전의 패배로 독일은 산업 기반이 대거 붕괴되었다. 대도시의 70~80% 가량이 파괴되었으며, 군수 산업을 포함하여 독일 공업 시설의 대부분을 멸실하였다. 독일은 1950~60년대 전반 자유 시장 경제 채택으로 '라인 강의 기적'을 이루어 냈는데 아데나워(Konrad Adenauer) 총리 당시 경제 장관이었던 에르하르트(Ludwig Erhard)가 '라인 강의 기적'을 주도하였다. 총 20억 달러에 달하는 마셜 플랜(Marshall Plan) 자금이 독일 경제 재건의 밑거름이 되었다. 독일은 1960년대 선진 경제대국 대열에 복귀하였는데, 1950~60년대 초 연평균 6~8% 고도 성장을 지속하였고 경제 규모는 20년간 약 4배 확대되었다. 1950년 233억 달러였던 GDP는 1970년 956억 달러로 증가하였고, 같은 기간 1인당 국민 소득은 342달러에서 1,660달러로 5배 증가하였다. 독일은 이후 민간 기업, 자유 시장, 관대한 사회 복지를 근간으로 하는 사회적 시장 경제를 표방하면서 '만인을 위한 복지' 정책을 채택하였다. 독일 경제는 강한 제조업을 바탕으로 1980년대까지 유럽을 대표하는 모델로 각광을 받았다. 독일은 일본과 함께 세계 최고의 제조업 강국으로 군림하였으며 성장률, 실업률, 무역 수지, 경상 수지 등 모든 면에서 모범 국가가 되었다.

그러나 1990년 통일 이후 독일 경제는 통일에 따른 후유증과 시스템 피로 현상이 겹치면서 '유럽의 병자(病者)'로 전락하기 시작하였다. 1990년대 중반 이후 독일 경제는 '저성장과 고실업'의 이중고에 직면하였다. 1996~2000년 독일의 연평균 경제 성장률은 1.8%로 EU 평균보다 약 1%포인트, 미국보다 2.3%포인트 낮았다. 독일 경제의 부진은 통일 후유증과 사회적 시장 경제가 안고 있는 구조적인 문제에 기인한 것으로 부진 요인은 통일 후유증이 3분의 2, 구조적 문제가 3분의 1을 차지한 것으로 평가한다(EU집행위, 2002년).

현재 독일 경제의 최대 과제는 사회적 시장 경제를 보완하여 잠재 성장률을 끌어올리려는 것이다. 하지만 인구 노령화가 심화되어 경직된 노동 시장과 사회복지 제도가 부담이 되고 있으며, 사회복지가 근로 의욕을 감소시키고 근로자들의 도덕적 해이(moral hazard)를 초래하였다. 현재는 독일병의 근원인 노동 시장의 경직성과 사회복지 부담을 줄이기 위한 '어젠다 2010'을 추진하고 있으며, 네덜란드 · 스웨덴 등 주변 국가들을 연구하여 사회적 시장 경제를 보완하려 하고 있다.

제4절 개발과 보전

1. 개발과 보전의 개념

개발은 바람직한 변화를 목표로 하면서 인간의 의지대로 자연을 가공 활용하는 것을 말한다. 반면 보전은 어떤 개발 행위도 하지 않으면서 자연 상태 그대로 두는 것을 말한다.

2. 개발과 보전의 갈등 대립 현상

산업화가 지나치게 급속히 진행되어 인공적인 자연 재해가 심각한 지금, 자연에 대한 이러한 개발과 보전의 대립과 갈등이 증폭되고 있다. 개발론자들은 인간의 발전 목표를 위하여 자연을 활용하고 이용하여야 한다고 주장하고, 환경론자들은 인간도 새나 짐승이나 물고기처럼 자연 위에 살면서 스쳐 가는 존재이기에 자연을 훼손하여서는 안 된다고 말하고 있다. 이런 개발과 보전의 갈등 대립 양상으로부터 파생된 경제·사회적 손실도 커지고 있다. 개발과 보전을 상호 조화시킬 수 있다는 통합 논리로 '개발과 보전의 조화', '지속 가능 발전'이란 말이 나타난 것도 10년이 넘었지만 구호에 그치고 있다. 개발론자와 환경론자들이 서로 극단적으로 대처하고 타협점을 찾아내지 못하고 있기 때문이다. 환경 갈등의 합리적 해결이 어려운 이유 가운데 하나는, 갈등 자체를 둘러싼 이해 집단의 관점과 손익 계산이 다르기 때문이다. 생명체와 같이 살아 움직이거나 생명체가 살고 있는 환경에 대한 기준에 따라 환경 가치와 개발 가치에 대한 평가 기준이 다른 점이 갈등의 해결을 어렵게 하고 있는 요인 중의 하나이다.

3. 지역 개발과 환경 문제

지역 개발이 이상적으로 시행된다면 지역 간의 격차를 줄일 수 있고, 한정된 자원을 효율적으로 개발하여 그 지역의 경제 성장을 극대화하는 동시에 여러 가지 지역 문제를 해결할 수 있다. 그러나 불합리한 지역 개발은 환경을 오염시킬 뿐만 아니라 환경을 파괴시키기도 한다. 예건대 도로 건설, 광산 개발, 농경지와 목장 조성 등을 위하여 열대림을 개발하면 생태계가 파괴되고 자정(自淨) 작용이 약화되는 등 부작용이 나타나기도 한다. 그리고 산업 단지와 농경지를 확보하기 위하여 실시되는 간척 사업으로 인하여 갯벌이 사라지고 해양 생태계에 큰 변화가 초래되기도 한다. 따라서 지역 개발 계획은 단기간에 얻을 수 있는 이득이나 개발 효과만을 보고 추진되기보다는 먼 장래와 후손들의 삶까지 생각하는 종합적이고 장기적인 안목에서 수립되어야 한다.

환경론자들은 우리가 살아가고 있는 이 땅은 우리의 땅이 아니라 우리 후손들이 쓸 땅을 빌려서 쓰고 있는 만큼 우리가 지금 당장의 편리한 것만 생각해서 개발을 추진할 것이 아니라, 지금의 상태의 것을 지키고 더 훼손되지 않도록 보호하는 것이 더 중요하다고 주장한다.

4. 환경 오염 주요 피해 사례

환경 파괴로 인하여 사람들이 피해를 본 주요 사례들로 일본의 가네미 식용유 사건(1968. 3.), 브라질의 고이아니아 방사능 노출 사건(1987. 9.), 미국 펜실베이니아 주 도노라 사산화황 사건(1948. 10.), 영국 런던 이산화황 스모그 현상(1952. 12.), 스위스의 레만 호 합성세제 사건(1950년대 말), 미국 로스앤젤레스 시 광화학 스모그 현상(1940년~), 벨기에 뮤즈계곡 지역 이산화황, 입자상 오염(1930. 12.), 미국 미시간 PBB 사건(1973년), 스위스 바젤의 유해 화학물질 사건(1986. 11.), 이탈리아 베이온트 댐 주변 산사태 사건(1963년), 인도의 보팔시 MIC 화학 공해 사건(1984. 12.)을 들고 있다.

5. 개발과 보전의 타협 방안

개발과 보전이 상충한다는 것은 ‘개발에 의한 환경 파괴’라는 의미이다. 개발에 의하여 원인이 제공되면, 보전은 문제를 제기한다. 그래서 개발이 수세라면 보전이 공세를 취하는 인식과 대립 관계를 설정하고 있다. 개발이 현실주의를 표방한다면 보전은 이상주의를 지향하는 상이한 세계관을 가지고 있다. 개발과 보전의 상충 문제는 단순히 개발에 의한 환경 파괴 현상 문제 이상으로 가치관과 세계관의 차이와 대립이라는 복합적인 국면을 가지고 있다.

하지만 개발과 보전의 갈등을 해결하기 위한 노력들은 줄곧 있어 왔다. 예컨대 1992년 환경개발회의(UNCED)의 리우선언을 통하여 '지속가능 발전'이란 원칙을 실천하기 위하여 결의된 '지방의제 21'의 작성과 실행이다. 이에 따라 우리 나라에서도 많은 지방정부가 '지방의제 21'을 작성해 왔지만 그 기대한 바에 비해 별다른 성과를 거두지 못하고 있는 것이 현실이다.

개발과 보전이라는 상충 문제는 앞으로도 계속될 것이기 때문에 그에 대한 인식이 철저하여야 한다. 개발과 보전의 균형을 위한 전제 조건은 개발이 모든 궁핍의 문제를 해결해 준다는 개발주의자들의 환상적 신비에서 탈피하여야 하고, 환경은 철저하게 보존하고 지켜 나가야만 하는 것이라는 이념적 도그마에서 벗어나야 한다.

제5절 혁명과 쿠데타

혁명은 정치 권력 구조의 급격한 변동 양상이다. 여기서는 정치 권력 구조에 변화를 일으키는 혁명, 개혁, 혁신, 쇄신, 쿠데타 등을 살펴보기로 한다.

1. 혁 명

혁명(revolution)이란 부당한 권력 행사, 억압적 권력 풍토, 무능한 정권, 사회적 혼란, 살벌한 사회 분위기, 실업 증가, 소득 격감 등 국민들의 불평과 불만을 등에 업고 현재의 국체(國體) 또는 정체(政體)를 급격하게 변혁시키는 일이다.

혁명은 일반적으로 통치 조직 자체의 변경을 포함한 정치 체제와 사회 질서의 급격하고도 근본적인 변동을 의미하며, 대부분 그 수단으로 거대하고 집중적인 폭력도 사용된다. 따라서 혁명에는 사회 및 정치의 구조적인 재편성이 한꺼번에 모든 것이 유발되므로 단순한 권력자, 담당자의 교체나 정부 형태의 변동 사항은 혁명에 포함되지 않는 변동이다. 혁명이 일어나기 전의 법률 체제에서 보면 혁명적 거사는 비합법적이므로 혁명이 실패하면 혁명 이전의 법률에 의하여 국가 반역 내지 내란죄로 기소당하지만, 혁명이 성공하고 나면 혁명적 거사는 모두 합법적이고 정당한 권력 쟁취 행위로 사후에 승인받는다.

혁명은 체제 변혁과 사회 구조 전체의 변혁을 목적으로 대개 아래로부터의 강력한 저항과 과격한 요구가 제기된다. 사회 구조의 재편성을 단기간에 일으키며 급진적으로 전개되기 때문에 변동과 발전의 연속성에 커다란 단절 현상을 가져오게 된다. 혁명은 단순한 폭동이나 반란과는 구별된다. 혁명의 목적이 정치·사회 질서의 근본적인 재편성에 있는 데 반하여 폭동이나 반란은 전통적 제도의 부활 혹은 사회에서 부당한 대우를 받는 자들의 불평·불만이 일시적으로 폭발된 현상이기 때문이다. 혁명에는 반드시 이념이 수반되며, 혁명 이념이란 기존의 가치 체계에 대립되는 새로운 가치와 목적을 제시하는 이념이라고 할 수 있다. 혁명에는 지도자가 필요하다. 혁명 지도자의 리더십은 모든 사회 운동과 마찬가지로 시대 정신 내지 지향 이념을 형성하고 대중을 선동하여 혁명을 주도해 나가는 데 매우 결정적인 기능을 한다.

대개 혁명의 공통적 특성으로 갑작스러움, 폭력, 정치적 계승, 변화를 들고 있다. 혁명적 변화 양상은 전면적인 권력의 교체, 새로운 헌법 제정, 정치 체제의 근본적 변화, 기존의 소유 관계 해체, 사회 구조 변화,

새로운 사회 질서 구축을 위한 새 정치 이데올로기의 등장 등이다. 혁명의 역사적 사례로는 1640~60년 영국의 청교도혁명과 명예혁명, 1776년 미국혁명, 1789년 프랑스혁명, 1910년 멕시코혁명, 1917년 러시아혁명, 1949년 중국혁명, 1959년 쿠바혁명, 1979년 니카라과혁명, 1979년 이란 혁명 등이 있다.

2. 개 혁

개혁(reform)이란 체제 내적인 변화를 의미하는 것으로서 정치 권력의 제도화에는 별로 커다란 변동을 가져오지 않고 기존 정치 질서를 유지하면서 정치·경제·사회 체제의 점진적인 변화를 의미한다. 근본적인 체제 변화나 구조의 변화가 아니라 기존의 이념, 정치 구조, 헌법 제도 아래에서 정부 기능의 활성화를 추구하는 것을 개혁이라고 한다. 개혁의 내용으로 목표 지향성, 새로운 방법의 고안 및 적용, 의식적 인위적 노력 등이 주요 내용이다(김광웅 외, 1989: 188).

3. 혁 신

혁신(innovation)이란 새로운 목표를 달성하기 위하여 과거에 없었던 새로운 방법을 고안하여 이용하는 것을 말한다. 보통 기술 혁신이라는 의미로 많이 사용되고 있지만 혁신은 단순한 생산 기술의 변화만이 아니라 신시장이나 신제품의 개발, 신자원의 획득, 생산 조직의 개선 또는 신제도의 도입 등도 포함되는 더 넓은 개념이다. 혁신의 과정에 창의력, 비교 분석, 예측 가능성, 성과 측정, 사전 점검 등의 절차가 적용되기도 한다. 낡아서 쓸모없게 된 기존의 제도나 방식을 찾아 내어 가려서 버리고 없애 버리는 것에 치중하는 것이 쇄신(renovation)이라면, 혁신은 새로운 것을 더 지향한다는 점에서 다소의 차이는 있지만 일반적으로 쇄신과 혁신은 같은 의미로 쓰이고 있다.

4. 쿠데타

쿠데타(coup d'etat)는 혁명과 마찬가지로 비합법적이고 물리적인 폭력에 의한 권력 변동 현상을 말한다. 하지만 쿠데타의 상황은 혁명적 상황처럼 불법적이고 부당한 정치 상황이 전제되는 것은 아니다. 모든 정치 상황과 권력 상황이 정상적으로 운용되고 있음에도 불구하고 사회의 다른 계급에 비하여 상대적으로 더 강한 세력을 장악한 군부, 경찰, 관료들이 그들의 정치 이념, 가치관, 이해 관계에 따라 현 체제를 전복시켜 권력을 장악하는 현상을 말한다. 따라서 혁명에는 정당성이 부여되지만 쿠데타에는 정당성이 부여되지 않는다. 예컨대 1961년 5월 16일 거행된 일련의 사태에 대하여 거사를 일으킨 박정희 장군의 세력들은 이를 혁명이라고 명명하여 혁명 공약[3]을 내세웠던 반면 민주화 세력들은 줄기차게 이를 쿠데타라고 폄하하였다. 박정희 정권으로부터 노태우 정권에 이르기까지의 군사 정권에서는 이를 혁명으로 공식화하였다. 그러나 김영삼 정권 때부터는 노무현 정권에 이르기까지 이를 쿠데타라고 규정하면서 부정적인 관점으로 말하고 있다. 우리 나라 교육 현장에서는 '5·16 군사정변'이라고 공식적으로 사용하고는 있지만 강제로 권력을 불법적으로 찬탈하였다는 의미는 배제하고 있다.

쿠데타는 대개 기존 집권 계층의 정치 권력 주변에서 일어나며, 소수 무력을 동원하는 하나의 무력 정변이다. 통치 이데올로기나 법통은 그

---

3) 혁명 공약 -군사혁명위원회 조직

① 반공을 국시(國是)의 제일로 삼고 반공 태세를 재정비 강화할 것.
② 미국을 위시한 자유 우방과의 유대를 공고히 할 것.
③ 모든 부패와 구악을 일소하고 청렴한 기풍을 진작시킬 것.
④ 민생고를 시급히 해결하고 국가 자주 경제의 재건에 총력을 경주할 것.
⑤ 국토 통일을 위하여 공산주의와 대결할 수 있는 실력을 배양할 것.
⑥ 양심적인 정치인에게 정권을 이양하고 군은 본연의 임무로 복귀할 것.

대로 유지하면서 권력 핵심부나 그 장치의 일부만 교체하려는 것이다. 현재의 권력에 대항하여 그 권력을 빼앗는 행위로서 지배 계층의 권력의 강화에 유리한 행위이다. 즉 사회의 근본적인 지배와 복종의 관계의 해소는 이루어지지 않는다. 하기에 쿠데타는 본격적인 혁명의 시발점이 될 수도 있고, 성공적 혁명의 토대를 저해하는 반혁명적인 구실이 될 수도 있다.

제6절 국가 간 합종연횡

1. 국가 관계

국가 간 관계 유형에는 일정한 모습이 없다. 국가 간 관계 유형에 일정한 모습이 없다는 현상을 잘 드러내는 것으로 "어제의 적이 오늘의 동지가 되고, 오늘의 동지가 내일의 적이 될 수 있다"라는 말이 있다. 이 말은 급변하는 국제 정세의 본질을 잘 나타낸다고 하겠다. 국가 간 관계의 본질은 근본적으로 이해(利害) 관계이며, 국제 관계의 냉엄한 현실은 체제와 이념의 문제보다 각국의 이해 득실의 관계에 따라 전개되고 있는 양상이다. 국제 사회의 일상적인 현실은 국가 간의 이합집산(離合集散), 동맹 결성, 블록 형성 등 다양한 국가 간 교류 형태가 만들어졌다가 사라지고 또 새롭게 만들어지고 있는 동적인 흐름이다. 물론 이런 모든 교류 유형의 근저에 작용하는 근본적인 원동력은 자국의 이익 확보이다. 자국의 국가 이익은 누구의 이익이며, 그것을 어떻게 규정하느냐 하는 문제가 남아 있기는 하지만 여기서는 다른 나라와 구별되는 국가 체제 자체의 총체적 이익을 자국의 이익이라고 보기로 한다.

특히 국가 간 관계에서 특출한 강대국이 존재하고 다른 국가들은 상대적 열세에 처하여 있는 국제 관계 속에서 국가 간의 관계는 어떠해야 하는가 하는 문제는 과거로부터 지금까지 그리고 앞으로도 하나의 딜레마로 남을 것이다. 이러한 국제 관계 현실은 현대 사회에서도 마찬가지로 작용한다. 미국이라는 강대국이 월등한 국제 관계의 정치적 위상을 장악하고 국제 질서를 미국 중심의 가치 기준에서 형성하려 하고 있으며, 이 과정에서 자원을 가진 상대적 열세국들은 자국의 이익을 침탈당하지 않으려고 발버둥치며, 이런 틈바구니 속에서도 가능한 자국의 이익을 많이 확보하기 위하여 각각의 국가들은 다양한 전략들을 서둘러 마련하고 있다.

이런 국가 간의 이익 확보를 위한 동맹 관계의 결속과 해체라는 이합집산 양상은 동서고금을 막론하고 끊임없이 진행되고 있지만 합종연횡(合縱連衡)[4]이라는 용어를 만들어 낸 중국 고사에서 이런 관계의 원형을 발견할 수 있다. 물론 중국 역사에서 만들어진 합종연횡이라는 말은 각각의 국가가 자국의 이익을 위하여 국제 관계 질서 속에서 스스로의 위상을 굳건하게 확보하려는 순수한 동기에서 능동적으로 태동한 것이 아니라, 소진(蘇秦)과 장의(張儀)라는 정치꾼들의 정치적 모략으로 태동하였기에 이 용어를 오늘날의 국제 관계 질서에 대입하여 국제 관계를 분석하기에는 다소 어색한 점이 없지는 않다. 하지만 합종연횡이라는 말이 강대국의 존재 속에서 약소국들이 저마다의 생존 전략을 모색하여야 한다는 국가 관계의 본질에 관점을 두고 있기에 합종연횡이라는 개념으로 국제 관계를 살펴보는 것이 그다지 커다란 무리는 아니라고 본다.

2. 합종연횡

합종연횡은 '제자백가' 중 '종횡가'와 밀접한 관계가 있다. 『한서예문지(漢書藝文志)』에서는, 종횡가의 사람들은 모두 변설(辨說)에 능하여

4) 합할 합(合), 세로 종(縱 從), 이을 련(連), 가로 횡(衡).

위와 아래의 마음을 서로 통하게 하는 데 장점이 있으며, 행인(行人)의 관직에서 유래하였다고 하고 있다. 행인은 현대의 외교관이다. 즉 전국 시대 종횡가의 후예가 오늘날 외교관들이다.

전국 시대 종횡가를 대표하던 인물로 소진(蘇秦)과 장의(張儀)를 들 수 있다. 합종연횡은 중국 전국 시대의 최강국인 진(秦)과 진에 대한 연(燕), 제(齊), 초(楚), 한(韓), 위(魏), 조(趙) 6국 사이에 있었던 대표적인 외교 전략을 일컫는 용어이다. 기원전 4세기 말 여러 나라를 유세하고 있던 소진은 우선 연에, 이어서 다른 5국에게 "진 밑에서 쇠꼬리가 되기보다는 차라리 닭의 머리가 되자"고 설득하여 여섯 나라를 종적(縱的)으로 연합시켜 서쪽의 강대한 진나라와 대결할 공수 동맹을 맺도록 하였다. 이것을 합종(合縱)[5]이라 한다.

뒤에 위나라 장의(張儀)는 합종은 일시적 허식에 지나지 않으며 진을 섬겨야 한다고, 여섯 나라를 돌며 연합할 것을 설득하여 진이 여섯 나라와 개별로 횡적 동맹을 맺는 데 성공하였다. 이것을 연횡(連衡)[6]이라고 한다. 그러나 진은 나중에 합종을 타파한 다음 여섯 나라를 차례로 멸망시켜 중국을 통일시켰다.

3. 합종연횡의 현대적 해석

현재 동북아는 국제 관계의 구조 변화(structural change)를 시도하고 있다. 한국은 '동북아 균형자론'[7]을 주장하고 있다. 전통적인 한·미·일 연대의 틀에 집착하지 않고, 새로운 틀을 짜보겠다는 의도이다. 불안정한 동북아 정세를 안정과 평화의 질서로 만들어가는 중장기적인 과정

5) 중국 전국 시대 소진(蘇秦)이 주장한 6개국이 동맹하여 서쪽의 진(秦)나라에 대항하자는 의견, 공수동맹(攻守同盟).

6) 진(秦)나라의 장의(張儀)가 주장한 의견으로, 진나라와 그 동쪽에 있던 6개국을 동서로 연합하려던 외교 정책.

7) NSC(National Security Council: 국가안전보장회의)의 2005년 4월 27일 공식 발표 자료 참조.

에서 한국이 적극적인 역할을 수행하겠다는 것이다. 타이완의 야당인 국민당은 56년 만에 처음으로 대표단을 이끌고 중국 본토를 방문하였다. 새로운 국공(國共) 합작의 시도이다. 반대로 타이완 정부는 본토로부터의 독립을 염두에 두고 미국과 한층 밀접한 관계로 진입하고 있다. 일본은 영토와 역사 교과서 문제로 한국과 중국을 자극하면서 미국과는 밀착중이다. 중국은 '동북 공정(東北工程)'에서 나타나듯이 한반도의 편입에 관심이 많다. 바야흐로 동북아에서는 새로운 합종연횡이 활발하게 진행되는 양상을 보이고 있다.

오늘날에 비추어 보면 최강국 진나라는 미국이고, 초나라는 중국이다. 미국을 중심으로 한 동맹은 장의의 연횡책에, 중국을 중심으로 한 동맹은 소진의 합종책에 비유할 수 있다. 21세기의 합종연횡이 지금 눈앞에서 벌어지고 있는 것이다. 종횡가의 자격 요건은 『시경(詩經)』 300편을 암송하고, 고사(古事)에 해박해야만 하였다. 그래야 상황 변화에 맞춰 이야기를 하고, 때에 따라 임기응변을 취할 수 있다. 마찬가지로 현대의 국제 외교 관계에서 각국이 자기의 위상을 정립하고 온전히 국익을 보존하기 위해서는 동서고금의 역사를 꿰뚫고 각국 문화의 본질, 관습, 관행, 이해 관계를 정교하게 응용할 수 있는 지혜와 능력이 요구된다.

또한 단독 대항할 수 없기 때문에 열세에 몰린 여섯 나라는 합종(合從: 공격과 방어를 위한 동맹 관계)이라는 외교 전략으로 진(秦)에 대항하였다. 이에 진은 합종을 분해시킬 공작으로 한(韓), 위(魏) 각 나라와 동맹을 맺어 합종에 대항하는 연횡(連衡: 가로로 연결하는 동맹) 전략의 술책을 사용하였다. 근대 시장 경제에서 합종은 대기업에 대항하는 중소기업의 연합과 같은 것이며, 연횡은 대기업이 중소기업을 각개 격파로 끌어들이는 전략이라 하겠다.

이렇게 '합종과 연횡'은 국가 간의 외교 전략뿐 아니라 여러 집단이 다극 구조를 형성하여 대립하는 국면에서 생존 전략으로 항상 유효한 방책이다. 따라서 대외 관계와 대인 관계는 '합종연횡' 전략을 마스터해야

된다는 뜻이며 지금의 정치 세력 상황에도 재미있게 견주어 볼 수 있다.

합종연횡의 목적은 시장에서의 경쟁력을 높여, 더 강한 기업으로 거듭나는 수단을 확보하는 것이라고 말할 수 있다. 하지만 대전제는 대상이 되는 기업의 이익률이 높고, 대상 기업이 시장에서 확고한 지위를 확보하고 있어야만 된다는 것이다. 합병이나 제휴를 통하여 기업 통합을 실현하는 것만이 기업 전략이 아니라, 종전부터의 본업에 전념하여 기업 성장을 꾀하는 전략이나, 업종의 융합을 비즈니스의 기회로 삼아 신규 사업의 전개를 도모할 수도 있다. 앞으로는 ① 폭넓은 업무 분야를 통합해 전면적인 서비스(full line service)를 제공하려는 기업과, ② 특정의 시장·주력 상품을 특화하여 그 업종에 전문적으로 상품과 서비스를 제공하려는 기업으로 점점 분화해 갈 것으로 전망된다.

개개의 국가도 국가의 경쟁력을 높여 더욱 강한 국가가 되려고 한다. 국제 관계에서 개발도상국이나 후진국 또는 약소국들은 외교적 대상이 되는 국가를 대상으로 합종연횡책을 도모할 수도 있다. 많은 국가들이 정치·경제·사회·문화 등 전반적인 면에서 합종연횡의 관점을 준용하여 외교 관계를 풀어 나갈 수도 있을 것이다.

4. 합종연횡과 국가 간의 관계

1) 세계 경제에서의 의미

현재 세계 경제는 지역경제 블록화(free trade agreement)가 가속화되면서 국가 간의 합종연횡이 증가하고 있는 추세이다. 한·중·일 3국도 동북아 허브 주도권을 놓고 치열하게 경쟁을 벌이는 한편, 공용 소프트웨어, 전자태그, 4세대 휴대전화 통신 기술 등을 중심으로 협력적 경쟁을 펼치고 있다.

현재 급격한 변화의 충격을 최소화하고 자국의 시장 경제를 보호하기 위하여 권역별 연합을 이루어 발 빠르게 생존의 길을 찾고 있다. 예컨대 아시아태평양경제협력체(APEC), 북미자유무역협정(NAFTA), 유럽연합(EU) 등의 세계화 속의 지역 경제 기구 결속이 그것이다.

이런 현상에 발맞추어 중국, 한국, 일본도 하나의 경제 블록을 이루어 집단적으로 대처하면서 국제 경쟁력의 강도를 높여야 한다는 주장이 제기되고 있다.

이런 현실 추세에서 볼 때, 기업과 기업 간에, 국가와 국가 간에 합종연횡의 패러다임은 이 시대 생존 수단의 보편적 현상이 되고 있다.

2) 동북아 관계

지금까지의 동북아 질서를 합종연횡의 패러다임으로 살펴볼 수 있다. 예컨대 북한-중국-러시아 동맹, 한국-미국-일본-타이완 동맹 등의 큰 틀 속에서 개별적 사안에 따라 크고 작은 조약의 합종책과 이와 유사한 국가 간 결속이 있어 왔고, 경제 협력 등으로 7개국 사이의 개별적 연횡책도 있어 왔다. 국가 간의 이해 관계에 따라 갈등의 완화와 경제 협력 등의 다양한 정책들을 입안하기도 하고 폐기하기도 하면서 개별 국가 간의 합종연횡책을 모색해 왔던 것으로 볼 수 있다. 남한은 이미 동북아 균형자로 북한-중국-러시아, 한국-미국-일본-타이완의 합종을 깨는 연횡을 시도하고 있고, 북한은 중국의 영향력을 줄여 줄 수 있는 친러 노선이나 미국의 압박을 줄여 주는 반일, 그리고 민족 공조를 위하여 반일 감정의 공감대를 넓혀 나가면서 남한으로 하여금 연횡을 가속화해 나갈 것을 강요하고 있다. 국가 외교의 기본 전제인 국가 이해 관계가 표면적으로 내세우는 이념보다 우위라는 현상이 적용되고 있는 것이다.

5개국들과의 평화 협정인 합종연횡의 전략은 결과적으로 7개국 모두에게는 연횡책을 초래하는 것인 만큼, 평화 협정을 통한 개별적인 연횡책 안에는 동북아 국가들이 저마다 지향하는 국익을 반영하도록 하여야 한다. 동북아 7개 국가가 저마다 번영하기 위해서는 각 국가가 지킬 수 있는 원칙과 룰을 설정하여 이를 준수할 수 있는 토대를 마련하여야 한다. 인간답게 살기 위한 동북아 세계를 구축하기 위해서는 동북아 7개 국가 간의 교류와 신뢰가 있어야 하며, 국가 간의 공동 번영을 위하여 새로운 합종연횡의 책략을 모색할 필요가 있다.

3) 외교적 실리 문제

미국에 대한 오스트레일리아의 태도를 미국의 '라파예트 증후군(Lafayette Syndrome)' – 즉 미래에 도움을 주는 준비와 감사의 대가로 지금 미국을 원조하는 – 에 기초하여 겔버(Gelber)가 지적하였다. 또한 이것은 1965년 베트남에 전투 부대를 파견한 오스트레일리아의 결정을 설명해 줄 수도 있다.

예를 들면 오스트레일리아는 미국의 원조에 대한 의무는 베트남에 출정(出征)하는 중요한 이유라고 주장해 왔다. 사실, 파견 부대를 보내도록 한 것은 미국과의 동맹을 강화·유지하려는 오스트레일리아의 이해를 그럴 듯하게 뒷받침하고 있다. 오스트레일리아 정부가 미국의 베트남 개입이 실수 또는 실패한다고 믿더라도 말이다.

뉴질랜드도 비슷한 정책을 따랐다. 베트남 참전에 대하여 미국으로부터 어떠한 압력도 없었지만, 오스트레일리아처럼 '미래를 위하여' 긴급히 필요할 때 도움을 받기 위하여 도덕적으로 미국에게 투자를 하였다. 1965년 5월 법무 장관인 하난(J. R. Hanan)은 "우리가 침략을 받으면 미국의 지원을 받는다고 하더라도 우리가 미국을 지지할 확실한 시간이 없다"고 언급하였다. 뉴질랜드 수상도 이와 유사하게 "우리가 현재 우리 식대로 할 준비가 안 되어 있는데, 과연 장래에 양심적으로 우리의 동맹국을 원조할 수 있겠는가?"라고 언급하였다. 베트남에 약간의 군대를 파견하는 것은 확실한 이타주의(利他主義)가 아니라 미국의 호의를 위한 투자이다.

유사한 고려가 베트남에서 미국의 다른 피보호 국가의 상황을 볼 수 있다. 예를 들면, 한국과 필리핀은 나중에 '라파예트 증후군'에 대하여

성의 표시를 하기 위하여 약간의 원조 제공을 하였다.

또 다른 흥미있는 보호자-피보호자 관계의 양상은 베트남 전쟁 동안의 한국과 미국 간에 볼 수 있다. 양측은 상호 종속 상태에서 이득을 얻었지만, 최소한 단기적으로 보통 이상으로 한국이 보호자에게 제공하였던 서비스보다 더 많은 것을 챙긴 것처럼 보인다.

5. 초강대국 미국

1) 미국의 위상

세계 시장과 국제 질서에 대한 미국의 개입과 확장 전략은 지구 곳곳에서 비판의 대상이 되고 있다. 하지만 아직까지는 미국의 확장 전략에 효과적으로 대응할 수 있는 국가나 블록은 형성되지 않고 있고, 다만 유럽연합(EU)만이 미국의 확장을 견제할 의지와 능력을 보유한 세력으로 보이지만 그 결속력과 효과에 대한 평가는 아직 알 수 없다. 다만 유럽통합의 방향으로 나아가려는 시도 자체가 경제·외교적으로 미국이 주도하는 세계 질서에 유럽 국가들이 공동으로 대응하는 전략의 일환이라고 할 수 있다.

냉전 이후 미국의 헤게모니를 억제할 수 있는 요인들이 더 이상 존재하지는 않지만 동시에 과거의 동맹국들을 다시 결속시켜 줄 수 있는 어떤 커다란 국제적인 위협도 현재로서는 뚜렷하게 나타나지 않고 있기 때문에 유럽연합은 비교적 자유롭게 자신들의 이해 관계를 추구해 나갈 수 있게 되었고, 이 과정에서 미국의 이해 관계와 관계 없이 스스로의 노선을 설정할 수 있게 되었던 점이다. 나아가 미국 중심의 세계 질서 재편 움직임에 대하여서도 유럽연합은 그들의 이해 관계 관점에서 비판하고 이의를 제기하고 제어할 수 있는 국제적 분위기를 이끌어 낼 수 있게도 되었다. 이는 미국 중심의 헤게모니가 무너질 수 있다는 것이 객관적으로 나타나는 증표이며, 그 동안 미국의 유럽사에 대한 주도적 개입이 약해짐과 동시에 냉전기가 지속되면서 유럽에 대한 미국의 주도권이 상실되어 감을 의미하는 것이라 하겠다.

그러나 미국은 여전히 세계 시장 교역 질서에서 미국의 질서를 강요하고 있는 중심 국가로서의 위상을 정립하고 있다.

2) 미국과의 관계

합종연횡은 전국 시대 최강대국으로 부상한 진(秦)나라와 다른 약소 6개국들이 어떤 관계를 맺을 것인지를 보여 주는 외교술이다. 진을 제외한 6국이 연합하여 진에 대항하여야 한다는 주장이 합종설이며, 6국이 각각 진나라를 섬겨야 한다는 주장이 연횡설이다.

지금 세계 정세는 전국 시대와 비슷한 형국이다. 초강대국 미국을 중심으로 국제 정세가 재편되는 상황에서 미국에 대하여 합종 전략을 취해야 할지, 연횡 전략을 취해야 할지를 두고 나라마다 고심하고 있다. 이것은 전국 시대 강대국 진나라에 대하여 나머지 여섯 나라들이 합종책과 연횡책을 놓고 어떤 생존 전략을 취할 것인가 고심하던 상황과 비슷하다. 이러한 때 『전국책(戰國策)』의 지혜가 한 수 가르쳐 주는 바가 있다. 중산이라는 소국은 조나 위나라 같은 대국들 사이에서 다양한 술책들로 살아남는 방법을 보여 준다. 외교 직무를 담당한 행인지관에서 유래한 종횡가들의 철칙은 '남보다 앞서 일을 도모하면 능히 남을 제어할 수 있고, 남보다 뒤에 일을 도모하면 남에게 제어를 당한다'는 교훈이다.

프랑스는 유럽 안보에서 미국과 주도권 경쟁을 벌여 오면서 미국의 대(對)유럽 견제 정책과는 달리 유럽 동맹국들이 미국의 유럽 전략에 동조하여 북대서양조약기구(NATO)의 지속적인 유지 정책을 반대하도록 대미 견제 전략을 취하고 있다. 독일의 협력하에 유럽 통합 정책을 적극적으로 추진해 나가면서, 미국의 모든 정책에 반대하기보다는 사안별로 이의를 제기하는 선택적인 저항을 특징으로 하는 실리 추구의 자주 외교를 펼쳐 왔고, 앞으로도 이러한 추세로 전개될 것이다.

독일은 냉전 시대에 자국의 안보를 미국에 의존하여 왔지만 통일을 한 후 미국과 점차 소원한 관계를 갖게 되었다. 탈냉전기 유럽의 안보 질서 재편 과정에서 프랑스와 협력, 서유럽 연합의 군사적 기능 강화, 독일·프랑스연합군 창설 합의, 북대서양조약기구 내에서 유럽적 색채의 강화 등은 유럽 안보에서 우월한 지위를 유지하려는 미국의 입장과 여러 측면에서 대립하고 있다. 특히 신세계 질서가 미국과 유럽연합 간의 경제적 경쟁이 가시화되고 있는 가운데 독일은 정치·군사·외교 대국화에 만족하지 않고 유럽연합의 중심 국가로 유럽 통합이 진전될수록 미국과 경쟁자 입장에 서서 갈등을 빚을 것으로 보인다.

러시아는 탈냉전 시대 세계 질서가 미국의 일극 체제로 재편되는 데 우려와 불만을 나타내면서 세계 경찰은 미국이 아니라 유엔이 되어야 함을 강조하고, 세계 질서의 다극화를 추진하면서 강대국 지위 회복에 주력하고 있다. 또한 세계 무대에서 미국의 권력 독점을 저지하기 위하여 미국 주도에 반발하는 세력과 전략적 동반자 관계, 특히 프랑스 및 유럽 강대국들과의 전략적 제휴를 추진하면서 냉전 시대 경쟁국 또는 가상 적국이었던 중국·일본과 전략적 제휴와 화해를 모색하는 정책은 동아시아 무대에서 미국의 독주를 견제할 수 있음을 상징적으로 보여주는 대미 견제의 의미를 갖는다고 볼 수 있다.

탈냉전기의 일본은 안보를 포함 미·일 동맹 의존에서 탈피하여 독자적으로 중국·러시아와 쌍무 관계를 수립해 나가는 반면 저위 정치(low-politics) 부문에서 미·일 관계를 이전과는 다른 모습으로 추진해 나가려 하고 있다. 양국 간의 불균등한 지위 구조 및 무역 마찰 등에 기인한 갈등적 측면이 부각되면서 '친미 노선은 계속 유지하되 미국 추종은 지양하는' 방향으로 나아가려 하고 있다.

중국은 세계 강대국 중 미국과 현재 가장 불편한 관계를 유지하고 있다. 중국은 미국 정책의 일부분에는 협조를 하지만, 기타 모든 것은 자국의 주권적 판단에 따른다는 입장을 고수하고 있다. 미국 주도 패권적 세계 질서를 비판하면서 다극화된 세계 질서를 구축하며 미국의 타이완 문제 및 내정 간섭의 태도는 결코 용납하지 않겠다는 자세를 견지하고 있다. 21세기 중국은 일본을 내세워 아시아를 경영하려는 미국을 견제하기 위해 다른 강대국과 합종연횡을 모색하고 있으며, 미국의 독주를 견제하려는 프랑스·러시아와의 비공식 연합으로 전략적 제휴를 더욱 강화하고 있다. 이런 점에서 21세기 초반 중국은 미국에 대한 국지적이고 부분적인 정치적 저항의 지속은 물론, 다른 강대국보다도 심하게 미국의 의도, 구상, 지도력에 반대할 것으로 전망된다.

미국의 독주 견제라는 전략적 이해에 대한 인식을 같이하고 있는 중국·러시아·프랑스 등 안보리 3강은 나름대로 암묵적인 연합 전선을 구축하고 있지만 사실상 그 유대 기반은 취약하다. 이 연합 전선은 사안에 따라 미국의 독주를 저지할 필요성이 공유될 경우에만 발동된다. 프랑스·독일·러시아·중국의 각국은 저마다 나름대로의 현실 정치적 계산에 따라 초강대국인 미국과의 직접적 대립을 피하고 우호적 양자 관계를 유지·발전시키고 있다. 그렇기 때문에 4국간 반미 연합의 한계가 명확하다.

그러나 미국은 세계적 차원에서 반미 유대 구축을 저지하는 전략으로 첫째, 패권의 핵심 수단인 군사력을 정복보다는 방어 개념의 차원에서 도전자의 통제를 위하여 주로 사용하고 연성 권력(soft power) 형태로 패권을 표출함으로써 여타 강대국들이 반미 동맹을 체결할 만한 자극을 주는 것을 피하고 있다. 둘째, 탈냉전기에도 국제 정치를 주도하기 위하여 국제 테러 조직 활동, 잠재적 위협 국가 등 가상적인 적의 개념을 내세우는 한편, 서유럽 국가들과 유대를 강화하고 있다. 셋째, 세계 질서 주도력 유지를 위하여 약소국과 미국에 대항할 가능성이 있는 강대국을 분리하여 각각 다른 처방으로 대응하고 있다. 이런 측면에서 현대의 세계 질서는 '미국 중심 체제(U.S. centered system)'가 당분간 지속되고,

초강대국인 미국의 주도와 유럽·러시아·중국의 견제가 균형을 이루면서 비교적 안정적으로 유지될 것으로 전망된다.

미국의 세계 질서 주도 전략으로 이라크·코소보 사태를 군사력으로 해결한 미국과 강대국 간의 입장을 분석·평가해 보면, 탈냉전시에도 미국 대통령은 여전히 이라크·유고의 대통령을 악의 화신으로 지칭하며 냉전적 사고를 보여 왔다는 점이다. 이라크에 대한 무력 제재는 미국이 유엔의 위임 범위를 넘어 타국의 주권에 직접적 타격을 가하는 월권 행위이고, 이에 대하여 러시아는 중국·프랑스와 협력을 도모하여, 미국·영국의 공습을 중지하는 외교적 노력으로 미국과 갈등을 빚었다. 세계 질서 주도를 위해서는 군사력 사용도 주저하지 않겠다는 미국 의도는 신유고연방 내 코소보 사태를 해결하기 위하여 북대서양조약기구(NATO)가 유고 공습을 감행함으로써 재확인되었다. 유고 공습은 프랑스·독일을 중심으로 한 서유럽 국가들이 국제 금융 및 무역 질서에서 미국 독주를 견제하고 서유럽연합 강화와 대(對)러시아 협력을 모색, 미국의 통제권을 벗어나 독자적인 세력권 형성을 도모하려는 기도를 일거에 저지하려는 미국 의도에서 비롯된 것이라 볼 수 있다.

우리 나라의 경우를 보면 지리적 접근성만 빼면 미국은 모든 면에서 중국보다 더 우리에게 가까운 나라이다. 북핵 문제 해결을 추구하는 과정에서 우리는 미국의 일방적 방침을 적절히 조율하기 위하여 중국의 힘을 필요로 하였다. 그 결과, 3차 회담에서는 많은 진전이 이루어진 것도 사실이다. 따라서 오늘날 한반도 현실에서 원교근공(遠交近攻)의 외교 책략을 지리적인 원근에만 맞출 수는 없는 처지에 놓여 있다.

또 다른 동양의 오랜 외교 책략으로는 너무나 유명한 '합종책'과 '연횡책'이 있다. 모두 중국의 전국 시대에 7개의 나라가 서로를 잡아먹으려고 다툴 때 펼쳐진 외교술이다.

합종은 '강대국인 진나라의 침략에 대비해 6개의 소국이 연합전선을 결성한 것'이다. 이로 인하여 강대국인 진나라도 한동안 중소국인 6개국을 어찌할 수가 없었다.

반면 연횡은 주변 소국이 강대국을 상대로 1 대 1 보호 관계를 맺어 자국의 안전을 보장받는 외교 책략이다. 소국의 연합 전선 가운데 약한 고리에 해당하는 나라를 설득하여 "너희 나라는 절대 침략하지 않을 테니 소국가 연합에서 빠지라"고 설득해 합종을 무산시켰다.

이런 합종연횡책은 국제 질서에서 지금도 설득력이 있는 패러다임이다.

6. 합종연횡의 전략적 함의

약소국 이상으로 강대국도 방어적인 힘의 사용에 제한을 받는다(1965년 산토도밍고와 1968년의 체코슬로바키아 사건 등은 예외이지만). 더욱이 초강대국들은 주의 깊은 자제심을 갖고 행동해야만 하는데, 그 이유는 상호 핵 억지력이 서로의 중립화(neutralization)와 교착 상태(stalemate)를 이끌어 왔기 때문이다. 대체적으로 반대 입장이 약소국에 적용되기도 한다. 즉 그들은 무력의 적용에 대한 더 많은 선택과 기회를 갖고 있다.

더욱이 안보와 생존의 딜레마는 약소국만이 가지는 고민거리는 아니다. 일본, 서독, 이탈리아, 중국(1950년대) 등은 미국과 소련의 핵우산과 재래식 무기에 의존하여 왔다. 또한 현대적이고 고도로 정밀한 무기 구입의 경우에 그들은 연구 능력이 그들보다 더 발전되어 있고, 생산비가 저렴한 초강대국에 의존할 수밖에 없다.

오랫동안 대륙간 해저 미사일(sub-marine missile)이 개발되기 이전에 강대국의 안전조차도(특히 미국의 경우에도) 타국의 기지 사용 허가, 조기 경보 체계 등의 협력을 구할 때 타국의 호의나 협조에 기초하였다. 미국은 아직도 '장거리 조기경보 체계(distant early waring system: DEWS)의 유지를 위하여 캐나다의 호의에 의존하고 있는 것이 지금의 실정이다.

풍요 속에 사는 국민과 빈곤한 삶을 사는 국민, 인간답게 사는 국민과 노예 상태의 국민, 그리고 민주 국가와 독재 국가 등으로 7개국을 형성한 동북아에서, 결국 인간답게 살기 위한 조건을 지향하는 전략을 합종연횡의 패러다임으로 모색하는 것도 필요하다. 동북아 번영을 위하여 국가 간에 교류와 신뢰가 쌓이려면 최소한 인간을 인간으로 취급하는 인권의 규칙이 적용되는 국가 관계를 형성하여야 하는 것이며, 비록 국가 발전을 위해서는 수많은 시행착오를 겪을 수밖에 없다고 하더라도 국가 지도자는 기본적으로 국가 생존과 번영을 위한 전략을 효과적으로 수행할 수 있는 기반을 구축하고 있어야 한다.

제 6 장
한국 사회의 국가 기구 특성

제 1 절　의회와 정당 정치 / 233
제 2 절　한국 국회의 변천 / 236
제 3 절　경찰 및 정보 기구 / 257
제 4 절　한국 군부의 성격 / 270
제 5 절　한국 사회의 지배연합 / 281

제 6 장

한국 사회의 국가 기구 특성

제 1 절 의회와 정당 정치

1. 의회주의

일반적으로 민주주의를 말할 때 대의(의회) 민주주의를 의미한다. 이 대의 민주주의 제도가 실제로 잘 실시되고 있느냐 그렇지 않느냐 하는 것을 기준으로 하여 민주주의 체제인가 아닌가를 판단하기도 한다. 이 대의제 민주주의는 비록 직접 통치 형태는 아니라 할지라도 선거라는 방식을 통하여 대표를 선출하기에 다음과 같은 당위성을 확보하고 있다. 첫째, 형식적인 측면에서 민주주의의 방식과 절차를 따르므로 권력의 정당성을 확보할 수 있고, 둘째, 실질적 차원에서 권력이 정당성을 확보하고 있으므로 현실적인 권력 행사가 가능하며, 셋째, 따라서 선거 수단과 방법은 차치하고라도 다수 득표를 하여 정치적 헤게모니를 장악한 집단의 이해 관계와 이념에 따라 권력 구도가 형성된다. 즉 집권당의 지배 체계를 더욱 공고하게 할 수 있는 기반이 자연스럽게 구축되는 것이다.

이런 선거 방식에 의한 의회 민주주의에는 다음과 같은 양면성이 내포되고 있다. 즉 선거 방식은 국가 권력을 장악한 정권에게 권력의 정당성과 정통성을 부여하므로 지배 집단의 지배를 관철시키는 주요한 도구로 작용할 수 있다. 그 사회의 다수를 점하고 있는 집단의 이념과 이해관계가 저절로 반영되며 이 과정에서 소외자와 소수자는 그들의 이념과 이해 관계를 관철시킬 만한 효과적인 수단을 확보할 수 없다는 점이다. 이것이 다수결 원리를 따르는 민주주의의 내재적 한계이다. 따라서 선거 방식과 선거 방식에 바탕을 둔 민주주의라는 제도는 사실은 모든 계급(집단, 계층)의 이해 관계, 또는 이해 충돌이 반영되는 투쟁의 장이며, 무대의 장이라 할 수 있다. 즉 의회 민주주의는 권력 지배의 정당성을 부여하면서도 동시에 모든 계급의 이해 관계과 이념을 구현시키려는 투쟁의 장인 것이다.

지금은 의회 민주주의의 이런 결함을 보완할 수 있는 다양한 제안들이 나타나고 있다.

2. 제3세계 국가 의회의 현실

제3세계 국가는 각 계층과 계급 자유로운 정치 참여 과정을 통하여 권력 구조를 형성하는 절차적 민주성이 선진국에 비하여 매우 열악한 형편이다. 나아가 자본, 기술, 군사력, 제도, 시민 수준, 정치 지도력 등 모든 면에서도 선진국 기준으로 보면 그 형편이 매우 열악하다. 제3세계 국가는 이런 열악한 정치 구조와 내부적인 힘이 미약한 상태에서 아무런 준비도 없이 이미 형성된 제국주의의 세계 체제에 자의 또는 타의로 편입된 상황이다. 그렇기 때문에 세계 기준의 제도나 체제에 적응되지 못하는 부분들이 많다.

첫째, 의회는 무엇보다 대표성을 지녀야 한다. 지역 대표성, 계급 대표성, 성별 대표성, 연령적 대표성 등 사회의 다양한 세력과 집단을 내포하여야 제대로 된 대표성을 구비하였다고 볼 수 있다. 하지만 제3세계 국가의 의회는 일부 계급, 일부 지역을 대표하는 대표성만 띠는 경우가 많다. 우리 나라의 경우 지역적 대표성은 강하지만 계급적·직업적·성별 대표성은 아직까지 미약하다.

둘째, 제3세계의 국회의원 및 지방의회 의원의 경우 지역 사회의 기득권을 가진 유지나 자산가가 충원되는 경우가 보편적이다. 무산자나 사회적 기득권을 갖지 못한 자는 의회 구성원이 될 수 있는 가능성이 희박하다. 우리 나라의 경우 국회, 지방의회 의원의 재산 공개에서도 드러나고 있듯이 대부분 억대 이상의 재산가들이다.

셋째, 정치는 그 사회의 정치적 자원을 배분하는 과정이다. 자원의 배분 과정이 공정하고 투명하며 이해 당사자들의 참여 속에서 이루어져야 하는 것이 정치의 기본 원리이며, 정치 선진국일수록 이러한 원칙들이 비교적 잘 지켜지고 있다. 하지만 제3세계 국가 또는 신식민지 파시즘 국가에서는 정치가 정치의 장인 의회 내에서 이루어지지 않고, 장외에서 이루어지는 경우가 많다. 예컨대 밀실 정치, 고위 당정회의, 장외 투쟁, 시위용 시가 행진 등으로 요구와 욕구를 주장하고 불만을 표출하며 그 과정에서 음성적 합의가 도출되어 법안과 정책으로 구현되는 형태를 보인다.

넷째, 의회에서 논의하고 통과되는 다양한 법안과 정책이 각 계층·계급의 이해 관계를 대변하지 못하고 일부 계층의 이해 관계만 반영하는 경우가 대부분이다. 제3세계 의회는 특권 계급이 권력을 장악한 후 권력 장악을 합법화시키고 정당화시켜 주는 절차적 과정으로 의회의 의결 과정을 선택한다. 의회는 민의를 반영하는 기구가 아니라 권력을 장악한 파시즘의 장식물에 불과하다. 우리 나라의 경우 1970년대 중반의 유신 체제하의 국회와 5공화국 초기의 국회 모습을 들 수 있다.

다섯째, 제3세계 국가들이 처한 경우에 따라 최소한의 기본권조차 철저하게 무시되고, 민주주의 절차가 부정되기도 한다. 이와 같은 경우는 국가가 전체적인 폭력 통치 체제로 운영되는 독재적인 상태이다.

제1절 한국 국회의 변천

1. 대한민국 정부 수립 개요

1943년 12월 1일 카이로에서 미국·영국·중국 3국의 정상들이 '카이로선언'을 발표하였다. 1945년 5월 독일이 항복하고, 그 해 7월 17일에 베를린 근교의 포츠담에 모인 위의 3정상들은 전날의 카이로선언을 다시 확인하였다. 그리고 7월 26일 '포츠담선언'을 발표하였다.

1945년 8월 15일, 일본제국이 연합국에 무조건 항복하였으며, 한국은 일제의 학정으로부터 해방되었다. 그러나 이 해방이 곧 민족의 참된 독립을 의미하는 것은 아니었다. 일본의 항복 문서 서명과 동시에 맥아더(Douglas MacArthur)는 연합국 총사령부 일반명령 제1호(1945. 9. 2)로 북은 소련군이, 남은 미군이 점령, 관리하도록 하였고, 결과적으로 우리 국토와 민족은 양분되었다.

1945년 12월 27일 모스크바 삼상회의에서 미국·영국·소련 3국 대표는 임시 한국정부를 수립하고, 최고 5년 동안 미국·영국·소련·중국 4개국의 신탁 통치하에 둘 것을 결의하였다. 이 구상은 우리 민족의 주체성과 자립성을 무시한 국제 협정이었기에 한민족의 강력한 반대와 그리고 미·소 양국 간의 냉전으로 실현되지 못하였다. 결국 미국은 1947년 9월에 한국 독립의 문제를 제2회 국제연합 총회에 상정하기에 이른다.

1947년 11월 UN 총회는 한국정부의 수립을 돕기 위하여 유엔 임시한국위원단 구성을 결의하였다. 이 결의에 따라 한국위원단이 활동을 시작하였지만 소련이 유엔의 활동에 반대하였기 때문에 북한에서의 활동이 좌절되었고, 1948년 1월부터 남한에서 활동을 개시하였다.

1948년 미국과 이승만(李承晩) 세력은 단독정부 구성을 위한 단독 선거의 강행을 준비하고 있었다. '단선단정 반대 투쟁'은 그 해 2월 7일 노동자의 총파업을 시발로 200여만 명이 참여하는 범민족적 투쟁으로 발전하였다. 민족의 분단은 식민지를 경험하였던 한국 민중 전체에게 새로운 죽음을 의미하는 것이었기 때문이었다. 그러나 '단선, 단정 반대'라는 구호 아래 남북 협상에 참가하였던 김구(金九) 선생 등 민족 진영 및 중간파의 선거 불참과 공산당을 포함한 좌익의 방해 공작이 있는 가운데 총선거가 실시되었다. 1948년 5월 10일 한국 역사상 최초의 보통선거제에 의한 총선거로 198명의 국민 대표가 선출되어, 5월 31일 우리 나라에서 대의제 민주정치 체제하에서 최초의 제헌국회가 열렸다. 이리하여 정원 200석 중 반란 사건에 관련된 제주도 2개 지구를 제외한 198명이 선출되었고, 100석은 장차 북한에서 정식으로 선출될 대표들을 위하여 유보시켜 두었다.

제헌국회는 즉시 헌법 제정에 착수, 1948년 7월 17일 공포하였다. 이 헌법의 규정에 따라 대통령선거를 실시하여, 초대 대통령에 이승만이, 초대 부통령에 이시영(李始榮)이 당선되었다.

이어 국무총리에 이범석(李範奭)이 국회의 인준을 받아 행정부가 조직되었고, 8월 15일에 대한민국 정부의 수립을 국내외에 선포하였다. 이에 따라 미군정 장관 하지(J. R. Hodge)는 미군정의 폐지를 선언하고, 이어서 9월 13일 정오를 기하여 새 정부가 군정의 사무를 정식으로 인계받았다.

2. 제헌국회의 성립과 운영

1) 제헌국회 성립

앞서 살펴본 바와 같이 우리 나라 제헌국회는 1940년대 중반의 밀접하게 맞물려 돌아가는 국제 정세의 흐름 속에서 태동되었다. 제헌국회가 우리의 자주적인 결단과 통합으로 이루지지 못하고 다분히 외세 의존적인 상태에서 출범하게 된 것은 우리가 독자적인 힘이나 세력을 갖지 못하고 있었음은 물론 민족 해방조차 외세 열강의 힘의 각축에 의하여 이루어진 점이 많았기 때문이다. 세계 자본주의의 신식민지 지배 질서 구축의 소용돌이 속에서 우리 나라는 독자적 통합의 노선과 힘을 갖고 있지 못하였기 때문에 어쩔 수 없이 외세 열강의 이해 관계의 분할 구도 획책에 휘말려들게 되고, 결과적 모순인 분단 상황이 되어 오늘에까지 이르고 있다. 이런 20세기 중반의 세계 정세 속에서 제헌국회는 민족 전체의 통합을 이루지 못한 채 남한만의 반쪽 선거를 치르면서 태동하였던 것이다.

이런 제헌국회의 민족적 과오를 개략적으로 요약하면 다음과 같다.

첫째, 해방 이후 청산하여야 할 친일 세력을 정리하지 않았다는 점이다. 미군정은 친일파의 기득권을 보장하여 주면서 새 틀을 짜야 하는 민군정의 권력 질서에 이들을 편입시켰다. 왜냐 하면 미국이 세우려 하였던 국가는 당연히 '미국에 우호적인 국가'였지 그 민족에 해로움을 끼친 전력이 있느냐 없느냐 하는 것은 아니었기 때문이다. 이런 점은 미군정이 처음부터 민중 세력을 통제하면서 의도적으로 이들을 배제한 면도 없지 않지만, 현실적으로 국내 민중 세력이 정치적 기반을 거의 갖지 못했던 탓도 있다. 그 결과 우리 나라 정치 세력의 주류로 미군정에 의하여 구원을 받은 과거의 친일 세력, 새롭게 태동한 친미 세력, 그리고 기회주의적 매판 자본가들이 포진하게 되었던 것이다. 예컨대 초기의 국가 기구를 거의 장악한 한국민주당(韓國民主黨)을 들 수 있다. 이러한 수순들은 미국이 무력으로 제3세계 국가의 정치 과정에 개입하여 미국에 우호적인 정권을 창출할 때 활용하는 공식적인 과정들이고, 제3세계 국가의 지배 구조 특성은 바로 이런 점들을 충실하게 반영하고 있다. 어떻든 민군정이 남한을 실질적으로 지배하게 되자 이들 친일 세력과 반민족 세력은 다시 친미 세력으로 변신하게 된다. 일제 시대의 순사는 경찰로, 관리는 입법·행정·사법부의 공무원으로 채용되었으며, 군대는 광복군을 배제한 채 만주군·일본군이 출신들이 주도하여 나가게 되었다. 이런 과정에서 남한의 과도정부 의회는 민의(民意)를 반영하는 대의기관의 역할을 하였다고 하기보다는 미군정의 정책 결정 보조기관으로서만 기능하였고, 군정의 행위를 추인하고 합법화시켜 주는 하부기관으로서의 지위만 가졌다.

둘째, 1948년 5월 10일에 실시된 총선거에 관한 반성이다. 이 총선거는 선진 자본주의 국가에서 통상적으로 진행되는 선거에서 보는 바와 같이, 사회 내 다양한 정치 세력 주체들 간의 자유로운 참여로 모든 계급과 계층의 이해 관계를 반영하고, 자유로운 표현이 가능한 선의의 경쟁이 아니라, 당시 소수였던 민중 세력을 원천적으로 배제한 불공정한 상황 속에서 치러진 선거였다. 총선거가 가능할 수 있었던 것은 남북한의 분할 구도가 어느 정도 안정 궤도에 접어들었다는 것이며, 미군정은 나름대로 남한에서의 정치적 헤게모니를 장악하였다는 판단을 하였기 때문으로 볼 수 있다. 이 총선거 이전인 1948년 2월에는 남북 지도자의 남북 협상 노력이 좌절되었는데 이 협상의 결렬도 사실상 남북한의 분단을 기정 사실화하는 상징적 사건에 지나지 않았고, 이후 민족 내란인 한국전쟁으로 이어질 수밖에 없는 과정을 밟게 된다.

셋째, 제헌국회의 성립에 부여되는 정치적 의의이다. 제헌국회의 성립은 당시 한국 사회의 모순적인 사회 구조를 정당화시켜 주는 정치적 의미를 내포하고 있다. 예컨대 남북 분단의 현실을 기정 사실화하여 남한 지역에서 단독정부 수립을 정당화시켜 주고, 민중 세력을 배제한 채 국민을 강제적으로 정치 과정에 동원시켰으며, 단독정부 수립에 반대하는 세력을 배제하여 실질적이고 구체적인 친미 정권을 창출하는 구도로의 이행을 정당화하는 과정에 대한 승인 행위와 같은 것이었다. 제헌국회는 심지어 단독정부 수립에 저항한 우파(김구·김규식) 세력도 배제하였다. 그 결과 정치 협상과 같은 방법으로 민족통일 국가의 수립을 불가능하게 만들었고, 결국 무력에 의한 전면적인 충돌이 발발할 수밖에 없는 상황으로 전개되었다.

2) 제헌국회 운영

1948년 새로 수립된 이승만 정권은 출범 초기부터 많은 문제를 안고 있었다. 먼저 이승만 정권은 과거 미군정에 의하여 온존되었던 친일 세력을 그대로 이어받아 자신의 권력 기반으로 하였기 때문에 국내 정치 세력들의 광범한 지지를 얻지 못하고 있었다. 더군다나 이승만의 친미 정권은 국회 내에서도 권력을 독점하는 데 실패하였다. 처음에는 이승만과 김구, 한민당과 임정 세력은 상호 밀착 관계에 있었고, 보수 야당의 뿌리인 한민당은 '임정봉대론(臨政奉戴論)'을 주장하면서 임정 세력과 결탁하였지만, 신탁 통치의 분쟁을 거치면서 자신들의 위치가 회복되자 임정 세력과 거리를 두었다. 이후 한민당은 이승만이 단선단독 정부 수립 노선을 들고 나오자 이승만과 결탁하고, 이승만이 권력을 잡으면서 국가 권력으로부터 배제되면서 이들은 반이승만 세력의 구심점이 되었다. 이승만 정권도 다른 정파들과 평온한 관계를 유지하지 못하고 반민족 행위자 처벌법 무효화, 반민특위 해체, 프락치 사건 등으로 여타 정권들과 긴장 관계에 접어들었다. 이후 토지 개혁 등 경제 정책의 잇단 실패로 극심한 경제적 불안까지 발생하였다. 이러한 정치적 혼란과 경제적 불안으로 말미암아 이승만 정권은 국내 정파의 강력한 비판에 직면하게 되었다.

3. 1950년대의 국회(제2대, 3대, 4대)

제헌국회 의원의 임기 2년이 만료되어 1950년 5월 30일 제2대 국회의원 총선거가 실시되었다. 제2대 총선거에는 과거 5·10선거에 불참하였던 남북 협상파가 참여하였는데, 선거 결과는 이승만 지지 세력의 참패로 나타났다. 총 210석 중 이승만지지 세력은 48석 확보에 그쳤다. 제2대 총선에서 야당이 압도적인 다수 의석을 차지하자, 이승만 정권은 국회의 간접 선거를 통하여 대통령 재선에 당선된다는 것이 불가능함을 깨달았다. 이런 인식하에서 이승만 지지 세력은 독재 정권을 유지하기 위한 방법을 모색하였는데, 그것이 바로 헌법 개정이다. 이승만 정권은 1951년 11월 30일 임시수도 부산에서 대통령 직선제를 내용으로 하는 개헌안을 제출하였다. 이 개헌안은 1952년 1월 18일 국회의 표결에 부쳐졌다. 표결 결과 출석 의원 163명 중 찬성 19표, 반대 143표, 기권 1표가 되어 부결되고 말았다.

그러나 1952년 제2대 대통령선거가 임박하자 이승만은 민족청년단을 중심으로 조직되었던 이범석의 자유당(自由黨)을 이용하여 재집권을 획책하였다. 이른바 5·26 정치파동이 그것이다. 즉 피난 수도 부산에서 공비 토벌을 빙자하여 계엄령을 선포하고, 자신의 개헌안에 반대하는 야당 의원 47명을 체포, 감금해 오다가 7월 4일 심야의 살벌한 분위기 속에서 국회는 기립 표결로 가 163표, 기권 3표로 이른바 발췌개헌안을 통과시킨 것이 그것이다.

직선제 개헌으로 제2대 대통령에 당선된 이승만은 종신 집권을 위한 준비를 시작하였다. 우선 자유당 내부에서 민족청년단을 이끌던 이범석을 제거하고 대신 이기붕(李起鵬) 체제를 만들었다.

하지만 발췌 개헌만으로는 종신 집권이 보장되지 않았기 때문에 3선 금지 조항을 폐지할 수 있는 헌법 개정이 또다시 필요하였다. 헌법 개정을 위해서는 제3대 국회의원 선거(1954. 5. 20)에서 이승만의 지지 세력이 헌법 개정에 필요한 의석 수 3분의 2 이상을 확보하여야만 했다. 제3대 선거 실시 결과 여당인 자유당 의원은 114명이 당선되어 개헌선인 3분의 2인 136명에는 훨씬 미치지 못하였다. 상황이 이렇게 되자 자유당은 제3대 대통령선거를 앞두고 초대 대통령에 한하여 중임 제한을 철폐한다는 헌법 개정안을 고안하여 1954년 11월 27일 국회에 발의하여 표결에 들어갔으나 부결되었다. 이틀 뒤 이승만과 자유당은 무소속 의원을 포섭하여 개헌안을 표결에 부쳤으나 결과는 1표가 부족한 135표가 나왔다. 궁지에 몰린 자유당은 재적 의원 203명의 3분의 2는 135명이라

하면서 이른바 사사오입(四捨五入)의 수학 원칙을 내세워 개헌안을 통과시켰다. 사사오입을 내세워 3분의 2선이 135표라고 억지를 부려 일단 부결이 선포된 개헌안을 가결된 것으로 번복 선포하였고, 이에 따라 이승만은 제3대 대통령에 재당선되었다.

1958년 5월 2일 제4대 국회의원 총선거 뒤 자유당 의석이 줄어들게 되자 이승만은 야당을 탄압하는 등 독재화 성향을 노골적으로 드러냈다. 예컨대 1958년 1월 13일 이른바 진보당사건(進步黨事件)을 일으켜 2월 25일 정당 등록을 취소하였고, 조봉암(曺奉岩)을 7월 31일 처형하였다. 1958년 12월에는 야당 의원들을 국회 지하실에 감금한 가운데, 언론과 지식인을 탄압하기 위하여 대공 사찰의 강화와 언론 통제를 주요 내용으로 하는 국가보안법 개정안을 전격적으로 통과시켜 이른바 2·4파동을 자행하였다.

자유당의 독재 정치로 인한 사회적 불안은 1960년 3월 15일의 정·부통령선거에 이르러 그 절정에 달하였다. 이승만은 야당 후보인 조병옥(趙炳玉)이 워싱턴의 미육군병원에서 사망하자 무난히 당선될 수 있었지만, 부통령에 이기붕을 당선시키기 위하여 전무후무한 부정 선거를 강행하였고, 이에 항거하는 대학생 주도의 데모가 전국에 확산되었다. 이 4·19혁명으로 자유당 정권은 몰락하였으며 이승만 대통령은 물러나게 되었다.

이런 1950년대 국회의 특징을 요약하면 다음과 같다.

첫째, 1950년대에 소부르주아지 이익의 대변자인 중도 세력들이 대거 의회에 진출하였다는 점을 들 수 있다. 김구, 김규식의 세력인 단독정부 수립 비판자들이 총선거에 참여하면서 제도권으로 진입하였고, 또한 새로운 무소속 의원들이 대거 등장함으로써 결과적으로 국회 내 이승만 집권 세력의 지지 기반이 급속히 약화되었다.

둘째, 이렇게 됨으로써 이승만 집권 세력의 국회를 통한 정권 장악의 가능성이 희박해졌다. 집권 세력의 지배력이 불안정하게 된 것이다.

셋째, 이런 상황을 직시하면서 이승만 정권은 정권 유지를 위하여 폭력적 대응과 정치적 술수를 자행하였다. 폭력적 대응 방식으로 억압적 국가 기구를 활용하고 테러 단체를 동원하여 정치적 반대자들을 억압하였다. 예컨대 부산의 정치 파동, 자유당 결성, 백골단 사주 등의 폭력을 자행하였다. 또한 권력을 이용해 자신에게 충성스러운 세력들을 확보하는 정치적 술수를 폈쳤다. 예컨대, 초기에 2인자로 등장한 이범석이나 장택상, 충직한 신하가 되었던 '예스맨'들, 그리고 각양각색의 청년 단체들의 준동이 그것이다. 이처럼 의회 밖의 정치적 자원을 동원하여 권력을 유지한다는 것은 사실상 실질적인 의회주의의 포기를 의미하는 것이다.

4. 제2공화국의 국회

4·19혁명으로 이승만 정권이 붕괴되자 당시 외무부 장관이었던 허정(許政)이 2개월간의 과도정부의 책임을 맡았다. 과도정부는 헌법 개정과 총선거를 준비하면서 민주당이 주장해 온 양원제(兩院制)와 내각책임제(內閣責任制)를 골자로 하는 개헌안을 준비하였다. 국민들은 1인 독재의 폐해를 경험하였기 때문에 내각책임제 개헌에 대한 공감대가 어느 정도 형성되고 있었다. 그러나 이승만 대통령 하야 후에도 자유당이 여전히 국회의 다수 의석을 차지하고 있었기 때문에 국민들은 국회를 즉시 해산하도록 요구하였다. 하지만 국회는 선개헌·후해산을 결정하고 1960년 6월 15일 제3차 개헌안(내각책임제 개헌안)을 의결하였다. 내각책임제 개헌안은 민의원의 과반수 의석을 차지하고 있던 자유당 의원들도 대부분 찬성하였는데, 출석 의원 215명 중 찬성 208명, 반대 3명의 압도적인 지지로 의결되었다. 내각책임제로의 개헌은 1인 독재를 막고 정치 권력을 민주적으로 운영할 수 있는 제도적 장치를 마련하려는 열망으로 마련된 것이었다.

내각책임제 개헌에 따라 제5대 국회의원 선거(1960. 7. 29)를 실시하여 민주당은 58석 중 31석의 참의원(參議員)과 233석 중 175석의 민의원(民議員)을 확보하여 압도적인 승리를 거두어 다수당의 지위를 얻었다.

1960년 8월 12일에는 민주당의 윤보선(尹潽善)이 대통령에 당선되었고, 이어 윤보선은 8월 17일 1차로 김도연(金度演)을 국무총리에 지명하였으나 국회의 동의를 얻지 못하고, 8월 18일 제2차로 장면(張勉)을 국무총리에 지명하고 국회의 동의를 얻음으로써 8월 23일 초대 내각을 발표하고 제2공화국은 그 역사적인 출범을 하게 되었다.

제2공화국은 4·19 이념 완수를 가장 중요한 정치적 과업으로 삼고 과도정부가 해결하지 못한 이른바 6대 사건 즉, 3·15부정선거 원흉, 데모대에 대한 발포 책임자, 정치 깡패, 부정 축재, 선거 자금 흑막, 장면 부통령 저격사건 등을 해결하고자 하였지만, 소급입법에 대한 부당성과 기성 정치 세력들의 반발, 당내 온건파의 미온적인 태도 때문에 명쾌한 해결 쪽으로 가지는 못하였다. 이러한 정부의 태도에 불만을 품은 학생과 시민들은 다시 거리로 뛰쳐나와 연일 데모가 계속되었다.

한편 집권한 민주당은 곧 구파(舊派)와 신파(新派)의 내부 분열을 하였다. 내각책임제하에서 상징적 의미만을 가진 대통령에는 구파의 윤보선이 선출되었으나, 실권자인 국무총리의 자리를 놓고 구파와 신파가 치열하게 대립하였다. 국무총리 자리가 결국 신파의 장면에게로 돌아가자 이에 반발한 김도연 등 구파 의원 일부가 민주당에서 탈당하여 새로 신민당을 만드는 사태까지 갔다. 민주당의 이러한 분열은 장면 내각의 정치적 기반을 약화시키는 결과가 되었으며, 따라서 과단성 있는 정치의 실행을 불가능하게 하였다.

이러한 때 진보당사건으로 자취를 감췄던 혁신계 정치 세력은 4월혁명 이후 다시 대두하여 통일론을 주장하고 여기에 학생들이 대거 가세하여 남북 회담을 제기하는 등 급진적인 통일 방안이 주장되기도 하였다.

이러한 정치・사회적 혼란, 특히 집권 세력의 끊임없는 파당 싸움과 사회 각계각층의 분열과 혼란에 대하여 무력한 민주당 정부는 1961년 5월 16일 군사 쿠데타에 의하여 결국 단명으로 끝나고 말았다.

요약하건대, 의원내각제하에서 장면 정권은 이상적인 민주주의 방식으로 국정을 운영하려고 하였지만 선진 자본주의의의 민주적 참여 방식을 경험한 역사적 사실이 없었기에 통합을 도출해 내는 정치력을 발휘하지는 못하였다. 결과적으로 장면 정권은 당파와 혼란의 빌미를 제공하면서 군사 정권에 의하여 막을 내리고 말았다.

5. 제3공화국의 국회

1961년 5월 16일 박정희 소장을 중심으로 한 일부 군인들이 군사 정변을 일으켜 무력으로 정권을 장악하였다. 4・19혁명 이후 민주화의 기대 속에 출범한 제5대 국회는 5・16군사정변으로 해산되어 역대 최단기간인 9개월 18일 만에 강제로 임기가 종료되었고, 그 자리에 군사정부 국가재건최고회의가 국회를 대신하여 입법권을 사실상 행사하였다. 1963년 12월 16일 2년 7개월간 군정이 종식될 때까지 국가재건최고회의는 제출된 의안 1,593건을 100% 처리한 기록을 남겼는데, 이 중 가결 1,436건(90%), 부결 2건, 폐기 111건, 철회 42건, 반려 2건이었다.

1962년 12월 17일 국가재건최고회의는 국민투표를 통하여 제5차 개헌을 단행하였다. 이 개정 헌법은 핵심은 강력한 대통령 중심제이다. 군사정변의 주체 세력은 민정 이양을 약속하였지만 1963년 2월 26일 민주공화당을 창당하였다. 8월 30일 민주공화당 전당대회에서 박정희 국가재건최고회의 의장을 당 총재 및 대통령 후보로 지명하였다. 1963년 10월 15일 제5대 대통령선거에서 박정희 후보가 당선되었다. 한편 11월 26일에 실시된 제6대 국회의원 총선거에서 민주공화당은 33.5%의 득표율에 그쳤다. 하지만 헌정 사상 최초로 전국구제인 비례대표제를 도입하여 전체 의석의 62.8%에 해당하는 110석을 획득하였다.

1964년 3월 한일 외교 정상화 방침을 발표하자 전국 각지에서 대규모 반대 시위가 벌어졌고, 시위가 격화되자 정부는 전국 비상계엄령을 선포하고 모든 학교에 휴교령을 내리는 이른바 '6·3사태'가 발생하였다. 박정희 대통령은 1965년 1월 9일 연두 기자 회견에서 한일협정의 연내 타결을 표명하였고, 4월 3일에는 양국간 한일협정 가조인이 있었다. 7월 14일 민주공화당 의원들이 한일협정 비준 동의안을 단독으로 국회에 상정하자 야당 의원들은 의원직 사퇴서를 제출하며 맞서는 등 여야의 대립이 극에 달하였다. 결국 8월 14일 야당 의원들이 불참한 가운데 한일협정 비준 동의안이 의결되었다. 제6대 국회도 민의의 참여보다는 집권당의 정책을 추인하는 통법부의 위상에서 나아지지 못하였다.

1967년 6월 8일 실시된 제7대 국회의원 총선거에서 민주공화당은 3선 개헌에 필요한 3분의 2 이상 의석을 확보하였다. 무더기표, 대리투표 등의 문제가 제기된 6·8 총선거 결과를 3선 개헌의 전조라고 판단한 제1야당인 신민당은 6·8 총선거를 부정선거로 단정하고 등원을 거부한 채 전면 재선거를 주장하였다. 7월 3일 국회가 개원되었으나 신민당은 부정선거 전면 무효화 투쟁위원회를 구성해 전국 규모의 규탄 대회를 여는 등 원외 투쟁을 계속하였다. 이에 동조하는 학생들 또한 대규모 시위를 벌였으며, 이에 정부는 30개 대학, 148개 고교에 대한 휴교 조치로 맞섰다. 교착 상태에 빠진 시국의 수습을 위하여 여야가 전권 회담을 개최, 선거관리위원회 위원 개선과 선거법·정당법 개정, 부정조사특위법 제정 등에 합의하고, 신민당은 국회 개원 142일 만인 11월 29일에 등원하였다. 1967년 제6대 대통령선거에서 박정희 대통령이 재선된 후 민주공화당은 장기 집권을 위하여 대통령의 3선을 허용하는 헌법 개정을 추진하였다. 1969년 8월 7일 제6차 개헌안(3선 개헌안)이 국회에 제출되자 야당 의원들은 격렬히 반대하면서 본회의장을 점거·농성에 들어갔다. 정상적인 표결이 불가능해진 민주공화당은 9월 14일 새벽 2시 30분 야당이 점거한 본회의장을 피해 국회 제3별관 특별회의실에서 불과 6분 만에 3선 개헌안을 의결하였다.

국민투표를 거쳐 확정된 3선 개정 헌법에 의거, 1971년 4월 27일에 실시된 제7대 대통령선거에서 박정희 후보가 당선되었다. 1971년 5월 25일 제8대 국회의원 선거가 치러졌다. 하지만 1971년 실시된 대통령·국회의원 선거는 유신 체제가 등장하는 직접적인 계기가 되었다. 김대중의 예상을 초월한 득표율과 5월에 치러진 국회의원 선거는 당시 민심이 얼마나 박 정권으로부터 이반되어 있었는가를 확인시킨 사건이었다. 이것은 박정희에게 장기 집권에 대한 실질적인 위기감을 안겨 주기에 충분하였다. 10월 2일 국회는 신민당이 제출한 3건의 국무위원 해임건의안 중 내무부 장관 해임건의안을 가결하였다. 이른바 민주공화당의 '10·2 항명파동'이 일어났다. 1972년 10월 17일 박정희 대통령은 특별 선언을 통하여 국회 해산과 정당 및 정치 활동의 중지 등 헌법의 일부 기능을 정지시키는 비상계엄을 전국에 선포하는 이른바 '10월 유신'을 단행하였다. 이로써 제8대 국회는 1년 3개월 만에 해산되었으며, 대통령을 의장, 국무총리를 부의장으로 하고 국무위원으로 구성되는 비상국무회의가 국회의 기능을 수행하였다. 10월 27일 비상국무회의는 임기 6년의 대통령을 통일주체국민회의에서 선출하고 대통령의 권한을 크게 강화하는 것을 골자로 한 헌법개정안을 공고하였다. 11월 21일 제7차 개헌안(유신헌법안)은 국민투표에 회부되어 확정되었고, 12월 27일 공포되었다. 유신헌법으로 사실상 민의를 대표하는 대의 민주주의는 끝났다고 볼 수 있다.

6. 제4공화국의 국회

1973년 2월 27일 제9대 국회의원 선거에서 공화당은 38.7%를 획득하여 32.5%를 얻은 신민당을 앞질렀고, 3월 7일 통일주체국민회의에서는 대통령이 일괄 추천한 후보자를 대상으로 국회의원 정원의 3분의 1에 해당하는 73명의 유신정우회 국회의원을 선출하였다. 자연히 국회의 의석 분포는 거대 여당이 지배하게 되었다. 유신정우회 국회의원의 임기는 3년이며, 1980년 10월 27일 통일주체국민회의와 함께 해체되었다. 1973년 8월부터 야당 재야 학생들의 반유신민주화운동이 확산되기 시작하였다. 박정희 대통령은 1974년 1월 8일과 1월 13일에 헌법 비방과 개헌 논의를 금지하는 대통령 긴급조치 1호와 2호 및 3호를 연속적으로 발동하였다. 그러나 신민당은 11월 14일 개헌 추진의 원외 투쟁을 선언, 현역 의원들이 가두 투쟁을 벌이기도 했으며, 12월 5일 국회에서 무기한 농성에 돌입하는 등 개헌 투쟁의 강도를 높여갔다. 재야도 12월 25일 민주회복국민회의를 결성하고 개헌서명 국민운동을 전개하였다. 범국민적 개헌 투쟁이 가열될 조짐을 보이자 박정희 대통령은 1975년 2월 12일 유신헌법 찬반 및 대통령 신임 여부를 묻는 국민투표를 실시하여 개헌 논의를 봉쇄하고, 5월 13일 유신헌법에 대한 일체의 논의를 금지하는 긴급조치 9호를 발동하였다. 그러나 1976년 3월 1일 재야는 명동성당에서 유신헌법 및 긴급조치의 폐지, 유신정권의 퇴진을 요구하는 민주구국선언문을 발표하여 민주 회복의 열망을 지속시키는 촉매 역할을 하였다.

1978년 12월 12일 제10대 국회의원 총선거에서 야당인 신민당이 32.8%를 득표하여 여당인 민주공화당의 31.7%를 앞섰다. 그러나 정당별 의석 수는 민주공화당 68석, 신민당 61석, 민주통일당 3석, 무소속 22석, 유신정우회 77석으로 지역구 국회의원 선거 득표율에서 앞선 신민당이 전체 의석의 3분의 1에 미치지 못하는 현상이 나타났다. 이는 1선거구에서 2인을 선출하는 중선거구제와 국회의원 3분의 1을 대통령이 추천하고 통일주체국민회의에서 선출하는 선거 제도 때문이었다. 1979년 8월 11일 경찰이 신민당사에서 농성중이던 YH 여공들을 강제 해산시키는 과정에서 발생된 YH사건은 정치 문제로 비화되었고, 유신 체제에 대한 국민적 저항이 증폭되는 계기가 되었다. 이와 같은 상황하에서

1979년 10월 4일 여당은 김영삼 신민당 총재의 뉴욕 타임스와의 기자 회견 발언 내용을 문제삼아 의원 제명을 야당이 점거·농성중인 본회의장을 피해 국회 별실에서 의결하였다.

10·26사태로 박정희 대통령의 사망과 함께 유신 체제는 종말을 고하였다.

7. 제5공화국의 국회

긴급조치 해제 등으로 유신헌법 개정 여론이 비등해지자 국회와 정부는 각기 개헌안을 추진하였다. 그러나 5월 17일 비상계엄령이 전국으로 확대되면서 모든 개헌 논의는 중단되고 말았다. 1980년 8월 27일 통일주체국민회의에서 선출된 전두환 대통령은 9월 29일 선거인단에 의한 대통령 간선제와 7년 단임의 대통령 임기를 골자로 한 헌법 개정안을 공고하였고, 이 개정안은 10월 22일 국민투표에서 확정되었다.

10월 27일 시행된 제8차 개정 헌법에 의하여 제10대 국회가 해산되고 국가보위입법회의가 그 권한을 대행하였다. 국가보위입법회의는 대통령이 임명한 81명의 의원으로 구성되었고, 제11대 국회 개원까지 156일 동안 215건의 안건을 접수하여 100% 가결하였다. 1981년 2월 25일 민주정의당 전두환 후보가 대통령선거인단에 의하여 제12대 대통령으로 당선되면서 제5공화국이 출범하였다.

정권을 장악한 5공화국은 본질적으로 제3·4공화국과 다르지 않았다. 정권은 군부 세력의 물리력과 미국의 지지로 유지되었다. 1981년 3월 25일 실시된 제11대 국회의원 선거에서 나타난 결과는 외형적으로는 다당제의 의회 형태였지만 본질적으로는 강력한 여당과 순치된 소수 야당의 구도였다. 즉 전두환 정권의 독재적 통치가 가능하였던 권력 구도였다. 제5공화국 정권은 철저한 권력 중심적 정권이었지 국민들의 참여는 거의 허용되지 않았다. 이런 권력 구도는 자연히 그 모순적 반작용으로 민중 운동이 저절로 자생하게 되었다. 민중 세력의 성장과 더불어 보수 야당과 구분되는 독자적 존재로서의 재야 세력이 강력한 흐름으로 사회의 기층부에서 활동하게 되는 사회적 여건이 조성되었다. 이러한 민중 세력의 저항과 재야 세력의 활동에 적잖은 부담을 느낀 집권 세력은 이런 저항의 움직임에 대한 반응을 하지 않을 수 없었다. 1983년 이후부터 저강도 민주주의(low-intensity democracy) 전략을 구사하였다. 예컨대 중·고교 학생의 두발 및 교복 자율화 시행, 통행 금지의 해제, 정치 활동 규제자 해금, 해직 교수의 다른 대학 복직 가능 등의 조치이다. 이후 정권의 유화 국면이 조성되면서 학생 활동, 노동운동 등 사회 전반적으로 민주화운동이 폭발적으로 증폭되었다.

1985년 2월 12일 제12대 국회의원 총선거에서 의회·정당정치의 구조에 변화가 초래되었다. 정치 활동 규제에서 해금된 야당 정치인들이 선거를 불과 25일 앞두고 창당한 신한민주당이 제12대 국회의원 총선거에서 신당 돌풍을 일으키며 제1야당으로 등장하였기 때문이다. 신한민주당은 선거 후 민주한국당 소속 의원들이 탈당하여 합류함으로써 103개의 의석을 확보하여 여당인 민주정의당과 양대 정당 구도를 형성하게 되었다. 신한민주당은 양심수 및 구속 학생 석방 등 정치 현안의 해결을 정부에 촉구하고 직선제 개헌 투쟁을 주도하여 나가기 시작하였다. 1986년 2월부터 대통령 직선제를 주요 내용으로 하는 민주헌법 쟁취 투쟁이 전국적으로 확산되고, 신한민주당은 1천만 개헌 서명 운동에 돌입하였다. 이에 국회는 7월 30일 여야 만장 일치로 헌법개정특별위원회를 발족시켰다. 그러나 여당은 의원내각제를, 야당은 대통령 직선제를 고수함에 따라 개헌 논의는 시작부터 난관에 봉착하였다.

전두환 대통령은 1987년 4월 13일 호헌 조치를 통하여 일체의 개헌 논의를 중단시키고 1988년 2월 정부를 이양하겠다고 발표하였다. 하지만 4·13 호헌 조치는 장기 집권 음모의 성격이 강하였기에 개헌 요구에 대한 주장은 더욱 거세어졌다.

1987년 6월 10일 민주헌법쟁취 국민운동본부에서는 박종철 군 고문살인 은폐조작 규탄 및 호헌 철폐 대회를 전국 22개 도시에서 일제히 개최하였다. 국민들의 민주화 요구가 절정에 달한 이 사건을 6월 항쟁이라고 한다. 우리 정치 권력사에 민중 저항의 획을 긋는 운동의 하나가 6월 항쟁이다. 이 6월 항쟁은 군부 세력의 장기 집권, 경제 성장, 민주화에 대한 국민들의 열망 등 복합적 요인이 축적된 결과이다. 즉 1979년 부마 항쟁, 박정희 대통령 서거, 12·12사태, 5·18 광주민주화운동탄압, 1984년 11월 14일 민정당사 점거사건, 1985년 5월 23일 미문화원 점거 농성, 1987년 1월 14일 박종철 고문치사 사건, 4월 13일 호헌 조치, 국민운동본부의 호헌 철폐 투쟁, 민주 헌법 쟁취 투쟁 등 일련의 과정을 속에서 6월 민중저항운동이 발발하였다. 그리고 이 과정에서 연세대학교 이한열 군이 최루탄에 맞아 사망한 사건이 발생하였고, 이것이 기폭제가 되어 전국적으로 민중 저항이 거세어졌다.

같은 달 29일 대통령 직선제 개헌과 1988년 평화적 정부 이양을 주요 골자로 하는 6·29 시국수습 특별선언을 당시 민주정의당 대표위원 겸 대통령 후보인 노태우 후보가 발표하여 정국은 어느 정도 진정 국면에 접어들었다.

하지만 이어 이어진 7·8월 노동자 투쟁에서 야당과 민중운동 세력은 서로의 지향점의 차이 때문에 서로 분리되는 양상을 보였다. 이는 한국 야당의 기회주의적 속성, 다만 권력만 잡지 못하였지 계급적 속성은 부르주아지의 속성을 고스란히 간직한 야당 구성원의 본질을 드러낸 것이라 할 수 있다. 그리고 이 부분이 우리 나라 의회 정치의 근본적 한계이자 취약점이라 할 수 있다. 1987년 12월 16일 민정당 노태우 후보가 대통령에 당선되었다.

8. 제6공화국의 국회

1988년 4월 26일 실시된 제13대 국회의원 총선거에서 여당인 민주정의당은 전체 의석의 42%인 125석밖에 확보하지 못하였다. 우리 나라 헌정 사상 최초의 여소야대 국회가 등장한 것이다. 여당의 과반수 의석 확보 실패에 따라 각종의 국정 현안은 평화민주당, 통일민주당, 신민주공화당 등 야당과의 상호 협조를 통하여 다루어질 수밖에 없었다. 정부 여당에 의한 독주가 사라지고 국정감사가 16년 만에 부활되는 등 국회의 위상은 높아졌다. 1988년 서울올림픽을 앞두고 국회는 7월 29일 서울올림픽대회에의 북한 참가 촉구 결의안을 채택하여 남북한 간 각 분야에 걸친 교류와 접촉을 북측에 제의하였다.

여소야대로 출발한 제13대 국회는 의정 사상 최초로 청문회 제도를 도입하여 과거사 문제를 조사하였고, 이것이 국민들의 관심사를 불러일으켰다. 여소야대 정국에서 정부와 여당은 중요한 정책을 수립 추진하면서 한계에 직면하게 되었고, 이를 타개하고자 여당은 뜻을 같이하는 세력과의 연합을 추진하였다. 그리고 1990년 1월 22일 민주정의당, 통일민주당, 신민주공화당은 3당 통합을 선언하고 거대 여당인 민주자유당을 창당하였다. 3당 통합으로 국회의원 전체 의석의 72%에 해당하는 216석을 집권당이 차지하게 되었다. 국민들이 만들어 준 여소야대의 정국은 출범 2년여 만에 여대야소의 정국으로 다시 반전되었다. 우리 나라의 정당 활동은 국민의 뜻과 정치적 이념에 따르기보다는 정권을 잡느냐 잡지 못하느냐 하는 정치 현실의 이해 관계와 당리당략에 따라 움직인다는 것을 이 3당 합당의 예로서도 알 수 있다.

1992년 3월 24일 제14대 국회의원 선거를 실시하였지만 거대 여당인 민자당이 패배함으로써 다시 한 번 여소야대의 정국이 나타났다.

9. 문민정부의 국회

1993년 2월 25일 출범한 김영삼 대통령의 문민정부 초기의 국회는 과거 비민주적이고 권위적인 군사 정권의 잔재를 청산하고자 국가보안법과 국가안전기획부법을 개정하였다. 깨끗한 정치, 돈 안 드는 선거 풍토를 조성하기 위하여 공직선거 및 선거부정방지법, 정치자금에 관한 법률 등 정치관계법을 개정하였다. 그 밖에 금융실명제 및 부동산실명제의 실시, 공직자의 재산 공개를 통한 공직사회의 기강 확립 등 각 분야에 걸친 개혁 작업을 뒷받침하였다. 1995년 6월 27일 지방의원(광역・기초)선거, 지방자치단체장(광역・기초)선거 등 4대 지방선거가 동시에 실시될 수 있도록 입법 활동을 하였다. 30여년 만에 부활한 지방자치는 중앙정부의 권한을 지방정부에 대폭 이양하고 지역 주민의 의견을 정책에 적극 반영하는 등 풀뿌리 민주주의 정착에 크게 기여하였다. 제14대 국회에서는 연간 국회 운영 기본 일정 수립, 본회의 개의 시간 법정화, 국정의 현안 문제 발생시 국민의 의사를 적시에 수렴・반영하기 위한 대정부 질문 제도 개선, 위원회에서의 의원의 발언 기회 확대를 위한 균등발언 제도 도입, 국회 상설화를 위한 폐회중 상임위원회의 매월 정례회의 개최, 국민의 '알 권리'를 충족시키는 계기가 된 의정 활동의 TV 생중계 등 국회 운영 제도를 개선하였다. 그렇지만 국회에 진출한 정당의 계급적 특색은 여전히 진보적 성향의 인사들이 배제된 보수적 성향이다.

1996년 4월 11일 실시된 제15대 국회의원 총선거에서 총 253석 중 신한국당 121석, 국민회의 66석, 민주당 9석, 자민련 41석, 무소속 16석의 의석 수 분포가 되었다. 1997년 4월 서울에서 개최된 제97차 IPU 총회에는 세계 126개국과 27개 국제 기구로부터 1,300여명이 참석하였다. 총회 기간 중 한국 대표단은 대만 핵폐기물의 북한 이전 금지를 촉구하는 등 한반도의 평화와 안정에 관한 세계적 관심을 제고시켰다. 1997년 11

월에 발생한 IMF로 통칭되는 외환 위기 극복을 위한 법률 정비, 국정조사 실시, 정치 개혁 입법 등을 처리하였다.

10. 국민의 정부의 국회

1998년 2월 25일 헌정 사상 최초로 여・야간 정권을 교체하면서 김대중 대통령의 '국민의 정부'가 출범하였다. 국정 개혁의 목표는 국민과 함께하는 정치, 민주주의와 시장 경제의 병행 발전, 21세기 정보화 사회의 준비였다.

1999년 1월 7일 'IMF 환란 원인 규명과 경제위기 진상 조사를 위한 국정조사특별위원회'를 구성하여 외환 위기를 초래한 경제 정책, 종합금융사 감독 부실과 기아 사태・한보 사건 등에 대한 국정조사를 실시하였다. 정치 개혁 입법으로 1998년 4월 '정치개혁입법특별위원회' 구성, 2000년 2월 9일 국회의원 정수의 축소 조정(273인), 연중 상시 개원 체제, 예산결산특별위원회의 상설화, 전원위원회 제도와 인사청문회 제도 도입 등을 입안하였다. 경제와 정치적 개혁을 시도하였던 점을 특색으로 볼 수 있으나 여전히 소외자나 서민들의 입장을 대변할 수 있는 진보정당의 원내 활동은 막혀 있었다.

2000년 4월 13일 제16대 국회의원 총선거에서 총 227석 중 한나라당 112석, 민주당 96석, 자민련 13석, 민국당 1석, 한국신당 1석, 무소속 5석으로 나타났다.

11. 참여정부의 국회

제16대 대통령선거에서 승리하여 2003년 2월 25일에 취임한 노무현 대통령과 여당은 새로운 정부의 이름으로 '참여정부'라고 불렀다. 참여정부에서의 16대 국회는 2003년 4월 2일 국군의 이라크 전쟁 파견 동의

안, 자유무역협정(FTA) 비준 동의안을 가결, 2004년 3월 12일 국회 본회의에서 '대통령(노무현) 탄핵소추안' 원안 가결 등의 의정 활동을 하였다. 대통령 탄핵소추안은 헌법재판소에서 2004년 5월 14일에 기각 결정을 내렸다. 2004년 3월 3일 국회예산정책처를 신설을 비롯하여 고비용 저효율의 정당 구조와 고비용 선거 구조를 혁신하고 후원회 제도를 개선하는 정치개혁 입법을 마련하였다.

2004년 4월 15일 치러진 17대 국회의원 선거 결과, 지역구 비례 대표를 합하여 전체 299석 중 열린우리당 152석, 한나라당 121석, 민주노동당 10석, 민주당 9석, 자민련 4석, 기타 3석으로 구성되었다. 17대 국회의원 선거 결과의 주요 특징은 여당인 열린우리당이 과반수 의석을 차지하여 그 동안의 여소야대 국회가 거대 여당 체제로 전환되었고, 최초로 도입한 '정당명부식 비례대표제'의 시행에 힘입어 헌정 사상 처음으로 민주노동당이 원내 입성하였으며, 총 299명의 국회의원 중 211명이 초선으로 당선되었다. 30대~40대 의원 비율이 43%로 크게 증가하였고, 여성 의원의 비율도 13%(39명)로 두 자리 숫자로 크게 증가하였다. 집권 여당인 열린우리당은 새로운 노선, 탈권위주의, 지방 분권, 국토 균형 발전 등 다양한 쇄신책들을 입안하고 있지만 IMF 이후 회복하지 못한 경제적 어려움으로 인하여 국민들의 전폭적인 지지를 얻고 있지 못하는 실정이다.

12. 의회 및 정당 정치의 구조적 특징

우리 나라의 의회 구조와 정당 정치의 구조적 특징은 다음과 같다.

첫째 일본 군국주의의 집권 영향과 미군정의 제도적 시도가 묘하게 접합된 구도 속에서 태동하였던 점을 들 수 있다. 즉 내적인 권위주의적 지배 행태와 외적인 민주주의 형태가 연결된 제국주의의 속성으로 태동되었고, 이런 역사적 관성은 지금도 이어지고 있다는 점이다. 이러한 점들은 우리 나라 모든 정당들의 강령들에서 나타나고 있는데, 특별히 미국 중심의 이념을 지향하고 있다. 이는 미국과의 공조 체제 속에서 의회가 태동하였기 때문인데 이런 관성들은 앞으로도 지속될 것으로 예측된다. 미국 중심의 의회 및 정당 구도가 형성된 것은 자본주의 구조의 세계적 팽창 과정 중에 걸림돌이 되는 공산주의 세력 확산의 방어진 역할로서의 남한의 공간적 위상이 중요하였으며, 이 부분에서 미국의 전폭적인 지지가 있었다. 우리 나라 의회의 입법 과정을 보면 미국의 입장에서 의결하는 경우가 대부분이다. 한미 경제 협정, 반공임시 특례법, 월남 지원을 위한 국군부대의 해외파병 동의안, IMF에 의한 법령 개폐 요구, 이라크전쟁 파견 동의안, 자유무역협정(FTA) 비준 동의안 등을 들 수 있다.

둘째, 재벌로 상징되는 독점 자본과 의회·정당과의 유착 관계이다. 자본가들에 의하여 주창되는 정치 자금 부분을 지적할 수 있다. 우리 나라의 돈이 드는 선거 구도와 풍토, 정권유지비, 정당유지비, 파벌유지비, 막대한 선거 비용, 원내대책비 등 엄청난 정치 비용이 비생산적으로 낭비되고 있다. 이런 비용은 소외자 및 노동자들에 대한 복지 증진, 자본재 수입, 생산재 확보, 국민의 복지 향상에 투입되어야 할 성격들인데 정치 비용으로 사라지고 있다. 이러한 대가들은 노동자 탄압, 농어촌 부문의 열악한 환경, 각종 개발 인·허가에 의한 환경 파괴 등 권력 소외지대의 권익 박탈로 귀결된다.

셋째, 의회·정당 정치를 제약하는 법적 장치이다. 지배 체제의 정치적 해체를 의미하는 사상의 자유를 박탈하고 있다. 억압적 통치 구조를 해체하여 새로운 정치 질서를 구축하여야 한다는 주장에 대하여 철저히 탄압하는 법률 구조와 정치 행태를 보이고 있다. 국가보안법(반공 이데올로기), 노동조합법, 통합정치관계법, 국회법 등에 이러한 내용들을 적시하고 있으며, 지금은 많은 부분들에서 개선되었지만 지속적으로 개선하여 나가야 할 부분이다.

국민의 참여와 더불어 민주적 제도를 더욱 보완해 나가야 하며, 이왕 실시되고 있는 지방자치의 실시를 좀더 실질적이고 효과적으로 실현할 수 있도록 하여야 한다. 나아가 기층 민중의 정치적 진출의 제도적으로 보장할 수 있는 법규 정비도 필요하다.

제3절 경찰 및 정보 기구

1. 의 의

국민의 생명과 재산을 지키는 최후의 보루가 군대와 경찰이다. 군대가 있음으로 하여 외침(外侵)을 막을 수 있고, 경찰의 존재로 국민들은 안정된 사회 생활을 유지할 수 있다. 하지만 군대와 경찰이 본래의 설립 목적과 의미에서 벗어나 권력을 장악한 집단의 시녀 역할을 한다거나 정당하지 못한 방법으로 권력을 장악하는 수단으로서 기능을 할 때 군대와 결찰은 민중들이 저항하여야 할 대상이 된다. 여기서는 정상적으로 작동하는 정치 체제 속에서의 군대와 경찰을 말하는 것이 아니라 제국주의의 팽창에 편승하여 부당한 권력을 장악한 제3세계 국가들의 군대 및 경찰의 특징에 대하여 설명하려고 한다. 우리 나라 초창기의 군대와 경찰은 국민의 생명의 보루, 민중의 지팡이라는 숭고한 목적을 수행함과 동시에 권력 찬탈과 유지의 수단으로서의 오점을 아울러 지닌 양면성을 보여 왔다.

경찰은 군부와 함께 대표적인 억압적 국가 기구 중의 하나이다. 특히 제3세계의 특징이라 할 수 있는 신식민지 파시즘 체제하에서는 군대와 경찰과 같은 억압적 국가 기구의 중요성이 매우 높다. 왜냐 하면 국가 권력은 사회의 대립과 갈등을 규제하면서 사회 질서를 유지하는 것을 중요한 기능으로 보기 때문이다. 국가는 억압과 동의의 상호 보완 수단을 통하여 이러한 현존 사회 질서를 유지하려 하는데, 사회적 계급 관계는 기본적으로 적대적 관계이므로 동의보다는 억압적 수단이 더욱 긴박한 것으로 판단하고 있다. 따라서 억압적 국가 기구를 더욱 중요시하고 있다.

억압적 국가 기구의 수단으로는 1차적으로는 정치적 강제력(공권력)에 의하여 이루어지고, 2차적으로는 물리적 폭력(구속, 처벌, 사회에서의 격리, 징벌)을 통하여 이루어지는데, 자본주의 국가가 정립되면서 오로지 '국가'만이 유일하게 합법적으로 허락된 폭력, 즉 정당화된 폭력인 공권력을 독점하여 행사하고 있다. 이렇게 합법화되고 정당화된 폭력인 공권력으로서 군부, 경찰 기구, 정보 기구, 사법 기구, 교도소, 관료제 등을 들 수 있다.

최근 들어 우리 나라에서는 정치 중립성의 보장을 위하여 다양한 제도적 개선책을 제시하고 있지만 제도화의 노력이 형식 조건에 불과할 경우가 많다.

2. 신식민지 파시즘 정치 체제의 특징

제3세계 국가의 신식민지 파시즘 정치 체제의 특징은 국가 권력 획득의 정통성이 결여된 경우가 많기 때문에 국가 권력의 행사시에 동의와 참여보다는 억압과 지배의 수단에 의지하는 경향이 강하다. 억압과 지배의 수단은 공권력이라는 이름으로 국민들의 수용을 받으며, 공권력은 경찰력과 군사력에 바탕을 두고 있다. 따라서 제3세계 국가의 지도자들은 질서 유지와 지배 체제 구축을 더욱 효과적으로 하기 위하여 국가의 폭력성을 강화하는 경향이 있다. 이런 점이 제3세계 국가와 선진 자본주의 국가와의 차이이다.

우리 나라의 억압적 국가 기구는 시대적 상황에 따라 중시되는 정도의 차이를 보여 왔다. 일제 시대에는 정무총감이 조선군 총사령관으로

〈표 6-1〉 제3세계 국가와 선진 자본주의 국가와 비교

억압적 국가 기구의 차이	일반 민주주의 국가	종속적 파시즘 국가
자본 축적 과정	자본 축적이 용이. 사회 질서의 안정성 보장. 국가 기구의 역할은 고도화됨. 역할이 체계적으로 은폐되어 있음.	자본 축적이 어려움. 노동 강도가 높고 착취가 일반적임. 계급 갈등의 일상화. 항상적 위기 구조. 테러적 폭력 통치 구조. 노골적인 폭력 행사(식민지 초과 이윤이 없음)
법의 운영	자본주의 체제의 유지를 근간으로 하는 법의 테두리 안에서 국가의 정치적 중립성 보장	선진국의 '법의 지배'를 벗어난 지배 계급의 공공연한 폭력 행사. '법'조차 자기들에게 맞지 않을 때 지키지 않음(이근안, 검찰의 폭력행위, 재벌의 처벌 유예), 법의 자의적 운용
정보 기구	최일선의 직접 물리적 담당 기구는 아님. 국제적 갈등 구조(미국의 헤게모니 침해: 사회주의, 세계의 민족운동)에 개입	중요한 정책 결정, 배후의 핵심적 억압 기구, 국내의 계급 분파 간의 갈등(야당 사찰, 노동운동 와해)에 초점

조선인을 억압하는 기제가 체제의 핵심에 있었으며, 특별고등경찰과 헌병이 그 임무를 맡았다. 미군정 시기와 이승만 정권기에는 경찰이 전면에 등장하여 전체 지배 질서 구축에 일익을 담당하였다. 군부의 역할보다 경찰에 의존하는 경향이 강하였다. 군사 정변이 일어나 군부가 권력을 장악한 이후 1960대부터 1980년대까지는 군부, 정보 기구(안기부, 보안사) 등이 강력한 권력을 행사하였다. 경찰 조직보다는 군부의 역할이 더욱 강하게 작용하였다.

3. 정보 기구 · 경찰 기구의 형성과 변천 과정

1) 해방 정국

우리 나라 정보 기구 및 경찰 기구는 한국 사회의 각 변동기마다 새로

운 정권 탄생의 산파 역할을 하여 왔다. 해방 후 정부 수립 과정에서 미군정에 의하여 형성되었던 이런 경찰 행태는 이후 우리 나라의 역사의 각 매듭마다 반복적으로 지속되었다.

해방을 맞아 한민족은 새로운 이념과 제도를 정비하여 하나된 조국을 이루어야 함에도 불구하고 남쪽에는 미국의 이익에 충실한 정권이, 북쪽에는 소련의 이념에 충실한 정권이 자의반 타의반으로 수립되었다. 이는 민족 해방이 우리의 자발적인 역량에서가 아니라 타의에 의하여 이루어진 한계 때문이었다. 바로 이점이 민족의 불행이었다. 이런 구도 안에서 남쪽에는 경찰이, 북쪽에는 군부가 각각 정권 태동의 견인차 역할을 하면서 정권 실세들에게 힘을 더하여 주었다. 남한에서 미군정은 우리 민족이 염원하는 해방 조국의 건설보다는 미국의 국익을 도모하는 정치 체제를 구축하여 나갔고, 북한은 사회주의 동맹 건설이란 세계적 이념에 충실하면서 소련의 지배 체제를 받아들였다.

민족의 입장에서 보면 미군정은 이 한반도에 적합한 새로운 시대, 새로운 이념을 정립하고, 여기에 적합한 정보 조직 및 경찰 기구를 창출해야만 하였다. 하지만 미군정은 한민족의 바람과 다르게 오로지 미국의 입장을 옹호하는 정보 경찰 기구를 만드는 데에 집중하였다. 미군정의 목표는 미국 식민 국가의 수립, 자본주의적 경제 질서 확립, 친미 반공 우익정권 창출이었지 대한민국의 진정한 출범이 아니었기 때문이다. 미군정의 남한정부 수립시에 우리 민족의 자존심이나 대한민국의 정통성 수호 같은 국가 자존(自尊)에 대한 고려는 거의 없었던 것으로 보인다. 미군정의 주요한 과업은 오로지 미국의 이익에 맞추어 제도를 구축하고 사회 질서를 획책하는 것이었다. 이런 과업을 수행하기 위하여 1946년 1월 16일에는 군정령으로 일본 경찰 출신 인사들을 경찰에 재기용하고 승진시켰다. 민족적인 관점에서 보면 청산하여야 할 대상이었던 일제 식민지하에서의 경찰 기구 및 경찰력이 오히려 온전하게 보존되고 더욱 강화되어 힘을 갖추어 이 사회 질서를 다시 장악하여 나가는 어처구니 없는 사회적 모순이 발생하였던 것이다. 겨우 맞이한 해방 정국이 민족의 소원과 다르게 전개됨으로서 우리 민족의 시대적 과제인 자주적 민족국가 수립은 더욱 요원하게 되어 버렸다.

이런 배경하에서 태동한 미군정 경찰 기구로서의 당면 과제는 당연히 미군정의 경찰 조직이 미군정의 유일한 합법적 물리력이라는 것을 공식적으로 보장받는 것이었다. 이런 보장을 받기 위하여 미군정 경찰은 국내의 계급 투쟁에 적극적으로 개입하지 않을 수 없게 되었고, 계급 투쟁의 과정에 선별적으로 적응하면서, 미군정의 뜻에 맞는 집단들을 도와주면서 남한의 사회 질서를 구축해 나갔던 것이다. 이처럼 민족의 분단 현상은 고착화되고 경찰은 민족의 바람과 무관하게 나름대로의 위상을 정리해 나갔다.

2) 제1, 2공화국

이런 와중에서 전술한 바와 같이 제1공화국이 탄생하였다. 제1공화국은 해방된 민족이 염원하였던 자주적 통일 민족 국가의 모습이 아닌 분단된 모습으로 출발하였다. 제1공화국 국가 권력의 당면 과제는 미국식의 자본주의 체제를 수립하고 강화하여 나가는 것이고, 이를 위한 경제외적 기반을 조성해 나가는 것이며, 그리고 자유당 정권의 지배력을 확실하게 구축하여 강화하여 나가는 것이었다. 제1공화국의 이런 목적을 충실하게 수행하기 위하여 경찰은 민족과 국민의 입장보다는 더욱 충실하게 정권 옹호의 주구(走狗) 역할을 담당하면서 정치 경찰로 되어 갔다.

6·25 민족동란을 맞아 경찰은 군경 합동으로 반공의 국시 아래 공산주의의 세력 저지에 일익을 담당하였으나 그 근간은 이승만 정권의 권력 유지에 있었다. 자유당 정권은 경찰력에 의지하여 독재 정치·정경유착·무력 통일 정책 등 집권 기간 내내 국민의 지지를 정당하게 얻지 못한 채 부정한 방법으로 정권을 유지하여 왔다. 불법적인 헌법 개정과 부정한 선거 방식 등으로 국민을 속이면서 권력을 유지하여 왔다.

이런 부패 권력의 극적인 사건이 1960년 3월 15일 자유당 정부에 의하여 부정으로 실시된 제4대 정·부통령 선거이다. 이 3·15부정선거는 4·19혁명을 촉발시킨 계기가 되었다. 4·19혁명 때 군부는 중립을 지켰지만 경찰이 일선에 나서서 자유당 정권을 지키기 위하여 발포를 하였다. 국민들의 저항이 거세지고 대통령은 물러났으며 제2공화국이 탄생하였다.

제2공화국이 탄생하여 정치 경찰 해체를 시도하고, 경찰에 대한 민주적인 개편을 시도하였다. 경찰 기구의 축소, 인원 감원, 공안위원회 설치, 국회 통제 등 일련의 제도 개혁을 통하여 전반적인 경찰 변화를 도모하였다. 하지만 경찰의 이런 변화는 외형적 형식으로는 가능할지 모르나 근본적으로는 불가능한 일이었다. 외세의 영향을 받는 종속적인 국제적 상황 속에서 개별 국가가 경찰 기구가 정치적 중립성을 유지한다는 것은 불가능한 것이기 때문이다. 특히 우리 나라와 같은 제3세계 국가에서 경찰이 지배 계급에 편입되지 않으면서 사회 질서를 유지한다는 것은 더욱 어려운 일이었다. 따라서 경찰 개혁의 필요성을 공감하면서 제2공화국 정권이 경찰 개혁을 시도하여 보았지만 근본적 개혁은 하지 못한 채 군사 정변에 의하여 권력을 내놓고 말았다.

3) 제3, 4공화국

박정희 정권은 5·16 군사정변으로 권력을 장악하였다. 권력의 주체는 바뀌었지만 사회의 지배 구조는 여전히 그대로이며, 남한에 대한 미국의 지배 구도 또한 여전히 그대로 변화가 없었다. 미국으로부터 5·16 군사정변의 추인을 받는 것이 혁명 주체 세력들의 가장 커다란 문제였다.

5월 16일 아침 혁명 주체들이 청와대를 다녀간 후 11시를 전후해 주한 미국 대리대사인 그린(Marshall Green)과 매그루더(Carter B. Magruder) 유엔군사령관이 청와대에 도착하였다. 매그루더 장군은 국군통수권을 행사할 수 있는 장면 총리는 행방을 감추고 없으니 유일한 헌법 기관인 대통령이 한국군 병력 동원에 동의해 달라고 대통령에게 요청하였다. 윤보선 대통령은 피를 흘릴 수는 없다면서 한국군 동원령을 반대하였다. 12시 가까이 회담을 진행하면서 윤보선 대통령은 매그루더 장군에게 미국군이 반란군을 진압해 주기를 요청하였다. 똑같은 시각 칼멜 수녀원에 숨어 있었던 장면 총리는 자신은 쿠데타를 반대하며 유엔군사령관이 맡아서 처리해 달라고 전화로 그린에게 요청하였다. 대통령과 국무총리는 똑같이 8군사령관이며 유엔군사령관인 매그루더 장군과 그린 대사에게 미군이 혁명군을 진압하여 주기를 부탁하였던 것이다. 동석하여 있던 그린 대사는 대통령의 요청은 내정 간섭이라며 반대 의사를 표명하였다. 결국 미국측의 한국군 동원 요청은 대통령이 거부하고, 미군을 동원해 반란군을 진압해 달라는 대통령의 요청은 미국 측에 의하여 거부되는 형국이 되고 말았다. 한국군도 미군도 혁명군을 진압하는 역할을 포기함에 따라 윤보선 대통령이 국군통수권 발동을 포기, 사실상 혁명을 추인함으로써 군사혁명은 기정 사실로 받아들여졌다. 이어 5월 18일, 피신해 있던 장면 총리가 국무회의를 열고 내각 총사퇴를 결의한 뒤 군사혁명위원회에 정부를 이양하였다. 이로써 장면 정권은 집권 9개월 만에 단명으로 끝났다. 같은 날 미국 국무부에서도 한국 군사혁명위원회의 지도자가 반공친미적임을 지적하고 군사 혁명을 사실상 승인함으로써 5·16 군사정변은 명실공히 성공을 거두었다. 1962년 3월 윤보선 대통령의 사임으로 박정희 장군은 그 때부터 대통령 권한대행도 함께 맡았다. 이와같이 제3공화국의 정권 배경은 군사 정변을 성공시킨 군부와 미국의 지배 체계에 있다. 근본적으로 군사력의 바탕과 미국의 지지 없이는 곤란하기에 제3공화국 역시 미군의 지지를 받는 군부 세력의 한계에서 벗어나지 못하는 것이다.

제3공화국 탄생으로부터 우리 나라는 본격적인 군사 파시즘 정권을 맞게 된다. 군사 파시즘 정권은 이승만 정권이 하지 못했던 점들을 과감하게 수행하였다. 먼저 전면적인 사회 개혁을 단행하였다. 혼란을 가중시키는 정당·사회 단체의 해체, 용공 분자와 깡패 검거 소탕, 댄스홀 및 고급 요정 폐쇄, 부정축재처리법 공포를 통한 7억 2,000만 환에 이르는 부정축재 환수 등을 단행하였다. 국민 의식 개혁을 위한 '재건국민운동본부' 설치로 생활 간소화·가족 계획·문맹퇴치 운동 등을 실시하였다. 경제 시책으로는 농어촌 고리채 정리와 화폐 개혁 등을 단행하였고, 역대 정권의 무관심과 무기력 속에 방치된 국토 및 경제개발계획을 수립하여 조국 근대화의 기틀을 마련하였다. 당시 이런 개혁 정책들은 대다수의 국민들로부터 호응을 얻었다.

이러한 경제 정책은 당시 궁핍한 현실을 타개하기 위한 현실적 당면 과제임과 동시에 권력 장악 과정의 정당성이 결여된 쿠데타에 의한 정권 창출이었기에 민심을 얻기 위해서는 필수적으로 선택하여야 할 정책이었다. 가난과 궁핍, 민심 이반과 권력 장악의 부당성은 곧바로 반혁명(反革命)으로 이어질 수 있는 가능성이 아주 높아 경제부흥 정책은 필연적인 것이었다. 이런 패턴은 제5공화국의 집권 과정에서도 반복적으로 나타난다.

가장 직접적이고 효과적인 단기적 경제부흥 정책은 외자 도입 방식을 통한 개발 정책이다. 부족한 자원, 인적 기술적 여건의 미비, 자본의 결핍 상태에서 취할 수 있는 경제 정책은 우수하고 저렴한 노동력을 활용한 가공 상품의 수출 전략일 수밖에 없다. 전후 미국을 중심으로 한 선진 경제국들은 제3세계들에 자국의 경제적 과실을 후진국을 돕는다는 명분으로 무상 원조를 하였다. 이는 자국의 영향력을 확대함과 동시에 자국의 가치와 이념에 충실한 사회적 인프라를 구축함으로써 영원히 자국의 지배가 가능하기 때문이다. 하지만 선진국의 영향력 아래 있는 후진국의 인프라가 어느 정도 구축되고, 자국의 경제적 과실의 손실을 더 이상 보지 않기 위해서는 무상 원조보다는 빌려 주는 차관 형식이 더욱 안정적이고 확실한 지배 형태를 구축하는 것이다.

미소 냉전의 양대 구도가 어느 정도 안정기를 취하는 시점에서 자본은 무상 원조에서 차관 형식으로 바뀌어 제3세계 국가로 흘러들어 갔다. 그리고 자본은 사회 제도가 안정적으로 구축되어 있는 국가로 들어가지 사회적 혼란이 극심한 지역으로 이전하지는 않는다.

이런 세계 자본 시장의 변화가 발발하는 시점에서 5·16군사정변이 발발하였다. 5·16군사정변 세력은 흉흉한 민심 추스리기, 경제 성장, 정권의 안정적 유지 등의 이유로 외국 자본을 매우 절실하게 필요로 하였다. 5·16군사정변 세력은 미국과 일본 중심의 가공 수출 전략의 경제 정책을 수립하였으며, 이들 국가들로부터 차관과 기술을 도입하여 우리 나라에서 가공하여, 다시 이들 나라의 시장으로 되파는 전략을 선택하였다. 결과는 성공적이었으나 총량적 성장의 결과 내부적으로는 성장의 그늘에 묻힌 소외 계급은 늘 경제적 궁핍 상태, 상대적 박탈감, 지배 계급의 호사스러움과 권력에 짓눌린 삶을 살게 되고, 외부적으로는 지배 국가의 지배 아래 놓이게 되는 종속 상태로 전락하게 되었다. 김영삼 정부 말기 IMF 위기는 김영삼 정부의 자본 정책실패에 기인한 부분도 상당하지만 근본적으로 미국과 일본의 자본 압력에 의하여 초래되었다는 것이 일반적인 견해이다. 이후 우리 나라의 경제적 여건은 매우 불안정한 모습을 보이고 있다.

자본은 이처럼 그 지배·복종 관계를 확실하게 하는 자본의 권력을 가지고 있고, 또 국가적으로나 개인적인 차원에서 실질적으로 행사되고 있다. 이런 자본 시장의 변화 와중에서 5·16 세력이 권력을 장악하였기에 외국의 무상 원조보다는 차관 형식의 자본들을 도입할 수밖에 없는 상황이었다. 그리고 외국 자본의 도입과 그 활용이 안정적이며 그 원금과 이자를 되돌려 받을 수 있도록 하기 위해서는 국내 상황을 안정적으로 유지하는 것이 매우 긴요한 당면 과제였다. 이러한 국제 자본 시장의 흐름에 부합하기 위하여 국내 사회 질서의 안정이 매우 긴요하였고, 국내 사회 질서를 안정적으로 구축하기 위하여 군부 세력과 경찰력은 총력을 기울여 나갔다.

제3공화국부터 경찰이 국민 개개인의 일상의 안정을 보호하여 주는 개념보다는 국가 이념과 체제에 관련된 공적인 안정에 더욱 치중하는 군정경찰의 성격을 갖게 되고, 이런 폭력에 의한 권력 구조로서 사회의 내부적 갈등을 억압적으로 진화시키려 하였다. 따라서 정치 체제는 유연하지 못하여 경직되고, 사회 관계는 삶의 중심보다 일터 중심의 위계 관계로 굳어지고, 편안하고 자유스러운 사회 정서보다는 긴장되고 적대적인 사회 분위기가 형성되었다. 경찰 역시 경찰기동대, 전투경찰, 사복기동대 등이 체제 옹호적인 준군사적 기능을 담당하게 되었다. 이는 경찰이 본연의 모습이 아니라 폭압적 기능을 담당하는 군정 경찰적 요소로 변모한 것이다.

나아가 제3공화국에서는 지배 계급의 이해 관계에 부합되는 사회 안정을 더욱 견고하게 하기 위하여 정보 기구를 핵심으로 하는 사회 통제망을 구축하였다. 적극적인 공작 기구인 KCIA가 설치되었으며, 이것이 한국의 정치·사회의 모든 것을 장악하여 조절하는 최고의 국가 기관으로 자리매김되었다. 유신헌법에 의한 제4공화국은 KCIA, 군부, 경찰의 국가였으며, KCIA, 군부, 경찰은 일반 국민 다수의 복리와 안녕보다는 지배 계급의 이익 창출과 보장에 그 활동의 우선적 가치를 두었다. 이런 성격상 제4공화국 기간 내내 민주화 투쟁이 끊이지 않았으며, 1979년 10월 26일 박정희 대통령의 서거로 막을 내리게 되었다.

4) 1980년대

제3공화국과 제4공화국을 거치면서 군부와 경찰은 한국 사회 내에서 확실한 위상을 구축하고 있었다. 군부 세력을 배경으로 1980년대 전두환 정권이 탄생되었다. 전두환 정권은 미국의 레이거노믹스, 영국의 대처리즘이 힘을 얻는 신보수주의의 물결 속에서 등장하였다. 전두환 정권은 권력 장악의 부당성을 스스로 잘 파악하면서 그 정당성을 인정받기 위하여 세계의 시대적 조류를 정권 유지에 잘 활용하였다. 미국과의 관계, 일본과의 관계를 종속적 입장에서 정권 유지에 잘 활용하였다. 신보수주의는 자본 중심이며 성장 중심이다. 비자본가 노동자의 이익은 유보되고, 국민 개개인의 복지와 인권은 무시되면서, 성장 중심의 동력원을 가동하게 된다. 자연히 중심 국가의 이익을 우선적으로 고려하게 되고 주변 국가의 실질적 이익은 상실될 위기에 있으며, 국내 지배 계급의 이익 극대화가 우선적으로 다루어진다. 이런 구도 속에서 정보 기구와 경찰의 위상이 설정되기에 저절로 지배 계급의 이익을 우선시하는 역할을 담당하게 된다.

전두환 정권에서 노태우 정권에 이르기까지 1980년대 경찰·정보 기구는 중요한 세 가지 특징을 나타내고 있다.

첫째, 다양한 억압적 국가 기구가 등장하여 다양한 통제 방식으로 사회적 계급을 유지하여 나갔다는 점이다. 경찰, 국가안전기획부, 보안사, 관계기관대책회의, 노동부, 공안합수부 등의 다양한 통제 기구가 등장하여 여러 방식을 통하여 일관되게 사회적 혼란을 방지한다는 명분 아래 정당한 민중의 요구들을 억압해 왔다.

둘째, 이들 억압적 국가 기구의 물리력이 행사되는 방향은 언제나 피지배 계급의 광범위한 계급 진출을 막아 내는 데에 집중된 모습을 보여 왔다. 민주적 세력의 진출, 합당한 노동조합 활동에 대한 방해, 심지어 대학생, 일반인들의 놀이모임조차도 이들 정보 기구와 경찰 기구들은 첩보를 수집하여 동향을 파악하고 여기에 대한 대책 회의를 수립하는 행태를 보였다.

셋째, 사회적 질서 유지에서 국민들의 동의와 합의에 의한 질서 유지 방식보다는 언제나 물리력을 사용하여 질서를 유지하려 하였다. 공권력으로 대표되는 물리력은 일시적으로 발생한 특별한 상황 속에서 행사되는 것이 아니라 일상적인 모습으로 항상 행사되었다. 이는 사회 속의 계급 간의 이동이 자유스러운 것이 아니라 사회 전체가 항상적인 계급 갈등 관계 속에 처해 있기 때문이다.

1980년대 억압적 국가 기구인 정보 기구와 경찰 조직의 특징을 요약하여 설명하면 다음과 같다.

첫째, 양자의 공통점은 자본주의적 질서 유지와 정권 유지의 도구 역할에 충실하였다는 점이다.

둘째, 양자의 차이점으로 경찰 기구가 명령에 의하여 수동적으로 작용하는 물리력으로 3공화국 이후 특히 5공화국 이후부터는 군부, 정보 기구의 보조기관으로 전락하였다고 한다면 정보 기구는 겉으로 드러나 알 수 없는 기구이지만 숨어 있으면서 능동적인 억압적 국가 기구의 기능을 하였다는 점이 다르다.

5) 1990년대 이후

김영삼 정권은 군부정권의 합당 배경에서 출범하였지만, 나름대로 문민정부라는 정권의 이름으로 이전의 정권과 차별성을 부각시켰다. 김영삼 정권은 출범하자마자 지배 체제 내부의 낡은 요소를 제거하기 위하여 각종 개혁 정책을 의욕적으로 추진하였다. 하나회의 숙청, 군부 집단의 탈정치화, 사정 개혁 작업, 정치 개혁 입법 통과, 지방자치선거 확대, 민주-반민주의 여야 대결 구도 탈피 등 일련의 개혁 작업을 숨가쁘게 추진하였다.

그러나 파시즘적 국가 기구의 핵이었던 안기부, 검찰, 기무사 등의 개혁과 국가보안법, 노동법 등의 개혁에는 매우 미흡하였다. 이는 과거부터 기득권을 누려 왔던 세력들의 반발이 매우 거세었던 탓도 있었지만 좀더 근본적인 것은 김영삼 정권의 계급적 본질 때문이었다. 김영삼 정부는 근본적으로 지배 계급의 이익을 대변할 수밖에 없는 한계를 안고 있기 때문에 지배 계급의 세력을 옹호하여 왔고, 옹호하고 있는 권력기구들에 대한 근본적 변혁은 불가능하였던 것이다. 그리고 이것은 국가 기구가 계급 지배의 도구로서의 기능을 맡고 있는 한 완벽한 변화와 개혁은 불가능한 이유가 되기도 한다.

그렇더라도 김영삼 정권 이후 경찰·정보 기구에 대한 변화는 어느 정도 있었다. 이는 한국 사회의 성격이 어느 정도 변화되면서 이에 따라 경찰·정보 기구의 변화가 뒤따르지 않으면 안 되었던 상황이 초래되었기 때문이다. 과거의 정권에 비하여 조작 및 폭력적인 면이 다소 줄어들었고, 공작 정치의 성격도 많이 감소하였다. 집시법의 개정, 경찰 등 인권 침해를 야기하는 국가 권력에 대한 감시와 문제 제기, 감옥 체제의 전반적인 변화 촉구, 사회복지시설의 인권 침해 문제 제기 등 국민 개개인의 인권을 위한 정보 경찰 기구에 대한 문제 제기와 그 올바른 방향에 대한 토론 문화들이 활발하게 논의되었다. 그렇지만 시위에 사용되었던 최루탄의 숫자는 줄어들지 않았다. 매년 13만 4천여 발의 최루탄으로 시위를 진압하였다.

국민의 정부라고 불렀던 김대중 정권은 전임 김영삼 정권이 남긴 IMF의 여파로 엄청난 부담을 안고 출범하였다. 김대중 정권은 사실 경제적 위기를 극복하기 위한 과제 외에 다른 부분에 정책의 우선권을 두기가 어려운 실정에 있었다. 하지만 김대중 정권은 과거 기득권 세력과는 다른 민주 인권을 표방한 정권의 성격을 강조하였기에 인권 증진과 민주주의의 확장면에서 국민들의 많은 기대를 안고 출범하였다. 인권 증진을 위한 경찰서 제도 개혁, 공안기관의 무리한 기소 제제, 불고지죄 폐지, 국가보안법 개정 및 폐지 논의 등 일련의 인권 증진을 위한 정책들을 추진하였다. 시위 진압에서도 변화된 모습을 보였다. 국민의 정부 들어 단 한 발의 최루탄을 쏘지 않았고, 쇠파이프와 각목이 난무하는 격렬 시위 현장에 여자 경찰이 폴리스 라인을 만들어 시위 자체를 무력화시켰으며, 경기도 일산에 집결한 1만 2,000명의 노동자(2000년 12월 28일) 격렬 시위에 헬리콥터를 이용한 '돌풍 작전'으로 단 한 사람의 부상자도 없이 해산시켰던 점들을 지적할 수 있다.

참여정부를 표방하는 노무현 정권은 과거 김영삼 정권과 김대중 정권의 민주 개혁과 인권 증진의 노력에 힘입어 사회의 전반적 개혁을 급진적으로 나타낼 수 있었다. 군부 집권기에서는 상상할 수도 없는 정책들을 거침없이 쏟아놓기도 하였다. 물론 기득권과 보수 세력들의 조직적이고 감정적인 대응도 만만하지 않지만 나름대로 정권의 노선을 고집할 수 있는 것도 사실은 전임 김영삼 정권과 김대중 정권에서 줄기차게 시도하여 온 민주화 노력의 산물이라고 볼 수 있다. 그리고 노무현 정권이 이념적 색깔 논쟁에도 불구하고 급진적 정책들을 과감하게 표현하고 시도할 수 있는 것도 한편으로는 한국 사회의 성격이 그만큼 크게 변화되었기 때문으로 볼 수 있다. 문제는 그러한 표현과 정책적 시도가 안정적이지 못하고 예측할 수 있는 결과들에 대한 신뢰성과 효과성 면에서 국민들의 동의와 합의를 제대로 도출해 내지 못한 통합의 결여가 심대하다는 데에 있다.

그러나 노무현 정권 들어서 인권 의식과 봉사 자세가 크게 향상되었고, 경찰에 대한 국민의 신뢰도 많이 높아지고 있다. 과거 억압과 감시의 부정적 이미지에서 봉사·지도·보호의 이미지로 탈바꿈하고 있다. 권력의 도구에서 민중의 봉사라는 본연의 임무로 충실하려 하고 있다. 민생 치안, 조직 폭력, 학교 폭력, 위해 식품, 마약, 사이버 범죄 등 현안 문제들에 대한 과학적 수사를 강조하고 있는 시점이다. 하지만 경찰력과 검찰권과의 갈등이 수사권을 빌미로 권력 투쟁의 양상으로 전개되는 것이 문제로 지적된다. 수사 대상자들의 언론 플레이와 공권력 확보, 민주적 참여 보장과 국법 질서 확립이라는 대립적 요소에서 제대로 된 경찰 규범을 세우지 못하여 일선 경찰은 대단한 혼란스러워하고 있다.

제4절 한국 군부의 성격

1. 의 의

군대는 국민 개개인의 생명과 재산을 지켜 주는 최후의 보루이다. 군대가 있음으로 하여 국민 개개인은 외국 침략에 대한 걱정을 떨쳐버리고 일상 생활을 안정적으로 유지하여 나갈 수 있다. 그러나 군대를 배경으로 형성된 군부 세력의 정치적 활동에 대한 시각은 간단하지가 않다. 군부가 군사력을 배경으로 형성된 막강한 사회 세력이라면 군대는 순수한 전투 조직이기 때문이다. 여기서 다루려는 내용은 군부의 성격과 정치적 활동이지 개개의 군대가 아니다. 하지만 순수 전투력 보유 개념으로서의 군대와 군대에 바탕을 둔 군부 세력은 상호 연결고리가 복잡하게 얽혀 있기에 이를 구분하기가 간단하지가 않다. 군대와 군부의 구분이 간단하지는 않지만 여기서는 이를 구분하여 군부에 대한 문제점을 살펴보려고 한다.

1) 군부의 정치성

군부의 정치적 측면이다. 군부는 태생적으로 물리력 행사를 위하여 만들어진 군대 조직으로부터 형성된 사회 세력이다. 군대의 폭력적 물리력 행사 방향은 오로지 국가를 침입하여 오는 외국을 억제하기 위한 목적으로만 사용되어야 한다. 이런 목적을 가진 군대는 국가의 안녕과 국가 자체를 유지하기 위하여 국가와 함께 출현한다. 이런 의미에서 군대는 국가의 가장 원형적인 존재이다. 그렇기 때문에 군대는 국가 존립을 위하여 그 존재 의미를 숭고하게 부여받고 있다. 이런 이유로 국가는 군대가 가진 폭력적 야만성을 감추기 위하여 군대에 숭고한 의미를 부여하여 군대를 세련되게 만들어 간다. 국가가 각종의 다양한 군사 의식(儀式)으로 군대에 숭고한 의미를 부여하는 행사를 쉬임없이 하고 있는 것도 바로 이런 이유 때문이다. 이런 모습은 사회 발전과 더불어 국가가 더욱 고도화되고 세련된 외피를 입는 것과 마찬가지의 과정이다. 군대에 대한 일반 국민들의 두려움과 경외감은 바로 군대가 가진 야만적 폭력성과 국가가 의식적으로 조장한 의미 부여 때문이기도 하다. 군부 세력은 군대라는 실질적인 힘과 국민들의 이런 인식을 이용하면서 자기들의 목적 달성을 위하여 가장 적나라하고 노골적이며 조직적으로 물리력을 행사하기도 한다. 군부 세력은 자기들의 이해 관계를 반영하는 집단들을 폭력의 힘으로써 뒷받침하여 주거나 나아가 스스로가 정치 권력을 장악하기 위하여 군사 쿠데타를 일으키기도 한다. 바로 이런 부분이 군부 세력이 정치 세력으로 되는 문제점인 것이다.

2) 군부의 정치 세력화

여기에서 연유된 정치 과정에서의 군부 세력에 대한 문제이다. 군사력이라는 힘을 가진 군부 세력은 정치권과 언제나 궤를 함께한다. 이를 선진 자본주의 국가에서의 경우와 제3세계의 국가에의 경우로 나누어서 살펴본다.

먼저 선진 자본주의 국가의 군부 역할 부분이다. 군부는 국내 갈등 해결자로서의 역할을 수행한다. 선진 자본주의 국가에서도 국내 사회의 갈등과 대립의 최종 해결자는 군부이다. 예컨대 1991년 미국의 LA에서 발생한 흑인 폭동 때 군대를 투입하여 이를 진정시켰던 점을 들 수 있다. 그리고 미군은 자본주의 체제를 유지하고 확대시켜 나가는 첨병 역할을 한다. 제2차 세계대전 이후부터 지금까지 미군의 해외 주둔 기능은 해외 사회주의 체제를 봉쇄하고 와해시키기 위해서였다. 예컨대 주한미군 주둔도 대소 봉쇄 전략에서 출발하였다. 또한 제3세계에 대한 자본중심 제국주의의 지배를 확보하기 위한 수단 역할로 군부 세력이 존재한다.

선진국 군부의 임무와 수행 방식을 보면 선진국 군대는 형식적으로는 국내의 정치 문제에 관한 한 철저하게 정치적 중립성을 지키고 있다. 국내 정치에 군부가 개입하지 않고, 대외적인 안보에만 집중하면서 국토 방위의 임무를 수행하도록 하고 있다. 하지만 세계의 사회주의 세력권이나, 식민지에 대해서는 군사적 물리력을 직접 사용하거나 간접적으로 개입하여 조종하기도 한다. 고강도 전략으로 핵폭탄을 사용하거나 첨단

군사 무기를 사용하면서 개입한다. 예컨대 이라크, 리비아 등의 침공 사례 등이 그것이다. 저강도 전략을 구사하면서 미국 등 선진국의 이익에 반하는 요인(要人)을 암살하거나, 고도의 심리전을 사용하여 미국 등 선진국의 이익에 저해되는 집단을 와해시키고 그런 반미적 사회 분위기가 조성되지 않도록 조종한다. 또 군부는 산업과 연결되어 군산 복합체(military industrial complex)를 조성하여 자본주의 경제 운영에서 자본 축적의 구조적 위기를 돌파하는 데 직접적으로 관여한다. 방위산업 규모의 경기 조정 역할은 막대하다. 이처럼 선진 자본주의 국가의 군부는 자신들의 의지를 관철시키기 위하여 다양한 정치력을 발휘하고 술수에 가까운 전략과 전술을 매우 우회적으로 그리고 세련된 형태로 행사하고 있다.

다음으로 제3세계 국가의 군부 역할 부분이다. 제3세계 국가의 정치에 대한 군부 개입은 주로 직접 개입 방식을 통하여 이루어진다. 군부 개입은 일반적으로 매우 일방적이고, 거칠며, 난폭하다. 일반 민중의 의지와 무관하게 군부의 의지를 관철시켜 목표를 달성한다. 우리 나라의 경우도 5·16 군사정변, 5·18 광주민주화 운동, 1980년대의 여러 선거 등을 치르면서 군부가 헤게모니를 잡게 되고, 이 과정에서 살벌하고 거친 군사 문화를 사회 전반에 배태시켰다. 군부의 또 다른 정치 개입은 군사 쿠데타이다.

이처럼 제3세계의 국가에서 군부가 일상적으로 정치에 개입하게 되는 현상에는 다양한 이유들이 있다. 그 중 몇 가지를 지적해 보면 다음과 같다.

첫째, 신식민지 국가가 처하여 있는 정치적 지형을 들 수 있다. 신식민지 국가가 출범하면서 민족 자주 세력은 배제되고 선진 자본에 연결된 매판 세력이 국내의 권력을 장악하게 되면서 군부는 세력을 장악한 집권 세력에 충성을 다하게 된다. 원천적으로 민족적·진보적 세력은 배제되었고, 민족의 이해 관계보다는 신식민 국가를 점령한 외세의 이해 관계를 극대화시키는 집단만 그 사회에서 일반적으로 정당성을 부여받게 된다. 이런 상황 속에서 군부 세력은 첨병으로 작동한다.

둘째, 신생국인 제3세계 국가는 가장 기초적인 민주주의를 수행할 수 있는 최소한의 물적 토대조차 마련하지 못하고 있다. 복지, 최저임금제, 삶의 질 등 국민기초 수요 확보에 실패하여 국민들의 불만이 늘 상존해 있다. 따라서 정권은 항상적인 대중의 반란에 직면하고 있는 셈이다. 이런 상황 속에서 참여와 동의를 통한 정치력 발휘보다 파시즘 체제를 구축하여 일방적이고 전면적인 억압적 정치 구도로 나아가는 것이 훨씬 간편하고 효과적이기에 대개의 제3세계 국가들에서는 군부의 세력에 의존하는 것이 일반적이다. 제3세계 국가들에서는 정부의 대처 능력이 한계에 봉착했을 때, 즉 체제 유지 능력이 없을 때 군부가 항상적인 개입을 한다. 때문에 제3세계에서의 정치력 발휘에서는 사실상 군부와 민간을 구별하는 실익이 없다. 군사 파시즘 체제에서는 군부와 민간인을 구별할 필요가 없다. 모두가 외세의 개입으로 이루어지기 때문이다. 여기에 군부의 역할이 중요 변수로 작용하며, 정치 권력 유지에서 보면 군대의 존재 의미도 지대하다 할 것이다.

셋째, 제3세계 국가는 대부분 개방적 토론 구조, 상반된 견해를 토론과 타협을 도출하려는 정치 구도를 갖추지 못하고, 전면적인 패배 또는 생존이라는 양자 택일의 강조와 귀결이 일반적 행태이다. 따라서 원만한 정치적인 합의를 도출하여 낸다는 것 자체가 군부 집권 기간 동안에는 어려운 일이다. 이런 이유로 군사 정권에서 유일한 체제 유지의 수단은 폭력이 된다. 이 폭력은 일반 대중들이 목숨을 걸고 항거하면서 폭력적 권력을 전반적으로 부정할 때까지 악순환을 되풀이하면서 지속적으로 행사된다. 이것은 결국 폭력의 확대 재생산 과정을 밟게 된다. 국가 내의 작은 위기는 작은 폭력을 가져오고 공권력은 거기에 대응하여 폭력을 확대 재생산하게 된다. 이런 것이 반복적으로 되풀이되고 증폭되면서 제3세계 민중 혁명의 객관적 조건이 마련된다. 바로 이런 이유 때문에 후진국 또는 제3세계의 군부는 처음부터 정치적 중립을 지키지 못하고 국내외의 정치적 사건들에 저절로 개입하게 되는 것이다. 바로 이것이 군부의 정치 개입이 일상화되고 구조화되는 과정이다.

3) 군부 정치 평가

선진국이든 제3세계 국가에서건 군의 정치 개입은 정도의 차이는 있을지라도 반드시 개입되고 있는 것은 사실이다. 따라서 군의 정치 개입을 정치 발전에 대한 영향력 면에서 평가하여 볼 수도 있다. 이를 긍정적인 측면과 부정적인 측면에서 살펴본다.

첫째, 군부 정치에 대한 긍정적인 측면이다. 군부는 국내 다른 어떤 집단보다 효과적으로 국민들을 동원시킬 수 있는 탁월한 능력을 보유하고 있고, 국민들을 바람직한 방향으로 유도하는 가장 효율적인 통제 수단을 구축하고 있다. 군부 조직은 국내의 민간 부문에 비하여 여러 면에서 월등한 역량을 보유하고 있다. 예컨대 전술과 전략의 구사 능력, 의사 결정 능력, 집행 능력, 조직적 행정 능력, 훈련된 조직 행동, 탁월한 관리 기법, 강력한 리더십 등을 들 수 있다. 그리고 뛰어난 기술, 최신예 무기 체제 등도 제3세계 국가의 사회 내 다른 집단들이 갖지 못한 장점들이다. 바로 이런 매력 때문에 사회 체제와 정치적 의식 수준이 높지 않은 후진국이나 제3세계 국가의 지도자들은 사회 문제 해결과 국가 목표를 달성하는 데 군부 세력을 이용하고 싶은 욕구를 느끼고 또 손쉽게 이용할 수 있는 매력이 있기에 이를 일상적으로 활용하기도 한다. 하지만 사회 문제 해결이나 또는 국가 근대화 작업에서 불가피한 경우에 한하여 어쩔 수 없이 군부 세력을 활용하여야 하고, 비록 활용한다고 하여도 그 사용 규모는 가장 최소한의 정도에 그치도록 하여야 한다.

둘째, 군부 정치에 대한 부정적인 측면이다. 군부 정치는 제3세계 국가 내에 편협한 이데올로기를 확산시킬 위험이 있다. 군대는 전쟁을 가상하고, 전쟁을 전제로 하여 만들어진 조직체이기에 적군과 아군의 구분을 분명히 하려는 경향이 아주 강하다. 따라서 친북과 반북, 친공과 반공 등의 편 가르기를 분명하게 하는 흑백 논리에 빠지고 이를 당연시하는 풍토를 조성하며 이를 퍼뜨릴 가능성이 높다. 군부가 민중을 동원하여 성취한 경제 성장은 총량적 성장 목표 달성면에서는 효과적으로 평가할 수 있겠지만 반면에 군 조직, 정부조직, 사회 내의 비민주성과 관계의 경직성을 만연시키기 쉽다. 이런 풍토 속에서 식민지 지배 구조를 정당화하는 논리를 확산시키고, 중심 지배국의 이익을 위하여 신식민지 국가에서 행해지는 억압적 지배 체제를 더욱 쉽고 공고하게 구축하여 나가기 쉽다.

한편 기회비용의 관점에서 보면 군사력 증대 및 군부 정치에 소요된 비용을 경제 성장의 다른 부분이나 다른 복지 부문에 투자하였다면 더 큰 성장 효과를 기대할 수도 있는데 그렇지 못하였던 점들도 지적할 수 있다. 국내 다른 집단들의 참여를 배제시킨 오로지 군부 정치 개입에 의한 군부 독주의 성장 정책은 언제나 "과연 누구를 위한 성장이었느냐" 하는 회의와 비판을 초래한다. 실제로 한국 군부의 경제 성장 정책의 과실은 언제나 특정 군부, 특정 관료, 특정 재벌 등 특정 기득권 계급에게만 유리하게 돌아갔지 경제적 과실의 혜택이 국민 전체들에게 골고루 분배되지는 않았다. 따라서 불특정 다수의 국민들은 여전히 상대적 빈곤감과 박탈감을 안고 살아가게 하고 있다. 이런 부의 불균형 문제가 오늘날 우리 사회의 심각한 빈부 격차의 양극화 현상, 이에서 초래되는 다양한 사회 갈등, 체제 불안의 원인으로 작용하고 있다.

2. 한국 군부의 정치 개입

한국 군부는 크게 세 단계로 구분할 수 있다. 첫째 단계는 건국 후부터 5·16 군사정변까지의 군부이다. 둘째 단계는 1961년 5·16 군사정변에서 노태우 정권까지의 군부이다. 셋째 단계는 김영삼 정권 이후 지금까지의 군부이다.

첫째, 한국 군대는 1946년 1월 최초로 국방경비대에서 출발하였다. 1945년 8월 15일 광복으로 고국에 돌아온 군사 경력자들은 국방의 책무를 절감하면서 군사 단체를 조직하여 국군을 건립하려고 하였다. 이들이 조직한 군사단체는 학병동맹을 비롯한 조선국군준비대, 건군준비위원회, 광복군 국내지대 등 30여 개에 달하였다. 미군정은 미군 병력과 경찰력만으로는 남한의 치안, 정치·사회적 혼란 방지, 질서 유지, 38도선 경계가 어렵다고 판단하고 일본군 출신의 군 경험자의 조력을 받아 국방계획안을 수립하였다. 이 업무 전담 기구로 1945년 11월 13일 국방사령부를 발족하고, 2만 5천 명 규모의 경찰예비대 성격을 띤 소위 '뱀부계획'을 수립하여 이 계획을 토대로 창군 준비에 착수하였다. 1946년 1월 15일 조선경찰예비대를 창설하였지만 한국측에서는 장차 독립된 국가의 국군으로 국방의 사명을 다한다는 긍지를 갖고 명칭을 남조선국방경비대라 칭하였다. 이것이 한국 군대의 효시이다.

미·소에 의한 잠정적 군사 분계선이었던 38선은 남북한에 별개의 정부가 수립됨으로써 국경선이 되어 버렸다. 북한에는 소련에 의한 계획적 군사력 증강으로 1948년 10월 소련군 철수 때까지 이미 완전 무장한 4개 보병사단, 소련제 T-34 중형 전차로 장비한 제105기갑대대가 편성되었다. 1949년 3월 17일에는 소련과 북한 간에 조소군사비밀협정이 체결되고, 또 3월 18일에는 중공과 상호방위조약을 체결하여 중국 공산군에 있던 조선군 2만 5,000명이 북한에 인도됨으로써 10개 사단 13만 명이 38선에 배치되었고, 10만 명의 예비군까지 후방 조직이 완료되었다. 막강한 군사력을 갖추게 된 김일성은 이어 국내외 정세의 변화에 고무되어 무력 통일을 구상하게 되었다. 한편 한반도 밖의 변화로 1949년 10월 중국 대륙의 공산화, 1949년 6월 주한미군의 철수 완료, 1950년 1월 미국의 극동방어선에서 한국과 대만을 제외시킨다는 애치슨(D. G. Acheson) 미국무장관의 성명, 1949년 말 경 김일성의 남한 무력 침공

계획에 대한 스탈린(I. V. Stalin)의 승인 등을 배경으로 1950년 6월 25일 새벽 한국전쟁이 발발하게 되었다.

학자들의 시각에 따라 한국전쟁의 원인에 대한 설명이 다양하게 전개되고 있으며, 이 부분에서 전쟁 후 반세기가 지난 21세기인 지금도 논쟁이 분분하다. 진보주의 성향의 학자들은 자본주의 세력 확장 야욕, 외세매판 세력에 대한 민중 세력의 저항과 투쟁이라면서 전쟁의 일차적인 원인을 남한과 미국측으로 돌리는 경향이 강하고, 보수주의 성향의 학자들은 공산주의 이념의 확산과 스탈린, 김일성의 정치적 야합과 욕망으로 발발한 전쟁이라고 규정하면서 전쟁의 책임을 북한과 소련 측으로 돌리는 경향이 강하다. 어떻든 전쟁은 한반도 내부의 정치 투쟁을 폭력적으로 해결하려는 민족의 고통이었고, 한반도 외부의 자본주의 세력과 공산주의 세력의 충돌에서 야기된 종속적 슬픔이었다. 전쟁의 초기에는 내전적 성격의 계급 전쟁의 양상이었다면, 전쟁의 후기에는 국제전 양상으로 전개되었다.

1953년 휴전협정으로 한국전쟁이 소강 상태에 접어든 이후 한국군은 양적으로나 질적인 측면에서 급진적으로 성장하였다. 6·25민족 동란을 치르면서 군부가 자연스럽게 한국 정치사의 중요한 계급으로 등장하고, 동시에 미국의 세계 전략에 복무하는 지역군의 성격으로 변질되었다. 이승만 정권은 국내 정치 문제 해결에서 경찰력과 더불어 군부의 힘에 의존하였지만 군부가 전면에 나서는 경우는 경찰에 비하여 그렇게 많지 않았다.

둘째, 군부가 정치적 전면에 나서서 헤게모니를 잡고 국가를 통치하기 시작한 것은 5·16군사정변 이후이다. 군부는 1961년 5월 16일 군사정변 이후 정치 전면에 등장하여 한국 정치의 헤게모니를 장악하고, 한국정치사의 주인공 역할을 하였다. 이 때부터 우리 나라를 군사 정권이 지배하기 시작하였다. 군사 정권은 군부가 직접 정치 권력을 장악하는 경우와 실질적으로 군인들이 장악하지 않았더라도 정치 권력 장악 과정에서 군부, 군대의 도움을 받았다면 군사 정권으로 볼 수 있다.

군사혁명위원회는 군대로 돌아간다는 혁명공약 6항을 번복하고 국가재건최고회의로 탈바꿈하여 실질적으로 정권을 장악하는 데 성공한다. 이들은 15개 정당과 238개 사회단체의 해산 명령을 내리고 영세한 신문 잡지들을 모두 폐간시키는 포고령을 발표한다. 박정희는 1963년 여름까지 정권을 민간인에게 이양하겠다고 약속하였지만 중앙정보부를 창설하고 민주공화당이 창당되면서 민정 이양 후에도 정권을 장악할 준비를 다져 나갔다.

1963년 10월 5대 대통령선거 유세시 박정희와 윤보선은 남북 대치 상황에서의 사상 논쟁을 일으킨다. 1964년 6월 한일회담으로 학생들은 격렬한 데모를 하고, 분열되던 야당들도 민중당으로 통합된다. 1969년 1월 공화당은 3선 개헌을 검토한다고 발표한다. 1970년 11월 전태일 분신자살 사건으로 충격을 받은 학생 운동과 재야 운동은 노학 연대 투쟁의 길을 모색한다.

1972년 10월 17일 오후 7시, 정부는 전국에 비상계엄을 선포하고 헌법 기능 일부 정지, 국회 해산, 정치 활동 중지라는 10월 유신을 공표한다. 10월 유신을 기점으로 제4공화국이 출범하고 이 기간 동안 재야의 줄기찬 저항 운동이 진행된다. 1974년 1월 8일, 정부는 긴급조치 1호를 통한 민중 억압이 시작되고, 총 9회에 걸친 긴급조치를 발동한다.

1979년 10월 26일 박정희 시해로 4공화국은 막을 내렸으며, 그 자리에 동일한 군부의 배경을 가진 전두환 정권이 들어서고, 그 자리를 노태우 정권이 이어받는다. 박정희에서 노태우 정권에 이르는 기간을 우리나라에서의 군부 집권기의 군사 정권이라고 할 수 있다. 노태우 정권을 이어받은 김영삼 정권이 들어서면서 군부 세력을 정리하여 군부의 정치 개입을 막았지만 근대화 과정 내내 축적된 군사 문화는 사회의 곳곳에 스며 있다.

셋째, 김영삼 정권 이후 군이 정치에 개입할 수 없는 사회적 배경이 형성되어 군이 정치에 개입할 가능성은 더욱 줄어들었다. 무엇보다 오랜 군부 통치의 경험을 한 국민들로서는 더 이상 군부 통치에 대한 기대를 하지 않고 오히려 싫증을 느끼며 군사 문화 종결에 대한 열망이 강해졌다는 점이다. 국민들의 교육 수준이 향상되어 정치 의식 수준이 높아지고 정권의 정당성에 대한 비판과 저항 의식이 강하여져 군부가 정치에 개입하기를 원하는 국민적 공감대가 더 이상 형성되기 어렵다는 점이다. 물론 사회적 혼란이 극도로 가속화되면 사회적 안정을 위하여 군부의 등장을 바라는 이러한 공감대가 또다시 형성되어질 수 있겠지만 1990년 이후 현재의 상황은 어느 정도 사회적 안정을 유지하고 있기에 당분간은 군부의 정치 개입은 없을 것으로 보인다. IMF 이후 국민들의 경제적 여건은 그 이전에 비하여 훨씬 나빠졌지만 어느 정도 경제 성장의 과실을 경험하여 본 바이기에 이러한 물적 토대 위에서 군부의 비정상적인 정치 개입은 어려울 것으로 보인다.

3. 한국 군부의 정치적 성격

한국 군부의 정치적 성격은 국제적·국내적인 측면에서 살펴볼 수 있다.

먼저 한국 군부의 국제적 성격이다. 한국 군부는 미국의 세계 전략 구조에 편입되어 미국 지역군의 역할을 담당하고 있다. 한·미상호방위조약, 부속협정, 한·미연합사, 한·미안보협의회 등 여러 관계에서의 불평등이 이러한 사실을 입증해 주고 있다. 다음 한국 군부의 국내 성격으로 다음과 같은 점들을 지적할 수 있다. 정치화된 군부의 정치적 영향력이 국내 다른 집단에 비하여 매우 크다는 점이다. 정치 세력화된 군부의 찬성과 거부권(veto)의 정도에 따라 한국 정치 흐름이 판이하게 달라지는 점을 들 수 있다. 일부 군인들은 현실 정치의 흐름 속에 군사적 인맥을 구축하면서 적극적으로 정치 군인화되는 경우도 있지만 많은 군인들이 미래의 불확실성 때문에 정치 군인으로 변질되는 사례가 많았다. 1980년대 이후의 '하나회' 모임과 활동의 양상은 이러한 점들을 잘 보여주고 있다.

사회적으로 정치 세력화된 군부는 그들의 기득권을 확보하기 위한 활동을 하고 그런 목적을 달성하기 위하여 대개 정치 권력의 핵심에서 다양한 직책들을 맡았다. 또한 군부 내의 불만 세력을 무마하기 위하여 각종의 기득권을 보장하는 제도적 장치를 마련하였다. 예컨대 공직의 사무관직, 공기업의 임직원으로 임용하든지, 공원묘지를 개장할 때 각종 이권을 누릴 수 있는 제도 구비 등이 그것이다.

근대화 과정의 오랜 군부 통치의 결과 우리 사회 내에는 군사 문화가 확산되어 뿌리 깊게 박혀 있다. 군사 문화의 본질로 첫째 반공 이데올로기를 들 수 있다. 냉전적 사고 방식과 흑백 논리의 확산 등도 이에 기인한다. 둘째, 획일화된 집단성을 강조한다. 다양성이 결여되고 권위주의 풍토를 확산시켰다. 셋째, 결과주의에 집착한다. 끝과 결과가 좋으면 모든 것이 좋다는 결과 목적주의로 절차적 과정의 정당성과 민주적 참여 가치를 배제하여 사회를 경직화시킨다. 행정만능주의, 관료주의에 풍토에 빠지게 만든다.

제5절 한국 사회의 지배연합

실제로 국가 사회를 지배하는 계급은 하나의 지배 계급만이 아니라 다양한 세력과 집단이 어울려 연합하여 지배하는 것이 일반적이다. 지배계급과 지배적 사회 세력의 연합하여 사회를 지배하는 것이다. 구체적으로 지배는 국가라고 하는 사회 제도를 통하여 이루어진다.

그렇지만 국가 기구와 그 사회를 지배하는 사회 지배연합은 일치할 수도 있고 일치하지 않을 수도 있다. 즉 특정 세력과 계급이 직접적으로 국가 기구를 장악할 수도 있고 안할 수도 있다. 예컨대 지배적 사회 세력인 군부는 국가 기구로서의 군과 일치하지만, 지배 계급인 독점 자본가 계급은 국가 기구와 중복되지 않고 있다. 우리 나라의 지배 세력은 계급으로서 지주, (독점)자본 계급을 들 수 있고 집단(세력)으로서는 고급관료, 군부, 경찰, 언론 등이다. 이런 지배 계급이 어울려 한국 사회를 지배하고 있다.

1. 지배연합의 형성 배경

우리 나라 지배 구조 형성에 미치는 세 가지 모순 요인으로 분단의 모순, 민족의 모순, 계급의 모순을 들 수 있다.

우리 민족의 분단의 모순은 체제의 모순에서 비롯되었다. 잠정적 군사 분계선이었던 38도선 이북에는 공산주의의 이념에 충실한 체제가, 이남에는 자본주의 시장 경제 논리에 따르는 체제의 구축으로 분단되었다. 하나의 민족이 분단되어 두 개의 체제로 편입되고 민족과 국가 체제가 분리되었다. 일반적으로 국가 형성과 국민 형성을 통하여 민족국가 형성으로 나아가는 정치 통합 노선과 반대되는 길을 걸어 왔다. 결과적으로 북한은 소련을 중심으로 한 동구권의 이념과 궤도를 같이하고, 남한은 미국 중심의 세계 체제에 편입되어 민족이 나뉘는 민족의 모순을 안게 되었다. 남한의 경우 1950년대부터 1960년대 초기에 이르는 기간 동안 유통 과정을 통한 상업자본주의화가 급속하게 진행되었고, 1960년 후반부터 1970년대에 이르는 기간 동안에는 생산 과정을 통한 산업자본주의화가 급속하게 진행되었다.

그러나 우리 나라의 자본주의는 다른 자본 국가와 다른 모습인 국가의 후원과 지원을 받는 관료적 자본주의의 특색을 보인다. 주로 해외 독점자본주의와 결탁을 통하여 자본주의를 발전시킨 종속적 자본주의의 속성을 내포하고 있다. 우리 나라의 경우 자본과 노동의 갈등 관계는

1960년대부터 시작된 경제개발 정책과 더불어 본격적으로 시작되고, 자본주의가 가속화되면서 계급 간 갈등 관계가 폭발하게 되었다. 이런 모순적 갈등을 해소하거나 억제할 방법이 필요하였는데 우리 나라의 지배연합은 해소책보다는 억제 수단을 채택하였다.

2. 지배연합의 구성 요소

우리 나라는 신식민지 사회의 지배연합의 특수성을 보이고 있다. 해외 독점자본의 역할이 매우 높고 제국주의 국가의 영향력이 항상적으로 관철되고 있다. 신식민지 국가의 내용은 세계 수준의 조약 체결 등에서 결정되는데, 그 조약이 우리 나라의 정치 경제적 체질에 비하여 우리 나라의 상황을 더욱 어렵게 하는 부문들이 많다. 농업, 영세 상인, 중소기업, 사회적 약자들에 대한 배려 등을 정책적으로 어렵게 만드는 조약 비준이 많고, 정부는 세계적 자본의 흐름에 따라 움직이지 국내의 소외 계층의 복지를 위하여 움직이지는 않는다.

한국 사회에서의 지배연합을 형성하고 있는 세력들은 제국주의 국가인 미국, 지주 계급과 자본가 계급, 고위관료, 경찰, 군부, 정보 기구, 언론, 검찰의 사회 헤게모니 장악 집단, 해외 독점자본이다. 제국주의 국가인 미국이 한국 사회의 중요한 지배연합의 한 축으로 작용하고, 국내 지배 계급인 막대한 토지·부동산 소유자인 지주 계급과 정부의 비호 아래 축적된 거대 자금을 독점하고 있는 자본 계급이 국내에서 발생하는 실질적 이익을 장악하고 있으며, 국내 지배 세력인 고급관료, 경찰, 군부, 정보 기구, 언론, 검찰은 결코 그들의 제도적 기득권을 양보함이 없이 더욱 치열하게 권력의 크기를 넓히는 투쟁을 하고 있고, 일본·미국·EC의 독점 자본은 국내의 노동, 환경, 심성, 자본을 가속적으로 침탈하고 있다.

3. 우리 나라 지배연합의 특징

우리 나라의 지배 집단은 노블레스 오블리제(noblesse oblige)의 정신이 결여된 속물적 근성이 강하다. 참된 선비 정신으로 스스로를 규제하는 양반 의식, 올곧은 인생관으로 자기를 헌신하여 어려운 이들을 돕는 바른 귀족 정신을 가진 계층이 아니라 소유하고 누리고 지배하기에만 급급한 속물적 근성의 이익 집단일 따름이다. 이런 속물 집단은 존경의 대상이 아니라 타도의 대상이다. 이런 성향을 지닌 우리 나라의 지배 집단이 우리 나라 사회 구조의 상층부를 점거하고 있으면서 일반 국민들이 누리는 기회들에 비하여 상대적으로 지나친 부와 권력을 향유하고 있다. 특히 이들은 자기의 이익을 확보하고 지키기에 급급해 있으며, 자기 이익을 위하여 국가의 억압 기구를 악용하고, 제도적 모순의 반사 이익을 챙기고 나아가 자기 계층의 이익을 위하여 법과 제도를 창안하기도 한다.

민중을 통제하는 억압적 국가 기구는 지난 군사 정권 시절에 지나치게 성장하여 일반 국민들에게는 공포의 대상이었다. 사회 곳곳을 감시하는 이들 억압 기구의 활약으로 한국의 정치 체제는 헌법에서 표방하는 것과는 다르게 파시즘적 체제로 굳어져 왔다. 하지만 이들 국내 지배 세력의 정당한 지지 기반은 실제로는 대단히 취약하였다. 권력 행사의 정당성을 인정해 주는 대중으로부터의 지지가 거의 없었기 때문이다. 대중의 지지가 없었기 때문에 대중들의 민주적 참여를 통한 자율적 규제와 창조적 통합을 이루어 내지 못하였고, 오로지 억압적 국가 기구를 통하여 공포정치로써 대중들을 이끌고 갈 수밖에 없었다. 이들의 지배 방식은 반민중적·폭력적·억압적 성격이었다. 만약 이들 지배 세력들에게 미국의 지원과 지지가 없었더라면 지금까지 지탱하여 나오지도 못하였을 것이다. 그리고 이들 지배 세력들이 향유하는 자본은 주로 국가의 관리하에 있는 공적자금에 의존하는 관계에서 형성되고 운영되었다. 이런 구도 때문에 군사 정권 내내 정경 유착의 연결고리가 끊어지지 않았다.

4. 지배연합의 변천

우리 나라의 지배연합의 변화는 환경적 요인은 국제 정세, 세계 자본주의 체제의 분업 구조 변화, 국내 자본주의화의 정도, 민중의 저항이다. 이런 요인들의 변화를 시대별로 간략하게 설명하면 다음과 같다.

1) 미군정기의 지배연합

미군정기의 지배연합을 이루는 주축은 미군정이 첨병으로 나온 미제국주의, 반민족 친일 관료·경찰, 지주 계급, 우익 청년단체였고, 이를 보조하는 세력으로 국내 자본계급, 해외(미국) 독점자본 계급이었다.

미군정기에 친일 관료와 경찰 세력이 청산되지 않고 다시 등장한 것은 해방 후 우리 사회의 시대적 과제인 반민족 세력 제거 및 봉건 잔재를 청산함으로써 건립되어야 하는 자주적 민족국가 수립과는 정면으로 배치되는 상황이었다. 이들이 재등장 이유는 미국의 입장에서 보면 이들 계급이 당시 민중 세력의 억압에 가장 효율적인 수단이었고, 일제 강점기 내내 유리한 지위를 누렸던 반민족 친일 세력들 또한 자신의 기득권과 지위를 유지하고 보호하기 위하여 미군과 결탁하여 자기의 지위를 확보하는 노력을 기울였기 때문이다.

다음으로 지주 계급 부분이다. 한국의 자본주의화는 한말 때부터 시작되었지만 일제 강점기 동안 새롭게 형성된 지주 계급들이 해방 당시의 대표적인 지배 계급으로 남아 있었다. 미군정의 입장에서 볼 때 이때까지 존속하여 있는 지주 계급은 일정 기간 동안 필요한 계급이었다. 왜냐 하면 자본가 계급이 아직 성숙하지 않았기 때문에 어쩔 수 없이 지주 계급을 당분간 이용하지 않을 수 없었다. 왜냐 하면 급격한 지배 계급의 청산 및 몰락은 권력 행사의 공백을 초래하게 되고, 저항하는 민중 세력을 감당할 수 없게 되기 때문이다. 미군정기에 역사 속으로 퇴장한 지주 계급이 지배 계급으로 등장하게 된 유일한 시기이다. 한국전쟁 직전의 농지 개혁을 통하여 유상몰수·유상분배로 지주 계급은 급격히 몰락하고 완전히 해체되었다.

그리고 한국의 우익 청년단체가 지배연합의 한 고리를 형성하고 있었다. 이들은 경찰이 하지 못하는 야만적·폭력적 행동을 하면서 민중 세력과 좌익 세력을 탄압하는 전위대 역할을 하였다. 미군정은 국내 자본 계급과 미국의 독점 자본의 이해를 반영시켜 당시 지배 계급인 지주 계급을 역사에 등장시켰다. 일제의 적산 몰수를 통하여 그들 대리인들에게 나누어 주고, 미국 원조를 통하여 자립적인 경제 체제를 파괴하고 대외 의존적 경제 구조로 만들어 냈다. 당시 미군정의 최대 목표는 한반도에 친미 정권을 수립하는 것인데, 이는 사실 민중의 의도와는 상관이 없는 목표 설정이었다.

2) 제1공화국의 지배연합

제1공화국의 지배연합을 이루는 주축으로 관료·경찰 세력, 국내 자본, 원조 형식의 해외 독점자본, 한국전쟁에 직접 개입하여 한반도 내 군사 작전권을 넘겨받은 미국이고, 보조축으로 부를 들 수 있다.

먼저 지주가 지배 계급으로서의 지위를 잃게 되었다. 미국의 입장에서 보면, 체제 변혁 세력의 대항 세력으로 이들을 필요로 했지만 자본주의화를 왜곡시킨다는 점에서 지주 계급에 비판적이었다. 미국은 한반도 자본주의화를 위하여 사라져야 할 계급임을 명확히 인식하고 있었다. 지주 계급이었던 한민당 세력은 국가 권력의 중추로부터 배제되었다. 제헌국회의 내각책임제 헌법 논의가 폐기된 것이 하나의 예일 수 있는데 사실 민주당 정권을 제외하고 지주 세력이 정치를 장악한 적이 없었다.

국내 자본 세력의 변화도 초래되었다. 국가와 기업이 결탁하고 유착하는 현상이 널리 나타났다. 한국전쟁이 끝나고 경제 회복을 도모하는 시기에도 미국의 원조 물자를 둘러싼 특혜와 정치 자금 시비들이 끊이지 않았다. 예컨대 밀가루·설탕·시멘트를 수입하고 가공하는 과정에서 나타난 삼백사건(三白事件)이 특혜와 정경 유착의 좋은 예이다. 정경 유착은 한국 자본주의가 관료적 자본주의로 이행하는 요인이었다. 원조나 귀속 공장의 불하들을 통하여 정경 유착의 고리는 더욱 탄탄하게 이어져 나갔다.

한국전쟁 이후에 군이 지배연합의 보조축으로서 그 위상을 서서히 정립하기 시작하였다.

3) 제2공화국의 지배연합

이승만 정권이 붕괴되고 장면 정권이 들어섰다. 이승만 정권이 붕괴된 이유는 지배연합 세력의 모순과 분열, 민중의 저항, 경찰력의 한계 등을 들 수 있다. 먼저 지배연합 세력의 자체 모순으로 분열되었던 점이다. 해외 독점 자본의 변화가 있었는데 무상으로 들어오던 원조 형태가 더 이상 불가능해지고 자본이 유상 또는 차관 형태로 변화되었다. 이 과정에서 일부 국내 자본이 이탈하면서 민주당 신파를 지원하였다. 1960년 4·19혁명 기간 동안 발포된 계엄령에 군부가 협조하지 않거나 소극적으로만 개입하였고, 이승만 정권에 대한 미국의 배신이 있었다. 다음으로 민중의 저항이 거세어졌다. 기층 민중의 운동 요구가 학생 운동으로 표출되었다. 마지막으로 지배연합의 중심에 있었던 경찰력만으로 이승만 정권을 유지하기에는 민중의 불만, 항의가 너무 커서 이를 제어하는 데 한계가 있었다.

하지만 이승만 정권이 무너지고 들어선 장면 정권의 지배연합은 매우 취약하였다. 경찰은 사회 통제 능력을 상실하였고, 정권은 군부를 통솔할 능력이 없었다. 사실상 제반 국가 기구의 약화 현상이 초래되어 무능한 정부만 있었다. 민주당 내의 신구파 간의 내분으로 민주당 정권은 붕괴되고 말았다. 이들 민주당 정권은 4·19 주체 세력이 아니고 다만 4·19혁명 성과의 반사적 이익만 향유하였던 데도 이유가 있었다. 해외 원조는 유상으로 들어오게 되고 미국의 지지도 약화되었다. 민주적·물질적 바탕 없이 국가 상부 구조만으로 구현하려는 민주화는 결국 무능한 정권으로 귀결될 수밖에 없다는 좋은 사례를 장면 정권은 남긴 셈이다. 어떻든 4·19학생혁명은 학생들에 의하여 정권이 붕괴된 세계 최초의 사례이다.

혁명에서 주장된 시민적 요구는 나중에 민중이 요구하는 내용으로 변화되면서 정부가 이를 수용하기가 불가능해진 상황으로 전개되었다. 예컨대 단순한 정권 개혁의 차원이 아니라 통일이나 남북 문제 같은 이념과 체제의 문제가 제기되었다. 이런 민중 운동은 사실상 그 동안 구축된 기반을 누려 오던 기득권 세력에게는 심각한 위협이었다. 미국 제국주의, 국내 독점자본, 반공 의식화된 중산층들은 이들 민중의 요구에 심각한 위협을 느끼게 되었다. 이런 위협들은 결국 군부의 등장을 불러일으키는 빌미가 되었고, 쿠데타 발발의 객관적 조건들을 형성하고 있었던 셈이다. 결국 장면 정권은 권력의 정당성은 확보하였지만 무능한 정부였기 때문에 붕괴될 수밖에 없었다.

4) 제3·4공화국의 지배연합

군부가 직접 정치 전면에 등장하였다. 군부는 당시 부상하는 국내의 자본과 결탁하여 산업 자본주의로 나아갔다. 차관 형식의 간접 투자를 통하여 해외 독점자본을 유입함으로써 본격적으로 종속 자본 축적 과정이 시작되었다. 박정희 정권의 군부는 반공(反共)을 국시로 하고 자본주의 진영의 첨병 역할을 잘 수행하면서 과시적인 경제 발전의 효과를 총량적 성장 측면에서 이룩해 내었다. 바로 이 점이 외국 자본이 들어와도 황폐화되었던 라틴 아메리카와 한국의 차이였다.

라틴 아메리카에는 다국적 기업의 형태로 선진 제국주의의 자본가들이 직접 투자하였지만, 한국의 경우는 정부를 통한 차관 형태로 간접 투자의 형식을 빌었다. 이런 양식으로 라틴 아메리카 제반 국가에는 제국주의 독점자본의 영향력과 충격이 여과됨 없이 고스란히 미쳤지만, 우리나라의 정부라는 일정한 완충 장치를 거쳤기 때문에 그 충격이 덜하였던 것이다.

따라서 해외 자본을 관리해야만 하는 정부 중심의 기술 관료가 저절로 지배연합의 중심축으로 등장할 수밖에 없었고, 자본 관리 및 하향적 통제의 중심축으로 자연히 정보 기구가 등장할 수밖에 없었다. 중앙정보 기구는 자원의 효율적인 관리라는 명분 외에 체제의 정당성 결여에 대한 보호막 기능도 하게 되었다. 독점자본 편향의 경제 성장 정책은 강력한 억압적 국가 기구로서 민중 세력을 통제·억압하면서 노동자 농민들의 희생 위에 국내 자본의 이익을 대변하면서 추진되었다. 예컨대 8·3사태, 비상 체제, 유신 체제 등이 그것이다.

제3·4공화국의 지배연합 세력의 주축은 제국주의로서의 미국, 군부, 정보 세력, 고급 관료(특히 기술 관료 세력), 국내외 독점 자본 계급이며, 보조축은 경찰, 일반 관료들이다. 물적 토대는 경제 성장과 안보 이데올로기였다. 기층 민중의 착취에 바탕을 둔 경제 성장과 강압적 억압을 정당화하는 안보 이데올로기의 결합은 독점 자본, 군부, 제국주의가 결합된 군사 파시즘 체제를 가능하게 하게 만들었다. 결국 유신 파시즘 체제도 10·26사태, Y·H사건. 부마항쟁 등 일련의 과정을 통하여 지배연합 내부의 붕괴를 거치면서 몰락하고 말았다.

5) 제5공화국의 지배연합

제5공화국으로 상징되는 전두환 체제의 지배연합은 가장 노골적인 군사 파시즘 체제이다. 1979년 10월 26일 부터 1980년 5월 17일까지는 새로운 지배연합을 준비하고 재편성하는 과도기였다. 1979년의 12·12사태는 군부 내 강경파와 온건파의 대결 양상을 보였는데, 이는 군사 파시즘 체제의 위기를 맞아 이를 해소하는 방안을 둘러싼 군부 내부의 갈등이라고 볼 수 있다. 이 결과 강경파 군부인 전두환 세력이 등장하였고, 이를 미국이 동조하고 추인하였다. 레이건 신보수주의가 등장하면서 국내에서도 독점 자본의 역할이 커지면서 자율적 영역을 확보하여 나갔다. 지배연합의 주축은 미국, 군부, 정보 세력, 국내외 독점 자본, 경찰, 고급 관료 등이다. 하지만 제3·4공화국에서는 국가에 대한 자본가의 도전이 불가능하였지만 그러나 이 시기부터 독점 자본이 국가 권력에 도전하기 시작하였다. 이는 한국 사회가 자본주의화되면 될수록 자본의 역할이 커질 것이라는 것을 상징적으로 보여 주는 현상이라 하겠다. 향후 모든 정치인들은 독점 자본주의를 옹호하는 견해 표명을 하지 않을 수 없는 상황이 초래되게끔 되어 있다. 독점자본의 힘이 강화되면서 우리 나라는 자본의 힘, 자본의 논리에 적응해야만 하는 종속적 현상이 가속화될 것임을 제5화국의 지배연합 구조에서 볼 수 있다.

6) 제6공화국

군부가 정치적인 전면에서는 후퇴했으나 여전히 영향력을 발휘하였고, 국내외 독점 자본 세력의 힘이 계속 확대되었으며, 독점 자본 간의 분열과 파당적 갈등이 있었다. 예컨대 현대, 선경그룹과의 갈등을 들 수 있다. 합리적인 정치 기술 관료가 등장하여 국가 관리를 하기 시작하였다. 하지만 이 기간 편향된 지역 감정이 노골적으로 등장하여 정치·경제의 여러 측면에 작용하기 시작하였다.

제6공화국의 지배연합의 특징을 개괄하여 보면 다음과 같다.

광주민주화운동 이후에 민중 세력이 지배연합의 대항 세력으로 등장하였다는 점이다. 하지만 지배연합 계급은 민주화 운동에서 소위 중산층을 분리해 내는 작업을 하여 중산층들의 보수화 전략에 매진하였다. 1987년 6월 항쟁 이후 노동 문제가 본격적 제기되기 시작하였고, 군부는 후방에 포진하였으며, 정치 기술 관료의 지위가 상승되고 발언권이 강화되어 속칭 '검찰공화국'이 탄생하였다.

이 기간 군부 파시즘 세력과 부르주아 정치 세력이 결합하는 3당 합당의 기형적 구조가 탄생하여 민자당이 탄생하였다. 민자당 출현의 본질은 보수 세력 간 권력 분배를 통한 지배층의 장기 지배 전략의 일환이다. 국내 독점 자본은 이를 통하여 주도권을 강화시키려 하였다.

7) 김영삼 정권의 지배연합

법적으로는 6공 제2기에 해당되지만 권력의 정통성은 확보하였다. 약화되었기는 하지만 여전히 군부 세력의 영향력은 상존하여 있기에 문민정부이지만 민주화 작업을 가속적으로 추진하여 나갈 수 없었다. 따라서 김영삼 정부는 군부에서 민간으로 정권이 이양되는 과도기적 성격을 가지고 있다. 국가적 자존심을 정권 인수의 정당성과 민주 투쟁의 경력으로 정립하려 하였으나, 해외 독점 자본의 특성을 파악하지 못하여 IMF 구제 금융을 신청하는 수모를 당하면서 경제 파탄을 몰고 왔다. IMF 이후 중산층은 확실하게 몰락하고 기득권층은 더욱 분명하게 부를 축적하여 갈 수 있었다. 국내 독점 자본인 재벌, 제도적 보장을 등에 업은 기술 관료, 정치적 입지를 탄탄하게 구축한 직업정치인 등이 지배연합을 구축하면서 그들만의 이익을 극대화시키는 전략을 모색하였다. 지방 분권과 권력 이양이라는 혁신적 시도를 하였지만 선거에 입후보할 수 있는 인물은 여전히 지배 계급의 성향과 배경을 가진 사람들이었지 소외자를 대변할 수 있는 인물은 아니었다.

8) 김대중 정권의 지배연합

김대중의 1997년 대선 구호는 '50년 만의 평화적 정권 교체'와 '준비된 대통령'이었다. 김대중 정권은 권력의 정당성 면에서는 확실한 강점을 가지고 출발하였다. 그러나 IMF라는 멍에를 안고 출발하여 정책의 부담이 극심하였다.

먼저 인적 연합의 측면에서 보면, 박정희 정권에서의 인사뿐만 아니라 영·호남 화합을 명분삼아 하나회 출신 전직 장교 및 5공화국 6공화국의 인물까지 영입하여 인사의 이념적 성향이 모호하였다. 하지만 당시의 위기 상황을 타개하기 위해서는 김대중 정권의 세력만으로는 부족하여 불가피한 선택이었다고 볼 수 있다.

김대중 후보는 선거 기간 중에 자신의 색깔 논란 불식을 위하여 IMF식 개혁을 받아들이겠다고 공언하였고, 당선 후 IMF와 함께 실질적인 구조 개혁 논의를 준비하였다. IMF는 자본주의의 총아이며 자본의 논리로 시장 경제 및 국제 관계에 접근한다. 이런 이유로 1970년 대중경제론은 진보적 경제관을 나열하였지만, 집권 기간 동안 수립한 경제 정책은 보수적 정책이었다. IMF 위기를 가장 빠른 기간 내에 극복하였지만 주요 산업체의 해외 매각으로 산업의 기반을 취약하게 만들었다. 김대중은 지역 감정의 희생자였지만 집권 기간 동안 호남 중심의 인사 정책을 펼쳐 새로운 지역 감정 조장이라는 비판을 듣기도 하였다.

김영삼 정권에서 시작한 민주화 및 지방자치 제도의 정착에 박차를 가하였으며, 정보화 정책을 통하여 21세기 지식정보 문화 사회를 주도할 수 있는 기반을 마련하였다. 기초생활보장법을 만들어 소외 계층에 대한 정부의 지원과 사회적 관심을 불러일으켰고, 국가인권위원회를 만들어 사회 복지와 인권 증진의 기틀을 마련하였다. 햇볕정책을 통하여 북한과 물꼬를 트고, 남북 관계를 개선하여 긴장을 완화시킨 점들을 변화의 시도들로 볼 수 있다.

그러나 초기의 인적 연합의 고리를 분명하게 매듭짓지 못하여 한국 사회의 지배연합은 김영삼 정권 이후 김대중 정권에 들어서서도 그 위상이 흔들리지 않았다. IMF를 거치면서 재벌과 부자들은 더욱 부를 축적하였다면 일반 서민들은 말할 수 없는 고통의 나락으로 떨어져 갔다. 여전히 재벌, 고위 관료, 자본가 등이 지배연합을 구성해 나갔다. 김대중 정권에 들어서서도 역시 지배연합의 근본적 변혁을 이룩하지 못하였고 오히려 보수화의 경향만 부추겼다.

9) 노무현 정권의 지배연합

김대중 정권의 계승자로서 노무현 정권은 집권의 정통성이라는 이점을 안고 출범하였다. 이런 이점과 진보적 이념을 바탕으로 국가 개혁 정책을 참신하게 추진하고 있다. 그러나 정권 관리 경험의 부족, 통합을 이루어 내는 정치력의 한계, 진보에 집착하는 편향된 시각 등이 스스로의 혁신적 이미지를 흐리게 하고 있다.

그 동안 우리 사회를 지배하여 왔던 군부, 기술 관료, 재벌, 언론, 기타 이익 집단의 이기적 욕구와 행태들을 바꾸고 개혁의 대상으로 삼아 타도하려고 하였지 그들이 가진 숙련된 경험을 국정에 반영시키려는 노력은 부족한 것으로 보인다. 그 결과 관료 집단은 더욱 탄탄한 지위를 보장받고, 재벌들은 더욱 부를 더하여 가며, 언론들은 그 힘을 더욱 키워 나가고, 부동산 정책은 정책이 의도하는 방향과 늘 다른 결과로 나타난다. 노무현 정권이 돕고자 하는 소외자, 저소득층, 일반 민중의 생활은 더욱 어려워지고 상대적 박탈감은 더욱 커져간다.

일자리 창출에 필요한 자본은 해외로 유출되고, 생산적 외자 도입은 이념적으로나 제도적인 측면에서 간단하지가 않다. 북한에 대한 전략도 북한의 노련한 외교 술수에 휘둘리는 모습을 국민들에게 심어 주고 있으며, 미국과 일본 등 외국으로부터 국가의 자존심을 지키려는 시도가 국익에 반하는 것으로 비칠 수 있다. 다양한 이해 관계, 다양한 집단들을 통합하여 국민 통합을 이루어 나가려는 시도 대신에 편 가르기로써 척결하고 타도하는 데 중점을 두는 모습으로 비친다. IMF 이후 어려워진 일상 서민들의 삶의 여건은 기대 수준에 미치지 못하여 정권에 대한 부담으로 작용한다. 이제 국내 독점 자본은 언론뿐만 아니라 권력까지 그들의 기호에 맞는 방식으로 장악하려 하며, 나아가 방위 산업체를 기반으로 군부에까지 영향력을 행사하려 하고 있다.

그렇기 때문에 노무현 정권은 한국 사회를 지배하고 있는 지배연합을 개조하기 위해서는 역설적이지만 지배연합으로부터 그 방안을 찾아 내야 하고, 그 전제로 지배연합과 소외 계급을 통합할 수 있는 정치력을 발휘하여야 한다. 서민 생활의 안정을 기하기 위하여 통계적 수치 경제뿐만 아니라 실질적 체감 경제를 살릴 수 있는 지혜를 발휘하여야 한다.

제 7 장
제3의 길

제 1 절　제3의 길 개념 / 297
제 2 절　제3의 길의 등장과 내용 /299
제 3 절　제3의 길의 주요 논점과 비판 / 302
제 4 절　가능성으로서의 제3의 길 / 304

제 7 장

제3의 길

제 1 절 제3의 길 개념

오늘날 '제3의 길'[1]이라고 하는 새로운 이데올로기가 나타나고 있다. '제1의 길'이 사회 민주주의의 길로서 요람에서 무덤까지 국민 복지에 치중하는 길이라면, '제2의 길'은 신자유주의 논리로서 시장의 자유를 극대화하고 국가의 간섭을 최소화하는 시장 경제 논리에 따르는 길이다. '제3의 길'은 '제1의 길'에 대하여 시장 경제의 효율성을 적용시키면서, '제2의 길'에 대해서는 사회적 평등을 강조하는 새로운 종합(syntheses)이다.

제3의 길은 "연대, 사회 정의, 기회 평등 등 사회 민주적이고 자유주의적인 가치를 토대로 국가 통제 중심으로 모든 시스템을 운영하려는 좌파적 이념과 소유 관계의 사유화, 자유 시장 경제를 지향하는 우파적 이념을 뛰어넘는 새로운 정치 이념"이라고 기든스(Anthony Giddens)는 정의하고 있다(Giddens, 1998).

하지만 그는 '제3의 길'이 완성된 개념을 가진 용어가 아니라 지속적으로 의미를 구성하여 나가는 생성중인 개념이라고 말하면서 평등, 정

1) '제3의 길'이라는 용어는 1981년 스웨덴 사민당에 의하여 본격적으로 사용되었다(이헌근, 1999).

부, 글로벌 경제 등의 이론적 토대를 설명하고 있다(노화준 외, 2005: 148-155).

첫째, 기든스의 평등에 대한 개념이다. 전통적인 사회주의자들이 지향하여 온 불평등 해소나 약자 보호라는 사회적 목표는 아주 올바르다고 평가한다. 하지만 그들을 지원하는 방법에서 사회주의는 실패하였다고 비판한다. 즉 국가의 개입을 통하여 생산 수단을 국유화 내지 공유화하고, 이런 과정에서 공공성을 달성한다는 환상은 있었지만 실질적인 생산성이 저하되었고, 이것이 사회주의 경제 체제의 실패 요인이었다는 견해이다. 복지 정책을 통하여 모든 사람들에게 분배의 정의를 실현하려고 하였지만 다만 퍼 주기식의 분배 정의는 오히려 국민 개개인의 노동 능력과 질을 떨어뜨렸고, 이런 노동력의 저하는 결국 국가의 건전한 재정 운용을 어렵게 만들어 국가 경제 전체가 파산해 버렸다는 논리이다. 따라서 국가가 현재적 노동 능력과 발굴하면 나타날 수 있는 잠재적 노동 능력을 가지고는 있지만 일을 하려는 의욕이 없는 자들에게까지 실업 급여를 제공한다는 것은 잘못된 것이라고 하였다. 국가는 끝없이 새로운 일자리를 창출하여 국민들에게 폭넓은 고용 기회를 제공하고, 그러한 일자리에 적합한 노동 능력을 갖출 수 있도록 지속적인 교육이나 직업 훈련의 여건을 마련하여야 한다는 것이다.

둘째, 정부의 기능 부분이다. 정부의 크기나 규모를 문제삼는 것보다는 정부 기능의 활성화를 위한 기능 재구축이 필요하다고 하였다. 정부 기능을 효율적으로 가동하기 위해서는 비즈니스 사회와 협력 관계를 구축하여야 한다고 주장하고 있다. 사회주의 논리의 국가 개입 중심과 자본주의 논리의 시장 경제 중심의 갈등과 대립 관계를 지양하고 양자의 구별을 없애는 시너지 효과를 지향하여야 한다고 하였다.

셋째, 세계화이다. 정보 통신의 발달, 교통 수단의 급진적 발달로 세계는 지구촌화되어 가고 있다. 글로벌화에 대하여 자유 무역 및 전자 상거래의 활성화 등은 긍정적인 측면이 강하다고 볼 수 있다. 다만 글로벌화 과정에서 모든 경제 내용을 시장에 전적으로 맡겨 버리는 자유방임주의를 부정하면서 세계 금융 시장의 불안에 대처하기 위한 '경제안전보장이사회'를 신설할 것을 주장하였다.

넷째, 연대의 사회이다. 신자유주의는 개인주의를 지향하면서 시장 경제 원리에 의한 무한정한 경쟁 체제를 전제하고 있다. 하지만 국경 없는 세계 시장 경제에 대항할 만한 능력을 갖추지 못한 사회적 약자나 소외계층이 무자비한 세계 시장 경제의 무한 경쟁에 무차별적으로 노출될 수밖에 없는데 이들에 대한 보호 장치를 마련하여야 한다는 것이다. 이들 약자와 소외자에 대한 안전 보호망이 서로 연대하는 사회의 모습이라는 것이다.

제2절 제3의 길의 등장과 내용

기든스 런던정경대학장(LSE)은 미국 클린턴(Bill Clinton) 대통령, 영국 블레어(Tony Blair) 총리 등이 참석한 '세계 경제 속에서의 민주주의 강화'라는 주제로 열린 미국 뉴욕대학 심포지엄에 패널로 참가하여 "자본주의와 사회주의는 모두 실패하였다"라고 규정하면서, "이 두 개의 사회가 채우지 못한 빈 여백에서 새로운 이념을 만들어 내어야 한다"고 주장하였다. 그는 '제3의 길'이 결코 좌파와 우파의 단순한 절충안이 아니며 기존의 좌파적 개념, 우파적 개념과는 완전히 다른 새로운 정치철학이라고 주장하였다.

첫째, 변화하는 정치 사회 환경이다. 그는 정치적 상황이 바뀌어 가는 현상들로 육체 노동 계급의 급격한 감소, 여성 노동자의 대대적 유입, '정치 무관심'의 급증 등을 들고 있다. 현실적으로 서구의 프롤레타리아트가 유권자 중에서 차지하는 비중은 대체로 30~40%를 정점으로 점차 감소하여, 지금은 국민의 소수를 형성하고 있다. 노동 계급이 사회 세력이 되지 못하는 이유 중의 하나가 육체적 노동 인구가 급감하고 있기 때문이다. 이것이 최대의 현실적인 문제점이다. 육체 노동 계급의 급격한 감소는 노동 계급과 노동조합의 지원을 바탕으로 하는 사회 민주주의적 정당의 세력이 약하게 되는 직접적인 원인이다. 이것이 영국 노동당이 '현대화 혁명'을 하지 않을 수 없는 배경이다. 대중적 인기를 얻어 정권을 잡게 되는 대중 정당은 사회의 중간 계급을 형성하고 있는 대중들의 이익과 비전을 제시하며 대중들의 위한 정책을 집행하는 정당이다. 각 시대마다 헤게모니를 장악한 정당도 대중들의 지지를 등에 업은 정당이었다. 소수의 노동자 계급을 대변하는 정당, 소수의 사회 상층부를 위한 정당은 존립할 수가 없게 되었다.

둘째, 사회주의 경제 정책의 실패이다. 제1의 길의 실패이다. 시장에 대하여 정부가 적극적으로 개입하느냐 시장 경제의 흐름에 따르느냐에 따라 자본주의와 사회주의로 구분된다. 자본주의는 기본적으로 시장 메커니즘에 의하여 자원 배분이 결정되고, 사회주의는 정부가 자원 배분을 결정한다. 스미스의 수요 공급 이래 개인주의와 자유주의에 바탕을 둔 자본주의는 그 자체의 모순으로 인하여 많은 도전을 받았다. 마르크스와 엥겔스를 시작으로 무수한 혁명가 사회주의자 네오 마르크스주의자들은 자본주의를 악의 탈을 쓰고 있다고 비난하였다. 이러한 사회주의자들은 자본주의는 장기적으로 보면 결국 이 지구상에서 소멸될 수밖에 없다고 하면서 서구의 복지 국가를 건설하였다. 이들은 사회 민주주의자 또는 구좌파라고 불리며 기든스는 이들이 내세운 정책을 제1의 길로 보았다. 하지만 사회 민주주의 자들은 시장 경제 논리에 따르는 자본주의자보다 더 많은 부(富)를 창출하고, 창출된 부를 더욱 공평하게 배분하는 사회를 만들지 못하였다. 사회주의 국가들의 이념적 실험은 20세기 후반에 들어서 실패로 귀결되고 말았다.

셋째, 자유 시장 경제 논리의 한계이다. 제2의 길의 한계 상황이다. 사회주의 실패를 바라보면서 1980년대 미국의 레이거노믹스, 영국의 대처리즘으로 상징되는 신보수주의가 새롭게 등장하였다. 자본주의를 바탕으로 한 개인의 선택과 창의성을 강조하면서 경쟁력과 부의 창출을 중요하게 간주하는 신자유주의자 또는 신우파의 성공 사례가 있었다. 기든스는 이를 제2의 길로 보았다. 하지만 제2의 길, 즉 우파적 자유주의는 개인의 이기적 욕망, 창의성, 경제 활동 능력, 여기에서 쟁취된 개인적 이익의 최대한 보장 등을 추구하였고, 그 결과 국가 전체의 총량적 성장은 도모하였지만, 결국 빈부 격차, 환경 파괴, 인간 존재에 대한 상품적 사고의 주입, 사회적 가치관 분열 등 국가 사회 공동체의 붕괴를 가져왔다. 즉 제1의 길이건 제2의 길이건 하나도 온전하게 성공하지 못하였다.

이런 이유로 그는 제3의 길을 주장하였다. 기든스는 지난 10여년 동안 사회 민주주의의 미래에 관한 논쟁에서 제기된 다섯 가지의 딜레마를 정리하고 있다. 그것은 세계화(globalization), 개인주의(individualism), 좌파와 우파(left and right), 정치적 행위체(political agency), 생태적 문제들(ecological problems) 등이다. 이 중 기든스는 세계화가 세계 경제 구조와 일상 생활 전반에 심대한 변화를 일으키고 있다고 말하였다. 세계화는 정치·경제적 영향들의 뒤섞임으로 만들어진 다양한 복합적 영역이다. 세계화는 새로운 초국가적 체제와 세력을 창출하면서 생활을 변화시키는 시간과 공간의 변형 동인이다. 세계화는 국민 국가(nation-state)의 힘을 약화시키고, 새로운 정책 수요 및 지방의 정체성을 중시하도록 하며, 국민 국가들이 교류하게 하면서 새로운 경제적·문화적 지역들을 만들어 가고 있다. 국가 주권과 지위는 급격하게 변하게 되고, 국가 행위의 관점은 '통치(government)'에서 '관리 역할(governance)'로 이동하게 된다.

기든스는 이 다섯 가지 딜레마가 서로 분리되어 있는 것이 아니기 때문에 이런 것을 종합한 것으로 제3의 길 정치를 제안하고 있다. 제3의 길 정치의 목표는 시민들이 '세계화', '개인 생활에서의 변화', '자연과의 관계' 등 우리 시대의 중요한 혁명들 속에서 그들의 길을 개척하도록 돕는 것이다. 이를 위하여 평등, 약자 보호, 자율성으로서의 자유, 책임지는 권리 행사, 민주주의적 권위, 범세계적 다원주의, 철학적 보수주의 등이 요청되고, 이런 가치들을 제3의 길에서 추구하여야 한다는 것이다.

기든스는 이러한 인식으로 '평등 사회'를 '인간을 포용하는 사회(inclusive society)' 재정의하고, 급진적 중도, 적이 없는 국가로서의 새로운 민주 국가, 활발한 시민 사회, 민주적 가족, 신혼합 경제(new mixed economy), 통합으로서의 평등, 적극적 복지, 사회 투자 국가(social investment state), 세계주의적 민족, 세계적 민족주의 등 제3의 길 프로그램을 제시하였다.

제 3 절 제3의 길의 주요 논점과 비판

영국 수상 블레어가 정치 이념으로 내세운 '제3의 길'은 좌파인 사회주의와 우파인 자본주의를 초월한 21세기 개혁 노선의 이미지를 띠고 있다. 블레어는 "제3의 길은 현대적 사회 민주주의를 부활시키고 이를 성공적으로 이끌기 위한 길이다. 이 길은 좌파와 우파 간의 단순한 합의가 아니라 중도파와 중도좌파의 본질적 가치를 추구하며 그 가치를 전 세계의 기본적인 사회·경제적 변화에 적용시켜 고루한 이데올로기로부터 탈피시키기 위한 것"[2]이라고 정의하고 있다. 그리고 제3의 길은 민주적 사회주의와 자유주의라는 중도 좌파의 두 가지 흐름을 통합하여 활력을 자평하면서 "우리는 역사에 안주하지 않고 21세기를 맞아 역동적인 사회 민주주의 국가를 건설할 것"[3]임을 강조하고 있다.

이러한 관점을 지닌 '제3의 길'에 대한 비판은 '제3의 길'이 좌파와 우

2) 토니 블레어의 뉴욕대학교 연설문 중에서. 중앙일보 1998년 9월 24일자 12면.
3) '제3의 길' 논의와 유럽 사민주의의 미래, 『21세기 정치학회보』 제9집 2호.

파의 한계를 넘어서서 새로운 세계를 분명하게 제시하는 초월적 통합(beyond integration)이 아니라, 좌파와 우파 사이에서 왔다 갔다 하는 절충주의(between eclecticism)에 지나지 않는 것이라고 한다. 제3의 길에 대한 비판들을 간략하게 정리한다.

첫째, 제3의 길 개념이 분명하지 않다. 모든 좋은 개념들을 다 뒤섞어서 포함하고 있어 개념이 불분명하다. 제3의 길이 의미론적으로 부정확한 낱말을 난잡하게 나열하고 있다. 예컨대 '사이(between)' '초월하여(beyond)'와 같은 부사들을 어지럽게 나열하고 있다.

둘째, 제3의 길에는 적들이 존재하지 않는다. 모든 사람이 다 거기에 속할 수 있다. 제3의 길은, 설령 서로 대립한다 하여도 화해가 불가능한 이해 관계들은 더 이상 존재하지 않는 것처럼 말한다. 따라서 '적이 존재하지 않는 정치'를 상상한다. '현대 국가=적이 없는 국가'라는 설명은 이해하기 어려운 개념이다. 다양한 이해 관계들이 상충하는 정치 경제 현실에서 초월이라는 일종의 기적을 통하여 더 높은 정치적 차원에서 저절로 '조화'를 이룰 수 있다고 주장한다. 하지만 현존하는 어떠한 이해 관계를 침해하지 않고, 아무런 적도 만들지 않고서, 사회를 급진적인 방향으로 변형시키고 현대화시킨다는 것은 사실상 불가능하다.

셋째, 이런 다포함적 모호한 용어로 인하여 목표 설정이 명쾌하지 못한 경우도 많다. 사회적 약자를 강력하게 지원하는 공동체를 만들어 나가야 한다는 것을 감동적으로 표현한다. 그렇지만 현실적인 실천의 장에서, '공동체 정치'를 신봉하면서 동시에 정부의 임무는 '개인들이 자조(自助)할 수 있도록 도와 주는 것'이라는 입장을 지켜 내기란 어렵다.

따라서 '제3의 길'은 과연 가능한 길인가 하는 비판이다. '제1의 길', '제2의 길'과 확실하게 구별되는 '제3의 길'의 정체성을 정립하기 어렵다는 비판도 있다.

제 4 절 가능성으로서의 제3의 길

제3의 길을 우리 나라에 적용시키는 문제에 대하여 비판적 논의들도 많다. IMF 이후 우리 나라 총량적 국부(國富) 능력의 저하, 경제 성장을 도모하여 국부를 창출하고 이를 고르게 배분하여야 하는 구체적인 대안의 부재, 관료들의 높은 도덕성 확보 여부에 대한 의구심, 구체적 대안 창출보다는 오로지 집권에만 촉각을 곤두세우며 까닭 없는 대결 구도만을 고집하는 정당의 존재 등 제3의 길은 우리 나라 실정에 적합하지 않은 것이라는 지적들도 많다. 하지만 좀더 인간적인 사회와 좀더 공평하고 정의로운 사회를 위한 제3의 길은 이러한 비판을 받고 있지만 한편으로 긍정적인 검토도 필요하다고 본다.

우리는 완전한 자본주의도 아니고 그렇다고 완전한 사회주의도 아닌 이념 부재의 상태에서 오로지 가난을 극복하여야 한다는 집념 하나로 박정희식의 근대화 정책을 펼쳐 왔다. 나라가 부강하게 되면 모든 국민들이 잘살 수 있는 복지 국가를 이룰 수 있다는 희망을 가지고 실용적 노선을 표방한 개발 독재식 근대화 정책을 추진하였고 그 결과 괄목할 만한 경제 성장을 이루어 내었다. 자원을 통제하고, 기업을 통제하고, 노동자와 농민, 그리고 소외 계층의 권리들을 잠정적으로 유보하면서 오로지 앞만 보고 성장 정책을 추진하여 나왔다. 성장 정책의 기본 틀은 한정된 자원을 몇 개의 기업에 몰아 주고, 돈이 될 수 있는 산업을 중점 육성시키며, 특정 산업 지역을 육성하는 정책이었다. 이렇게 하여 어느 정도의 총량적 국부가 달성되면 이를 분배하려는 목표를 세워 그 동안 경제 성장의 견인차 역할을 해 왔던 재벌 해체, 국토 균형 발전, 정치적 참여, 인권 증진 등의 프로그램을 마련해 추진하여 나갈 것이라는 아이디어를 개발 주체 세력들이 기본적으로 공유하고 있었을 것으로 국민들은 믿고 있었다. 그리고 이러한 희망을 대개의 국민들도 공유하면서 적극적으로 국가 정책에 기꺼이 순응적으로 참여하였다. 이러한 정치 성향은 한국인의 가족 중심주의적 국가관의 발현으로 국가 정책 집행에서의 불응과 저항을 극복하여 순응을 도출해 내어야 하는 집권 주도 세력으로서는 굉장한 자산이었던 것이었다. 그러나 국민들의 이러한 순진한 기대와는 달리 근대화 주체 세력들이 사라지고, 자본은 자본의 논리대로 자기 확대의 방향으로 흘러갔다. 예기치 않았던 빈부 격차의 심화, 지역 간의 격차, 환경 파괴, 인권 침탈 등 성장 중심의 역기능들이 폭발하기 시작하였다.

처음부터 근대화 정책의 가운데 위치하여 있었던 사람들은 노무현 정권에 이르기까지 근대화 정책의 과실을 풍족하게 누리고 있고, 근대화 정책의 소외 지역에 있었던 사람들과 지역들은 처음부터 지금까지 빈곤과 생계의 고통에 시달리고 있다. 모두가 골고루 잘살게 될 것이라는 기대와 희망은 영원히 도달할 수 없는 희망 사항일 따름이었다. 국민들은 국가를 불신하고, 정치인을 냉소하며, 정권 자체를 하나의 가벼운 개그 집단으로 보는 상황에까지 이르게 되었다. 아무런 이념도 아니면서 이념적인 것으로 스스로 착각하는 정치인 및 정당들은 선거에서의 표를 의식한 쇼만 할 뿐 진정한 이념적 실천 의지는 보이지 않는다. 아니 우리에게는 제1의 길이니 제2의 길이니 하는 이념이 처음부터 없었다. 오로지 권력을 잡느냐 권력을 잡지 못하느냐 하는 권력 자체에의 집념이 더 강하였지, 권력을 이념적 목표를 구현하는 수단으로 순수하게 만든 적은 없었다.

하지만 이런 이념 부재의 역사적 바탕이 오히려 새로운 방향을 설정하는 데 아주 좋은 기회가 될 수도 있다. 비록 제3의 길이라는 개념이 모호하기는 하지만 이 방향이 설정하고 있는 목표들은 충분히 준용할 수 있다고 본다. 비록 제3의 길이 주장하는 방식 그대로는 아니라 하더라도 이 길이 지향하는 방향은 우리 실정에 맞게 응용할 수 있는 가능성이 있다고 본다. 이념이 미약하였기 때문에 검증되지 않은 제3의 길을 적용한다면 위험성도 우려되지만 오히려 가능성도 있다고 본다. 여기서는 이런 가능성의 측면에서 제3의 길을 살펴보고자 한다.

첫째, 미약한 이념, 심지어 이념 부재의 우리 사회에서 우리의 전통적 가치와 더불어 새로운 이념적 패러다임을 모색하는 계기로 삼을 수 있다. 그 동안 한국식 발전 모형이 가져온 부정적인 현상인 정경 유착, 인권 유린, 참여 배제, 환경 파괴, 권위주의 유산, 지역 패권주의, 편 가르기 등을 치유하는 방안 탐색의 계기를 삼을 수 있다. 경제 성장과 정부의 방향에 대한 모색을 하여야 함과 동시에 지속적인 성장과 분배 방안을 탐색하는 계기가 제3의 길일 수 있다.

둘째, 제3의 길에 나타난 중산층 육성에 집중하는 정책을 모색하여야 한다. 제3의 길은 제1의 길(노동당 중심 복지 중심주의, 구좌파)과 제2의 길(보수당 중심의 신자유주의, 신우파)을 모두 비판하면서 나타난 개념이다. 노동자 중심도 아니고 상류층 중심도 아닌 중산층을 겨냥하고 있다. 제1의 길이 최대 정부에 의한 무한 복지와 경제적 평등이 실현되는 사회 민주주의를 지향하였다면 제2의 길은 최소 정부에 의하여 법 앞에 기회가 평등하게 주어지는 신자유주의를 추구하였다. 하지만 제3의 길은 형평과 효율의 조화를 추구하면서 생산적 복지(welfare to work)와 포용적 평등을 선호한다. 이 정책의 중심에 건강한 중산층이 자리매김되어야 한다. 중산층이면서 동시에 민중이기도 한 이들은 사회 구조의 중간층에 위치하면서 다른 사람들에 대한 배려, 이해, 관용을 베푸는 데 넉넉하고 진정한 민주주의를 발전시켜 나갈 수 있다. 상대적으로 강한 비판 의식을 지닌 중산층은 대립과 단절보다는 포용과 통합을 지향하는 성격을 갖는다. 이들은 양극화된 불평등을 줄여 나가고 다 함께 사회 각 부문의 민주화 확산을 도모한다. 아울러 자아 표현, 사회 참여와 함께 남녀 평등, 환경 보호와 같은 탈물질적인 가치를 선호하고, 사회적 약자들에 대해서도 관용을 보임으로써 통합 정치의 자질과 능력을 갖추고 있는 계층으로 육성하여야 한다.

셋째, 성장과 배분을 동시에 실현할 수 있는 대안의 탐색이다. 이를 위한 국가의 방향 설정은 산업의 방향, 일자리 창출, 평생 교육, 극단적 무능력자에 대한 완벽한 복지 등이다. 무엇보다 지속 가능한 산업을 국가가 주도적으로 발굴할 수 있어야 한다. 사회 구성원이 자기 삶을 위한 일자리에서 일할 수 있도록 하는 진정한 복지를 구현하여야 한다. 산업 구조의 변화에 따른 새로운 일자리 창출과 여기에 순조롭게 편승할 수 있는 연계된 직업 교육 프로그램을 마련하여야 한다. 실업 정책, 공공 근로사업, 노동 교육, 직업 훈련에 관한 노조, 민간 전문가가 참여하는 민관 협력체의 도입도 필요하다. 이러기 위해서는 성장 과실(成長果實)의 일정 부분을 평생 교육 프로그램에 투입시켜 노동력의 유연성과 질적 향상을 도모하여야 한다.

넷째, 통합과 공존의 길을 모색하여야 한다. 21세기 한국 정치를 바라보는 새로운 대타협의 시각을 준비하여야 한다. 남녀 존중의 공동체 형성 풍토를 조성하여야 한다. 남성 우위의 가부장 문화와 이에 대한 전면적인 대립으로서의 전투적인 페미니즘을 다 같이 극복하여 양성 평등의 공존 사회를 이루도록 하여야 한다. 남녀 평등 사회의 건설을 위하여 양성 간의 연대와 협력이 필요하다는 적극적 사고를 발전시켜야 한다. 노사정위원회의 운영을 더욱 현실적으로 하여야 한다. 제3의 길에서 추구하는 공존을 모색하기 위하여 어느 한 집단의 편에 서서 그 이익을 대변하기보다 대결 국면을 피하면서 사회 공존과 공익을 위하여 기득권의 자제와 양보를 요구할 수 있는 능력을 배양하도록 하여야 한다. 그리고 공정하고 강력한 법치(法治)가 필요하다. 노동자의 불법 파업과 함께 사용자의 부당 노동 행위가 다 같이 법 앞에 공평한 제재를 받도록 하여야 한다. 기타 대립적 양상을 보이고 있는 집단 세력 간의 공존을 모색하는 이념이 적 없는 국가를 전제하고 있는 '제3의 길'이라는 이념과 일치되는 바이다. 예컨대 남북 교류 협력을 통한 민족 화해, 기득권자인 재벌들의 빈자(貧者)들에 대한 배려, 정상인과 장애인의 동등한 공존, 중앙과 지방의 협조 체제 구축, 지방과 세계의 공존, 세계화에서의 부국과 빈국의 공존 등에 대한 방안을 모색하여야 한다.

참고 문헌

[국내 문헌]

강민 · 김석준 외(1991), 『국가와 공공정책: 한국 국가이론의 재조명』, 서울: 법문사.

김광웅 · 강성남(2005), 『정보사회와 행정』, 서울: 한국방송통신대학출판부.

김광웅 외(1989), 『발전행정론』, 서울: 법문사.

김기태(2003), 『행정학』, 서울: 대왕사.

김동원(1998. 3. 25), 『경제 위기의 원인』, 한국경제학회 심포지엄 발표 논문.

김명환(1992), "Fabian 사회주의의 소비자민주주의와 산업통제론," 『서양사론』 39호.

김병완(1997), 『한국의 환경정책과 녹색운동』, 서울: 나남출판사.

김영수(2004), 『국가 · 노동조합 · 노동자 정치』, 서울: 현장에서 미래를.

김유남(2000), 『국제관계 연구의 쟁점과 과제』, 서울: 박영사.

김정렴, "박대통령의 개발 정책은 실패였던가?," 김성진(편)(1994), 『박정희시대』, 조선일보사.

김종달(1998), 『지속 가능한 발전과 에너지 정책의 방향』.

김효전 편역(1980), 『일반국가학』, 서울: 태화출판사.

노자 저, 우현민 역주(1976), 『노자』, 서울: 박영사.

노화준 외(2005), 『기획론』, 서울: 한국방송통신대학교출판부.

덱스터 퍼킨스 저, 박무성 역(1983), 『미국외교정책사』, 서울: 범조사.

도널드 케이건 저, 김지원 역(1996), 『전쟁과 인간』, 서울: 세종연구원.

로크 저, 이극찬 역(1982), 『통치론』, 서울: 삼성출판사.

루소 저, 최현 역(1974), 『인간불평등기원론』, 서울: 집문당.

르네 알브레히트 까리에 저, 김영식 · 이봉철 역(1982), 『유럽외교사(상, 하)』, 서울: 까치.

마뉴엘 카스텔 저, 김묵한 · 박행웅 · 오은주 역(2003), 『네트워크 사회의 도래』, 서울: 한울아카데미.

마루야마 마사오 저, 김석근 역(1997), 『현대정치의 사상과 행동』, 서울: 한길사.

망투, P. 저, 정윤형 · 김종철 역(1987), 『산업혁명사』, 서울: 창작과비평사.

바라다트, L. P. 저. 신복룡 역(1984), 『현대정치사상』, 서울: 평민사.

박병식(2002), 『말은 어떻게 태어났나』, 서울: 조선일보사.
박상섭(1985), 『자본주의 국가론』, 서울: 한울.
박이문 외, 『녹색 한국의 구상』, 서울: 숲과나무.
박재영(1996), 『국제정치패러다임』, 서울: 법문사.
박종수(2005), 『산업조직경제학입문』, 경남: 경상대학교출판부.
벤 에거 저, 박재주 · 임종화 역(1987), 『현대 마르크스주의에 대한 이해』, 서울: 청하.
빌 게이츠 저, 안진환 역(1999), 『생각의 속도』, 서울: 청림출판.
송기도 외(1999), 『권력과 리더십』, 서울: 인물과사상사.
신정현(1993), 『정치학』, 서울: 법문사.
안문석(2001), 『정부와 기업 그리고 시민사회』, 서울: 박영사.
애스톤 저, 최대진 역(1990), 『산업혁명』, 서울: 일한도서출판사.
앨빈 토플러 저, 이규행 역(1991), 『권력이동』, 서울: 한국경제신문사.
양동휴(1997), 『산업혁명과 기계문명』, 서울: 서울대학교출판부.
양영식(1997), 『통일정책론』, 서울: 박영사.
어수영(1991), 『민주주의와 한국정치』, 서울: 법문사.
에릭 홉스봄 저, 정도영 · 차명수 역(1998), 『혁명의 시대』, 서울: 한길사.
에릭 홉스봄 저, 정도영 역(1998), 『자본의 시대』, 서울: 한길사.
에릭 홉스봄 저, 김동택 역(1998), 『제국의 시대』, 서울: 한길사.
에릭 홉스봄 저, 이용우 역(2003), 『극단의 시대』, 서울: 까치.
엘리아스 카네티 저, 강두식 · 박병덕 역(2002), 『군중과 권력』, 서울: 바다출판사.
염홍철(1980), 『제3세계와 종속이론』, 서울: 한길사.
오연천 · 이달곤 외(2004), 『세계화시대의 국가정책』, 서울: 박영사.
이수훈(1993), 『세계체제론』, 서울: 나남.
이신행 외(1999), 『시민사회운동』, 서울: 법문사.
이영석(1994), 『산업혁명과 노동정책』, 서울: 한울아카데미.
이인식(2000), 『21세기를 지배하는 키워드』, 서울: 김영사.
이장훈(2004), 『홍군 vs 청군: 미국과 중국의 21세기 아시아 패권 쟁탈전』, 서울: 삼인.
이정식(1994), 『정치학』, 서울: 대왕사.
이종수 · 윤영진(2005), 『새행정학』, 서울: 대영문화사.
이헌근(1999), 『제3의 길로서의 스웨덴 정치』, 부산: 부산대학교출판부.
임영일·이성현(1985), 『국가란 무엇인가』, 서울: 까치사.
장상환 · 정진상 외(1990), 『한국사회의 이해』, 서울: 한울아카데미.
전득주(1994), 『시민과 국가』, 서울: 학문사.

정보사회학회 편(1999), 『정보사회의 이해』, 서울: 나남출판.
조 민(1999), 『한국사회 냉전문화 극복 방안 연구』, 서울: 통일연구원.
차대운(1999), 『정보화시대와 사회 변화』, 서울: 세종출판사.
최성모(1998), 『정보사회와 정보화정책』, 서울: 나남.
편집부 구성(1983), 『철학에세이』, 서울: 동녘.
Harry Harding 저, 안인해 역(1995.), 『중국과 미국: 패권의 딜레마』, 서울: 나남출판.
핸델 저, 김진호 역(1995), 『약소국생존론』, 서울: 대왕사, 1995.
홉스 저, 한승조 역(1982), 『리바이던』, 서울: 삼성출판사.

[논문]
김택현(1993), "차티스트 운동과 윌리엄 러버트의 새로운 움직임," 『성대사론』 9집.
김덕호(1985), "노동귀족설과 그 비판," 서강대 대학원 석사 논문.
김환석(1997), 한겨레신문 1997년 12월 25일 제188호.
서재철(2000), "새만금 갯벌은 우리들 땅이에요," 주간동아 2000-05-25 0235호.
신문섭(1999), "새만금간척과 미티게이션," 대한토목학회, 『대한토목학회지』.
에너지경제연구원(1997), "에너지 저소비형 경제 구조로의 전환 및 기후변화협약에의 대응."
영월댐 건설 추진과 관련한 자료. 강원도.
우리가 영원히 흐르는 동강을 보리라 / 환경운동연합(2000). 동강댐 공동조사단 보고대회, 서울: 환경운동연합.
이국영(1992), '신국제질서와 국민국가 성격의 재조명,' 『사회비평 7호』, 서울: 나남.
이정진 · 마강래(2001), "새만금 간척 사업의 경제적 타당성 논쟁," 한국재정학회, 『재정논집』.
제16대 정책위원회 및 환경운동연합 문서 2000. 5. 23 자료 정리.
한국조류학회(2001) "한국조류학회의 새만금사업에 대한 입장," 『한국조류학회지』.
환경부(1998), 영월동강 출장보고서.

[외국 문헌]
Atkinson, R.(2000), *Moving toward a Digital Federal Government*, Progressive Policy Institute.
Boggs, Carl(1986), *Social Movements and Political Power: Emerging Forms of Radicalism in the West*, Philadelphia: Temple Univ. Press.
Drucker, Peter(1993), *Post-Capitalist Society*, New York: Free Press.
Etzioni, Amitai(1968), *The Active Society*, New York: Macmillan Publishing

Co.

Giddens, Anthony(1998), *The Third Way: The Renewal of Social Democracy*, Cambridge, UK: Policy Press.

Gladen, E. N.(1972), *A History of Pablic Administration,* Oregon: Frank Cass and Company Ltd.

Gurr, Ted(1970), *Why Men Rebel,* Princeton: Princeton University Press.

Hargreaves, & Ian Christie(1999), *Tomorrow's Politics: The Third Way and Beyond*, London: Demos Books.

Holsti, K. J.(1995), *International Politics*, N.J: Prentice-Hall.

Kennedy, Paul(1993), *Preparing for the Twenty-First Century*, London: Random House.

Landon, Kenneth C.(1977), *Communication, Technology and Democratic Participation*, New York: praeger.

Mills, C. Wright(1975), *The Power Elite*, London: Oxford University Press.

Parkinson, F.(1977), *The Philosophy Of International Relations*, California: SAGE.

Spellman, W. M.(1997), *John Locke*, London: Macmillan.

World Bank(1993), *The East Asian Miracle: Economic Growth and Public Policy*, Oxford.

〈사이트〉

*대한민국 국회

http://www.assembly.go.kr

*국가발전연구원

http://cind.or.kr/data/sub 05.htm?mode=read&read no=3&now page=1&=

*합종연횡

http://blog.naver.com/kdchea?Redirect=Log&logNo=60005603603

*합종연횡

http://blog.naver.com/cmh348.do?Redirect=Log&logNo=80013388119

*초(超)경쟁 시대의 업계 재편

http://www.komma.org/Document/Magazine/MT200108/page520.htm

*종착역으로 가는 한미 관계

http://cafe.naver.com/chungjungmun.cafe?iframe url=/ArticleRead.nhn%3Farticlei=331

*동북아 7국 합종연횡 - 북한인권 개선 전략 명분으로 합종연횡 당한다

http://blog.naver.com/hki405?Redirect=Log&logNo=20016004004
*[주간동아] 중국 전국시대 '술책에서 지략까지'
http://www.donga.com/docs/magazine/weekly/2004/01/02/200401020500005/200401020500005_1.html
*합종연횡
http://www.younglee.or.kr/htmls/jong/25-4.htm
*동아일보사가 만든 책
http://books.donga.com/view.php?id=020003
*미국의 세계질서 주도전략과 강대국 대응
http://www.dapis.go.kr/journal/200105/j99.html
*한국일보(EU, 합종이냐 연횡이냐)
http://news.hankooki.com/cgi-bin/hkiprn.cgi?pa=%2Flpage%2Fword%2F200411%2Fh2004110720000022530.htm&ur=news.hankooki.com&fo=print_hk.htm

http://blog.naver.com/
http://blog.naver.com/scotkim1
http://blog.naver.com/scotkim1
http://blog.naver.com/xenomer
http://blog.naver.com/xenomer
http://old.welfare.net/workbook/main.htm
http://old.welfare.net/workbook/main.htm
http://www.rehabcenter.or.kr/~rehabcenter/
http://www.whatishistory.com/
kr.blog.yahoo.com/rwplan/12301.html
www.naver.com
www.was.pe.kr/evolution.htm
http://www.dongriver.com/(동강보존본부)
http://www.greenkorea.org/(녹색연합)
http://www.kfem.or.kr/(환경운동연합)

찾아보기

ㄱ

가격 기제 129
가족공동체 31
강압적 권력 190
개발 210, 212
개인주의 126, 301
개혁 215
검찰공화국 291
견제와 균형의 원리 38
경제적 약자 206
경찰 257
경험론 112
계급 69
계급의식 165
계급투쟁 71, 121, 148, 150
계급성 42
계급주의 국가론 119, 121
계급투쟁론 100, 148, 150
계몽사상 148
계몽주의 104, 115
계약 111
계층의 미분화 55
고구려 25, 58
고비노(J. A. C. Gobineau) 134
고전경제학 148
공간 66
공공선 19, 38, 107, 129, 151, 162
공권력 41, 110, 192, 258, 267
공동 소유 의식 55
공동체 의식 53
공동체 정치 303
공리(功利) 127
공리적 권력 190
공산당 160
공산주의 151
공상적 사회주의 148
공업화 64, 68
공유화 298
공익 19
공장(factory) 66
공장평의회운동 164
공존사회 307
공중위생법 70
공황 22
과대성장국가론 101
과두제의 철칙 170
과소 이익 136
과잉 생산 131
과잉 이익 136
과잉 자본 131
과학적 사회주의 148
관료적 발전주의 101
관리 권력 192

관리 역할 301
광주사태(항쟁) 27
교역 53
교회 106
구르비치(Peter A. Gourevitch) 100
구조기능주의 27
구좌파 300
구축 효과 205
국가 20, 29, 36
국가구조론 100
국가 권력 20, 36, 40
국가 기구 36, 40
국가기원설 122
국가노동자당 160
국가도출론 100
국가독점자본주의론 101
국가소멸론 154
국가의존 관계이론 100
국가 이념 100
국가이익론 100
국가 조합주의 100, 140
국가주의 15, 133
국가지상주의 117, 133
국가책임론 143
국가 해체 203
국가 형성 34
국민 39
국민(민족) 국가 21, 33, 35
국민공동체 135
국민의 정부 254, 269
국민 투표 140
국민 형성 34
국유화 298
국적(國籍) 33
국제 기준 15
국제 표준화 15
군국주의 119
군부 271
군사파쇼 정권 28
군산 복합체 273
군장제 29, 57
군현제 25, 59
권력 191
권력 분산 15
권력 행사 24, 41, 113, 127
권위 191
권위주의 이론 100
그람시(Antonio Gramsci) 100, 159, 163
그린(Marshall Green) 262
그린(T. H. Green) 119
근대 국가 32
글래드스턴(William E. Gladston) 68
급진적 개혁 198
급진주의 198
기계 65
기득권층 143
기든스(Anthony Giddens) 15, 297, 299
기질적 보수주의 195
김광웅 101
김구(金九) 237, 239, 242
김규식 239, 242
김대중 247, 254, 269, 291
김도연(金度演) 244
김석준 101
김영삼 27, 249, 253, 265, 268, 279, 291
김일성 277

ㄴ

나라 29, 39
나치즘 119
나폴레옹 126
남미공동시장(MERCOSUR) 93
남미형 조합주의 140
내각책임제 243
내재적 모순 178
넉시(Ragnar Nurkse) 88, 208
네루(Nehru Pandit Jawaharlal) 24
네오 마르크스 사상 155
네오 마르크스주의 국가이론 99
네오 베버주의 국가이론 99
네트워크 79
노동가치설 148
노동력 41
노동운동 141
노동의 상품화 42
노동자계급 71
노동집단 138
노무현 254, 269, 293, 305
노블레스 오블리제(noblesse oblige) 143, 284
노이쉬스(Christel Neusüß) 100
노자(老子) 180
노태우 203, 251, 267
농경사회 56, 84, 104
농노 21
뉴 라이트(new right) 204
뉴딜정책 159
니체(Friedrich W. Nietzsche) 201

ㄷ

다극적(多極的) 형태 16, 220
다알(Robert Dahl) 191
다원주의 27, 134, 136
다원주의 국가론 130
다윈(Charles Darwin) 148
단옥재(段玉裁) 29
대원군 26
대의제 민주주의 22, 127, 191, 233
대중경제론 292
대처(Margaret Thatcher) 209
대처리즘(Thatcherism) 128, 208, 266, 301
도덕적 해이 210
도시문제 18
도요토미 히데요시(豊臣秀吉) 183
도제(徒弟) 67
도편(陶片) 추방법 124
독일병 208
동북아 균형자론 219
동의 121
디드로(Denis Diderot) 116
디지털 56

ㄹ

라스웰(Harold Lasswell) 191
라옹탕(Louis Armand de Lahontan) 200
라이트(Erik O. Wright) 100
랜디스(David Landes) 64
러다이트 202

러시아혁명 153
레닌(Vladimir I. Lenin) 119, 148, 151, 153, 159
레싱(G. E. Lessing) 134
레이거노믹스(Reaganomics) 128, 266, 300
레이크(David Lake) 100
로고스키(Ronald Rogowski) 100
로크(John Locke) 110, 112, 148
루소(Jean-Jacque Rousseau) 108, 115, 148
루스벨트(F. D. Roosevelt) 159
루이 14세 146, 199
루카치(Georg Lukacs) 100
룩셈부르크(Rosa Luxemburg) 155
리바이어던(Leviathan) 109, 112
리우선언 213
리카도(David Ricardo) 68, 148

ㅁ

마르쿠제(Herbert Marcuse) 100, 201
마르크스(Karl Marx) 65, 119, 151, 178, 201
마르크스주의 148
마르크스주의 국가이론 144
마르크스주의적 시각 27
마르크시스트 구조주의 100
마르크시스트 도구주의 99
마오쩌둥(毛澤東) 24
만하임(Karl Mannheim) 196, 199
망투(Paul J. Mantoux) 64
매그루더(Carter B. Magruder) 262
매스컴산업 78
매카시 선풍 158
맥아더(Douglas MacArthur) 236
맹목적 애국주의 134
맹자(孟子) 108
메이지(明治) 정부 26, 183
메테르니히(Klemens W. L. von Metternich) 199
명예혁명 147
목축 52
몽테스키외(Charles de S. Montesquie) 38
무솔리니(Benito Mussolini) 163
무정부주의 134, 199
문민정부 253, 268
뮐러(Wolfgang Müller) 100
미국적 자본주의 26
미국 중심 체제 227
미군정 26, 259, 260, 285
미란다(miranda) 35
미헬스(Robert Michels) 20, 170
민족 39
민족의 동질성 36
민족주의 15
민주주의 123, 126
민주화운동 27
밀(John Stuart Mill) 126
밀리밴드(Ralph Miliband) 99, 159
밀실정치 235

ㅂ

바쿠닌(Mikhail A. Bakunin) 200
박광주 101
박정희 27, 118, 245, 262, 279, 288

반동 193, 198
반동주의 198
반유신민주화운동 248
반자본주의 24
반제국주의 24
배려 22
백제 25, 58
뱀부계획 277
베버(Max Weber) 190
베스트팔렌 평화 조약 32
벤담(Jeremy Bentham) 127, 198
벤야민(Walter Benjamin) 201
벨(Daniel Bell) 74
변동론적 시각 28
변증법 149, 180
변증법적 유물론 148
변화 177
보수 192, 203
보수주의 194, 196
보전 210, 212
보전 케트(B. Bosan Quet) 119
복수정당제 139
복지 19
복지국가 23
복지 의존성 206
볼셰비키 혁명 164, 166
봉건사회 21, 105
봉건영주 35
봉건제도 144
봉사 24
부르주아 계급 147
부르주아 독재 154
부르주아지 39, 150
부마항쟁 251
부세제도 58
부여 25, 58
부(富)의 재분배 55
부족국가 84
북구형 조합주의 139
북미자유협정(NAFTA) 93
분배 204
브래들리(F. H. Bradley) 119
블랑케(Bernhard Blanke) 100
블레어(Tony Blair) 299, 302
비동맹국가 24
비례대표제 245
비폭력 저항 201
빈민법 143
빈부 격차 18

ㅅ

사사오입 242
사울(John S. Saul) 100
사적 유물론 148, 149
사중 손실 205
사카모토 료마(坂本龍馬) 26
사회계약론 109, 115
사회계약설 17, 107, 117, 126, 192
사회민주주의 동맹 200
사회 분업 69
사회연합 100
사회적 자유 126
사회적 조합주의 국가론 139
사회주의 151
사회통합력 208

사회투자 국가 302
산업사회 64, 87
산업자본주의 26
산업혁명 16, 64, 147, 183
산업화 66
삶의 질 23
삼국시대 25
삼백사건(三白事件) 287
삼정(三政)의 문란 25
상대적 자율성 161
상품사회 69
상품성 69
상품화된 사회 69
상황적 보수주의 195
생산적 복지 306
생시몽(Claude H. Saint-Simon) 148
서비스 제공자와 고객 관계 80
서학(西學) 26
선거권 127
선분배 후성장 207
선성장 후분배 204
설계주의 128
설득적 권력 190
성선설(性善說) 108
성악설(性惡說) 108
성읍국가 연맹체 25
성장 204
세계 자본주의 68
세계주의 134
세계화 15, 301
세실(Hugh R. H. Cecil) 195
소(小)부르주아 봉기주의 198
소수 공동체 51
소외계층 22
소진(蘇秦) 218
소크라테스(Socrates) 192
쇼(Bernard Show) 202
쇼펜하워(Arthur Schopenhauer) 108
수동적 혁명 165
수렵 채취사회 49, 81, 102
수평파(水平派) 200
순자(荀子) 108
슈미터(Phillippe Schmitter) 100
슈티르네르(Max Striner) 200
슘페터(Joseph A. Schumpeter) 185
스미스(Adam Smith) 68, 148, 300
스클라(Richard Sklar) 100
스탈린(Iosif V. Stalin) 118, 156, 278
스탈린 격하운동 161
스탈린식 통치질서 26
스테판(Alfred Stepan) 100
시간 66
시민적 자유 126
시장경제 22
시장 메커니즘 128
식민주의 128
신경제정책(NEP) 157
신국(神國) 106
신권설 102
신디케이트 132
신식민지국가독점자본주의론 101
신식민지반봉건사회론 101
신식민지 파시즘 44, 258
신약(新約) 111
신원운동 26
신유목사회 55, 81

신의설(神意說) 102
신인(神人) 30
신자유주의 128
신정(神政) 정치 103
신중간계급 71
신중상주의 안보국가론 101
신혼합경제 302
신흥산업 부르주아지 67
실력설 122
실업 22
심리적 보수주의 195
씨족 84

ㅇ

아데나워(Konrad Adenauer) 209
아도르노(Theodore W. Adorno) 201
아리스토텔레스(Aristoteles) 106, 107
아시아태평양 경제협력 체제(APEC) 93
아옌데(Salvador Allende) 140
아우구스티누스(A. Augustinus) 105
아퀴나스(Thomas Aquinas) 106
알라비(Hamza Alavi) 100
알튀세르(Louis Althusser) 100, 159
알트파터(Elmar Altvater) 100
앙라제(Enrages) 200
앙시앵 레짐(ancien régime) 199
애치슨(D. G. Acheson) 277
야경국가 22, 125
약탈 53
양계초(梁啓超) 30
양극화 147
양성평등 307
어용노조 141
어젠다 2010 210
억압적 국가기구 24, 43
에르하르트(Ludwig Erhard) 209
에스핑-앤더슨(Gosta Esping-Anderson) 100
에일윈(Partricio Aylwin) 141
에치오니(Amitai Etzioni) 189
엔클로저(Encloser) 운동 146
엥겔스(Friedrich Engels) 119, 154
역사적 블록 167
영국병 208
영토 33
영향력 191
예속관계 61
오도넬(Guillermo A. O'Donnell) 100, 140
오언(Robert Owen) 148
오이켄(Rudolf C. Eucken) 128
오코너(James O'Connor) 100
오페(Claus Offe) 100
온건주의 197
왕권신수설 102, 191
왕토사상 63, 104
우메사오 다다오(梅掉忠夫) 73
원격지 무역 145
원로원 21
월러스타인(Immanuel Wallerstein) 100
위아르다(Howard Wiarda) 100
윌슨(Thomas W. Wilson) 128
유교 104
유목사회 52
유물론 180

유물사관 149
유신헌법 248, 266
유심론 180
유어(Andrew Ure) 65
윤보선(尹潽善) 27, 244, 263, 279
의회민주주의 233
이기붕 241
이념적 도그마 16
이데올로기적 국가기구 24, 43
이동성 49
이범석 241, 243
이사(李斯) 108
이상사회(理想社會) 156
이승만 27, 236, 240, 259, 261, 287
이앙법 62
이타주의 223
인간불평등기원론 114
인간 해방 149
인간 회복 117
인민집합체 111
인적 자원 64
일극(一極) 체제 16
일반의지 116
임정봉대론(臨政奉戴論) 240
임진란 25
입법 111
잉여가치설 150
잉여노동력 76

ㅈ

자급자족 62
자기헌신 167
자본가계급 71
자본집단 138
자연권 110, 127, 129
자연적 보수주의 195
자영업자 71
자유권적 기본권 139
자유무역 128
자유민주주의 126
자유방임적 국가 형태 22
자유방임주의 17
자유주의 125, 126
자유주의 국가론 123, 129
자율계급 147
자이스만(John Zysman) 100
자정(自淨) 작용 212
잠재의식 52
장면(張勉) 27, 244, 262, 287
장원(莊園) 60, 61
장의(張儀) 218
장택상 243
재건국민운동본부 264
재산설 122
적군(赤軍) 154
전두환 28, 249, 266
전봉준 26
전위당(前衛黨) 이론 155, 167
전체주의 134
전태일 279
전통적 지배 190
전통주의 196, 199
절대왕권 16, 17, 35
절대왕정 146

정당명부식 비례대표제 255
정보사회 89
정보전쟁 79
정보화 15
정보화사회 55, 73, 89
정부 37
정치시장 134
정치적 반동 198
정치적 보수 196
정치적 진보 196
정치체제 38
정통주의 199
제1공화국 261, 286
제1의 길 297, 300, 306
제2공화국 243, 262, 287
제2의 길 297, 301, 306
제3공화국 245, 263
제3세계 국가 24, 45, 234, 273
제3세계의 국가이론 99
제3의 길 297, 299, 302, 306
제4공화국 247, 266, 279, 288
제5공화국 249, 268, 289
제6공화국 252, 290
제국주의 22, 24
제도적 장치 145
제사장 30
제정일치 29, 103
제한선거 127
제헌국회 237
조국 39
조병옥 242
조봉암 242
조선(朝鮮) 25
조선시대 25, 61
조합주의 국가론 138
족부권설 123
족외혼제 54
존슨(Chalmers Johnson) 100
종속국가론 100
종속이론 27
주권 33, 116
주권론(主權論) 117
주권자 111
주변부자본주의론 101
주인-노예 관계 80
주종 관계 60
중상주의 147
중앙집권주의 155
중우정치(衆愚政治) 92
지방의제 21 213
지배계급 152
지배연합 100
지상국(地上國) 106
지속 가능 발전 211, 213
지역경제 블록화 221
지적 생산물 77
지적 창조력 77
지주제 63
직파법 62
진보 192, 198, 203
진보당사건 242, 244
진보주의 197
진화론 129
질서 유지 국가론 99
집정관적 신중상주의 101
집행기구 41

ㅊ

차티스트운동(chartism) 67, 132
참여 121
참여 분배 22
참여정부 254, 269
참정권 125
천부인권설 126
천부적 자연권 118
천상국(天上國) 106
천자(天子) 29, 30, 103
천지인(天地人) 30
청교도혁명 147
청문회 252
초국가주의 134
초기 자본주의 사회 21
촘스키(Noam Chomsky) 201
총량적 국부(國富) 304
최제우 26
출생지주의(出生地主義) 33

ㅋ

카르텔 132
카리스마적 지배 190
카첸스타인(Peter J. Katzenstein) 100
커뮤니티 116
컴퓨터 79
케인스(John M. Keynes) 128
코민테른 163
콘체른 132
콜리에르(David Collier) 100
콩스탕(H. B. Constant) 198
쿠데타 216
크래스너(Stephen D. Krasner) 100
크레덴다(credenda) 35
크로체(Benedetto Croce) 164
크롬웰(Oliver Cromwell) 112
클레이스테네스(Kleisthenes) 124
클린턴(Bill Clinton) 299

ㅌ

탈중앙화 15
터커(R. Tucker) 156
토지 자원 64
토플러(Alvin Toffler) 75
톨스토이 201
통치 301
통치자 30
통행세 54
퇴행주의 199
투사 168
트러스트 132
트로츠키(Leon Trotskii) 155
티토(Josip Broz Tito) 24

ㅍ

파리 코뮌 149, 153, 159
파시스트당(黨) 160, 163
파시즘 119

페리(Matthew G. Perry) 26
페리클레스(Perikles) 124
평등 298
평등사회 49, 302
평생직업 63
평생직장 63
평화주의 201
포용적 평등 306
포이에르바흐(Ludwig F. Feurebach) 148
포퍼(Karl Popper) 156
폭스(C. J. Fox) 198
폴란차스(N. Poulantzas) 100, 159
푸리에(Fronçois M. C. Fourier) 148
푸코(Michell Foucault) 201
프랑스혁명 16
프랑크푸르트 학파 100
프랭클린(Benjamin Franklin) 66
프레스노(Juan Francisco Presno) 141
프롤레타리아 독재 154
프롤레타리아트 150
프루동(Pierre Joseph Proudhon) 200
프리드리히(Carl J. Friedrich) 191
프리드먼(Milton Friedman) 128
프리들랜드(Roger Friendland) 100
플라톤(Platon) 104
플랜트(plant) 65
피노체트(Augusto Pinochet) 141
필(Robert Peel) 68

ㅎ

하나회 268, 281, 292
하난(J. R. Hanan) 223
하버마스(Jürgen Habermas) 100, 161
하이에크(Friedrich A. von Hayek) 128
하지(J. R. Hodge) 237
한국전쟁 278
한비자(韓非子) 108
한사군 59
합법적 지배 190
합종연횡 218
항상화(恒常化) 66
해거드(Stephan M. Haggard) 100
해외자본 140
행정국가 18, 22
행정부 38
행태주의 27, 38
허스킨슨(Thomas W. Huskinson) 68
허정(許政) 243
헤게모니 위기 166
헤게모니적 국가이론 163
헤겔(Georg W. F. Hegel) 118, 148, 178
헤겔리안 마르크시즘 100
혁명 213
혁명가 168
혁명의식 165
혁명 이념 214
혁명적 지식인 167
혁신 215
현대국가 32
현대화 혁명 300
혈연적 지배 체제 54
혈통주의(血統主義) 33
호니(George J. Horney) 133
혼합경제 23

홀(Saint M. Hall) 148
홉스(Thomas Hobbes) 108, 109, 148
화석연료 64
화폐경제 145
환경오염 212
황제 30
후기 봉건사회 21
후진국 20
휴머니즘 169
히르쉬(Joachim Hirsch) 100

2권분립 114
3·15부정선거 262
3권 분립 38, 113
4·13 호헌조치 250
4·19학생혁명 243, 288
4·19혁명 262
5·16 군사정변 245, 262, 245, 265
5·18 광주민주화운동탄압 251
5·18 민주화운동 27
6·3사태 246
6월항쟁 251, 290
10월유신 247, 279
10월혁명 156
10·26사태 249
10·2항명파동 247
12·12사태 251, 289

IMF 208, 254, 265, 269, 280, 291, 304
IT 기술 16
YH사건 248

저자 소개

유낙근

〈약 력〉

연세대학교 사회과학대학 행정학과 졸업
연세대학교 대학원 행정학과 석사과정 수료(행정학 석사)
연세대학교 대학원 행정학과 박사과정 수료
미국 남가주대학교(Univ. of Southern California) 행정대학원 박사과정 수학
한양대학교 대학원 행정학과 박사과정 수료(행정학 박사)
경상대학교 법경대학 행정학과 전임강사, 조교수, 부교수
경상대학교 사회과학대학 정치행정학부 교수
경상대학교 사회과대학 행정학과장, 교무과장, 학장보
경상대학교 경영행정대학원 원장보
경상대학교 사회과학대학 교수회 회장
경상대학교 교수회 부회장
미국 캘리포니아주립대학교(헤이워드) Adjunct Professor
한국국정관리학회 부회장
행정자치부 정책자문위원회 자문위원
환경부 정책평가위원회 평가위원
현재 경상대학교 사회과학대학 정치행정학부 교수

〈저서 및 논문〉

『남북협력과 북한인권』(공저), 서울: 금정, 2001.
『행정학개론』(공저), 서울: 법문사, 1993.
『제국주의와 한국사회』(공저), 서울: 한울출판사, 1991.
『정책집행론』(공저), 서울: 법문사, 1985.
『신행정론』(공역), 서울: 박영사, 1983.
주민자치센터의 효율성 측정과 영향 요인에 관한 연구: 진주시를 중심으로, 한양대 대학원 박사 논문, 2004.
남북정상회담 이후 여당과 야당의 대북정책 비교연구, 2000.
최근 행정구역 개편의 내용과 평가, 경상대 사회과학연구소 13(1), 1995.
진주시와 진양군의 행정구역 통합, 『경남개발』 제10호, 1994.
레닌의 관료제 비교 고찰, 한국행정연구회, 1991.

인간의 협동생활에 관한 본질적 이론의 모색, 경상대『농어촌개발연구소보』 제7호, 1989.
1948년 남북협상의 전개 과정: '요인회담'을 중심으로, 경상대『통일문제연구소보』, 1988.
Organization Development, 경상대 사회과학연구소, 1987.
1948년 남북협상 전개 과정: '연석회의를 중심으로', 경상대 통일문제연구소『민족통일논집』, 1987.
1920년대 농민운동의 초기 전개 과정, 경상대『경남문화연구소보』, 1987.
「1920년대 사회운동의 동향」, 현상과 인식사, 1987.
현대국가이론의 비판적 논의,『경상대 논문집』, 1987.
향약과 조선중기 사회 변동과의 관계, 경상대『사회과학연구소보』, 1984.
실학의 행정개혁사상 연구(공저), 경상대『사회과학연구소보』, 1983.
린드블롬 정책관의 한국 행정에의 적용 가능성,『경상대논문집』, 1983.
예산 결산에 관한 연구, 연세대『대학원원우론집』 제11집, 1983.
다산의 정치행정사상, 연세대『대학원원우론집』 제9집, 1982.
실학의 행정개혁론 연구, 연세대 대학원 석사 논문, 1981.

이 준

〈약 력〉

경상대학교 대학원 행정학 석사
경남대학교 대학원 행정학 박사
한국방송통신대학교 상담원 연구원 튜터 역임
경남지역사회연구원 사무국장 역임
경남종합정보센터 사무국장
진주시 컴퓨터아트공모전 운영위원
경상대학교 강사

〈저서 및 논문〉

『평생교육』(한국방송통신대학교 출판부, 2001).
『산업정책의 불균형에 따른 지역간 인구분포의 편향성』(예지각, 1996).
『재정학』(예지각, 1996).
한국행정문화에 대한 고찰(1984).
지역간 불균형요인에 관한 연구(1992).
일선종합행정기관 행정개혁방안 연구(한국전산원, 공동연구, 1996).
진주 사회지표 작성(경남지역사회연구원, 공동연구, 1997, 2000).
진주시 주민만족도 조사(경남지역사회연구원, 공동연구, 1999).
진주비전21 작성(경남지역사회연구원, 공동연구, 2000).
산청군 정보화 촉진기본계획수립(경남지역사회연구원, 공동연구, 2000).
진주시 정보화 촉진기본계획수립(경남지역사회연구원, 공동연구, 2000).
진주시 행정수요 및 주민만족도 조사(경남지역사회연구원, 공동연구, 2001).
진주시 의회사(경남지역사회연구원, 공동연구, 2002).

국가의 이해

펴낸날 / 제1판 제1쇄 2006년 3월 10일
지은이 / 유낙근 · 이준
펴낸이 / 임춘환
펴낸곳 / 도서출판 대영문화사
주소 / 서울 용산구 청파동 1가 178-2 ㊐ 140-869
등록 / 1975년 12월 26일 제3-16호
전화 / (02)716-3883, (02)714-3062
팩시밀리 / (02)703-3839
우체국 온라인 / 011353-02-009106

ISBN 89-7644-198-2

〔값 13,000원〕